深化财税体制改革的战略取向与要领

SHENHUA CAISHUI TIZHI GAIGE DE ZHANLUE QUXIANG YU YAOLING

贾康 刘薇 孙维◎著

SPM
南方出版传媒
广东经济出版社
—广州—

图书在版编目（CIP）数据

深化财税体制改革的战略取向与要领/ 贾康，刘薇，孙维著．—广州：广东经济出版社，2017.12
ISBN 978-7-5454-5858-9

Ⅰ.①深… Ⅱ.①贾… ②刘…③孙… Ⅲ.①财政管理体制-经济体制改革-研究-中国Ⅳ.①F812

中国版本图书馆 CIP 数据核字（2017）第 256118 号

出 版 人：姚丹林
责任编辑：甘雪峰　王成刚
责任技编：许伟斌
装帧设计：回归线·视觉传达

深化财税体制改革的战略取向与要领
SHENHUACAISHUITIZHIGAIGEDEZHANLUEQUXIANGYUYAOLING

出版发行	广东经济出版社（广州市环市东路水荫路 11 号 11～12 楼）
经销	全国新华书店
印刷	广东省农垦总局印刷厂 （广州市天河区棠东路横岭三路 11～13 号）
开本	730 毫米×1020 毫米　1/16
印张	19.5　1 插页
字数	310 000 字
版次	2017 年 12 月第 1 版
印次	2017 年 12 月第 1 次
书号	ISBN 978-7-5454-5858-9
定价	58.00 元

如发现印装质量问题，影响阅读，请与承印厂联系调换。
发行部地址：广州市环市东路水荫路 11 号 11 楼
电话：（020）38306055　37601950　邮政编码：510075
邮购地址：广州市环市东路水荫路 11 号 11 楼
电话：（020）37601980　营销网址：http://www.gebook.com
广东经济出版社新浪官方微博：http://e.weibo.com/gebook
广东经济出版社常年法律顾问：何剑桥律师

目　录

绪 论

现代化的“关键一招”：中国在新的历史起点继续“大踏步跟上时代”的改革重任

中国经济在经历了30多年的高速增长后，正在发生阶段转换，增速趋缓，必须更加注重持续健康发展。党的十八大报告指出，我国仍然处在可以大有作为的重要战略机遇期，但是也要关注战略机遇期内涵和条件的变化。现代化进程客观上要求我们，在通过宏观调控等措施于短期内避免较大问题发生、维护稳定的同时，要实质性坚持改革创新，加快发展方式转变，对冲和抑制那些导致经济下行的因素，积极稳妥处理好各种矛盾，以有效制度供给为龙头，“纲举目张”地大力调动一切积极因素与后来居上的潜力。

“深化改革决定可持续增长”，这是在党的十八大以来形成面向全面小康推进全面改革、全面依法治国和全面从严治党总体布局而中国经济社会转轨仍处于“未完成状态”下所需要确立的认识。在30多年的改革开放之后，中国改革已进入了“深水区”，阻力前所未有，所有“帕累托改进”式的“只有人受益而不会有人受损”的改革事项都已做完，现在任何一项深化改革的任务都会面临既得利益的“固化藩篱”形成的强有力的障碍，而且各项改革大都已经深度关联交织，“牵一发而动全身”，过去在局部发力寻求突破就可以改观全局的空间已明显收窄，更多更大的考验，正集中于“全面改革”这个基本概念之上。

党的十八大之后，治国理政的大政方针逐步清晰化。党的十八届三中全会形成的《中共中央关于全面深化改革若干重大问题的决定》这一顶层规划式的“60条”文件形成总体配套部署，党的十八届四中全会把以经济改革为重点切入的全面改革、配套改革推进到司法改革及其必然要拉动的整个政治、行政架构改革，明确提出全面依法治国，涉及的是整个社会走向现代化必然要实现的经济、政治等全方位的配套改革。而到党的十八届五中全会，在党的十八届三中全会、党的十八届四中全会这些全面改革部署基础之上，党中央进一步提出了现代化的发展新理念，把创新、绿色、协调、开放、共享这样一些基本的发展理念合乎逻辑性地做系统化表述，提出创新发展是第一动力，以它带领协调发展、绿色发展、共享发展、开放发展，而落到归宿上，是要使人民群众对美好生活的向往变成现实的共享发展。这些大政方针的逐步清晰，是理解“供给侧结构性改革”战略方针的重要背景线索。

习近平总书记在考察广东时指出，现在我国改革已进入攻坚期和深水区，必须以更大的政治勇气和智慧，不失时机深化重要领域改革；改革开放是决定当代中国命运的关键一招；我们要坚持改革开放正确方向，敢于啃硬骨头，敢于涉险滩，既勇于冲破思想观念的障碍，又勇于突破利益固化的藩篱，要“在深入调查研究的基础上提出全面深化改革的顶层设计和总体规划”。李克强总理在综合改革试验区工作会上的讲话指出，改革是中国最大的红利，改革的空间潜力仍然十分巨大，让人民过上更加美好的生活必须通过改革开放；改革是要打破固有利益格局，调整利益预期，既需要政治勇气和胆识，也需要智慧和系统的知识，既要有顶层设计，又要尊重基层的首创精神，既要先行先试，又要依法办事；不干，可能不犯错误，但要承担历史责任。

一、直面压力，理清中国经济现阶段主要特征

经过30多年的高速发展，中国经济出现了新的特征，面临前所未有的新机遇、新条件、新失衡等新情况，不仅表现为经济增速的放缓，更意味着迫切需要增长动力的转换，经济结构有待于调整中再平衡，也标志着改革开放进入一个新阶段。中国经济迈入新常态，伴随着全面深化改革进入顶层设计制定后的落实阶段，是“攻坚期中的攻坚期”，动力与阻力并存，把握正确的大方向和必要的策略并适时调整稳中求进，是全面深化改革、促进发展的要领。

2014年11月，习近平总书记在亚太经合组织（APEC）工商领导人峰会上首次系统阐述了“新常态”，其主要特点是：从速度看，“从高速增长转为中高速增长”；从结构看，“经济结构不断优化升级”；从动力看，“从要素驱动、投资驱动转向创新驱动”。由此可见，认识、适应和引领新常态意味着我国经济发展的条件和环境已经发生也将继续发生诸多重大转变，经济增长将难以重复过去30多年10%左右的高增速，传统的不平衡、不协调、不可持续的粗放增长模式必须改变，而创新驱动是关键。中国经济现阶段的主要特征，可以归纳为以下四种：

第一，“黄金发展”和“矛盾凸显”相伴随。在中国各地稍做些调研就可以感受到，我们仍然处于“可以大有作为的重要战略机遇期”，在30多年高速增长后转向“新常态”的新起点上，经济增长的底气和市场成长的巨大潜力仍在。不论是大城市，还是中小城镇和许多农村区域，建设场景触目可及，令人印象深刻，但来自资源、环境的矛盾制约和来自人际关系的矛盾制约也日趋明显：雾霾动辄打击大半个中国；我国最主要的基础能源品之一原油，大约60%要依靠进口；本土可以提供的能源主要是煤，而从开发、使用到煤矿完成生产全周期直至资源枯竭所带来的一系列社会问题——相关人员的生产安全保障、生活出路、环境修复问题和种种外部性问题——现在看起来都相当棘手，已经累积形成资源环境制约的重大因素。这种资源和环境的制约，已经使一些曾令某一地方辖区内政府和当地民众欢呼雀跃的项目，变成了政府仍然有积极性而民众高度不认可之事。此外，水、电等基础品、能源产品的比价关系严重扭曲，价格形成机制不能够真正体现这种制约性、稀缺性和市场上供需的关系，节水节电的倡议效果十分有限。

与此同时，进入“中等收入阶段”后，人际关系、利益格局视角的收入分配问题更为凸显，社会心态越来越明显地倾向于不少其他经济体曾在跌入“中等收入陷阱”前表现过的“端起碗吃饭，放下筷子骂娘”、追求“民粹主义基础上的福利赶超”的特征。伴随着社会老龄化进程的加快，我国近年来劳动力成本逐年提高，一些劳动力密集型产业开始向东南亚等地区转移，同时，面临“未富先老”的养老金缺口扩大困境。工资快速上涨、低端劳动力短缺等问题使我国的劳动力供求矛盾更为突出。国民收入分配不合理，行业间利益悬殊，居民内部和城乡间、地区间的差距仍然较大，收入分配、财产配置中不规范、不公平的问题亟待解决。

第二，下行因素和上行因素在对冲。中国经济“潜在增长率”已在“下台阶”，从10%左右下行到7%左右的区间，“新常态”中的“新”已明确，而“常”未达到，即还有待完成触底企稳。相关的下行因素包括劳动力成本上升、人口红利即将迅速消失、老龄化社会压力正迅速到来，以及较高基数上投资“报酬递减”的影响等。可以对冲下行因素的若干上行因素，是最值得我们重视与争取的。这些上行因素包括新型城镇化红利

（动力源需求释放引发的成长引擎效应）、科技创新红利（走创新型国家道路、跟上第三次产业革命大潮激发科技第一生产力的乘数效应）、社会管理红利（在社区治理、非营利机构和志愿者组织成长等方面的基层自治、社会和谐、兴利除弊效应）。而使所有这些红利能够如愿释放出来的关键，是实质性攻坚克难的改革能否不停留于口号而变为现实，进而综合性地凝聚成提升和保持全要素生产率、化解种种矛盾制约的改革红利。业已壮大的民间资本、社会资金及可随之调动的民间智慧和潜能、活力，必须依托改革才能摆脱羁绊而更多贡献其正能量，新一轮价税财联动改革、投融资改革、国资体系改革和行政、司法改革等，都实实在在地无可回避。上述的下行因素和上行因素对冲之后，我们应力求争取的，是今后尽可能长时间实现 6.5% ~7% 年均速度的中高速增长并优化结构，提升增长质量。

中国当前的经济发展方式仍然粗放，质量不高，能耗过大，效益较低，生态环境恶化。经济结构的失衡引发产能过剩，产业升级和服务业发展滞后。民间为主、实体经济为主的 7000 余万户企业能否走上升级换代发展的道路，而不是简单地维持自己的生存和生产，是能否提升质量、优化结构以应对国际竞争的严峻挑战的关键。我国的创新活动在未来不太长的时间段里，是否可以在第三次产业革命的发展新局中占领若干制高点并如愿推进到第一阵营还要打个问号，因为这个过程中潜力释放和活力提升必须结合在一起，迫切需要形成制度先决条件的科技、教育体制实质性改革的支撑。

大规模的基础设施建设往往集中在经济快速增长时期，在经济发展阶段转型后，投资规模、投资重点和领域也会发生变化。随着经济发展水平的提高，伴随人口老龄化以及福利水平的不可逆性，社会保障、医疗等社会性支出压力会不断增加，尤其是医疗卫生支出，会呈现出不断加速上升之势，如无成功的机制创新（如 PPP 的可持续发展），政府与社会将不堪重负。

第三，深化改革的努力和既得利益的阻力相博弈。自党的十一届三中全会开始，到 1994 年从宏观层面实施以财税为重点的配套改革，再到 2000 年前后以"入世"锁定全面开放格局，一系列改革创新开创了生产力解放和国家现代化的新时代，但渐进改革中既得利益也渐成局面，尾大不掉，虽然深化改革、加快转型自20世纪90年代后一路强调至今，但在“利益固化的藩篱”之前步履维艰。党的十八大之后，高层对“壮士断腕”的改革决心已有明确表述，但社会上、企业界、市场中对于在体制内“自动手术”“自我革命”的怀疑仍未消除，且与意识形态因素的阴晴变化叠加。在深化改革努力与既得利益阻力的博弈背后，是改革与社会“矛盾累积”问题两方的角逐，其被人形象地比喻为“两只老虎的赛跑”。这两只老虎各自要素齐全，虽然彼此也看不大清楚对方，但都在往前跑，谁跑得更快一些，谁就将决定国家的前途、民族的命运、“中国梦”的成败。化解既得利益阻碍，是改革的最难之处，但却是我们必须面对和交出答卷的历史性的考验。

第四，“十三五”和党的十九大是挑战与机遇并存局面下接受历史考验的改革新起点，也是争取“继续大踏步跟上时代”来引领的新常态的关键时期。既然追求可持续增长和现代化伟大民族复兴的关键在于进一步解放生产力，实现现代国家治理之下的包容性发展，那么，以创新驱动带来“动力转型”，以供给侧结构优化供给和制度供给，更有效地支持升级增质，将是决定我们能否合格地应对挑战、掌握机遇的“关键一招”。我们必须以更大的决心、勇气、魄力和更高的智慧与操作水准，推进“五位一体”的全面改革，在总体路线图下，还要配之以多轮“最小一揽子”的改革时间表与实施方案，并尽可能周密地设计。

二、认清发展源头，深入攻坚克难

中国的城市化进程和与之伴随的工业化进程总体而言还仅走到半途，伴随着市场化、国际化、信息化和民主化、法治化历史进程，这样一个世界上最大的“二元经济体”和最大人口规模的市场，在今后数十年弥合“二元经济”的历史过程中将长时期地释放出巨大的需求与发展潜力，并在全面开放的框架下得到以经济手段资源配置为表现的全世界有效供给的回应。在这个新的历史机遇期，如何遵循经济发展规律，全面认识新形势，在稳增长、调结构中寻找发展平衡点，实现新常态下长期中高速度的经济增长，把握好发展的源头动力和基本逻辑，尤为重要。

在矛盾凸显的严峻挑战面前，党的十八大以来特别重大的、可称为具有历史意义的政治举动，就是在一个新的历史起点上，以稳定而眼界宏大的政治决策和高端领导力量，顺应现实要求，做出优化中国走向现代化通盘战略层面的顶层设计，给出这个顶层设计里必然要包含的能真正化解矛盾制约、攻坚克难的配套改革思路和方案。党的十八大及其后领导层给出的一系列重要信息，已可使我们预计，中国势必要进入一个改革和发展的新阶段、新高潮，而这新一轮高潮发展过程中的质量和水准的高低，一定会和全面配套改革方案的质量和水准联系在一起。配套改革的水准与它的远见卓识特征，在思路要领和实际操作方案对接方面所能达到的可操作性，都是非常值得我们重视和期待的。供给侧结构性改革深化中的实际进展，足以决定今后中国现代化的命运。

党的十八大以来，党中央为建设中国特色社会主义，勾画了总依据、总布局、总任务。

总依据仍然是过去已经在认识框架上基本勾画清楚的“社会主义初级阶段”。党中央的文件早已指出，这个初级阶段是一个漫长的历史过程，需要几代人、十几代人甚至几十代人的努力。我们要很务实地把考虑全局问题的定位，放在“社会主义初级阶段”上。

这样一个总依据后面的总布局，强调了“五个方面的一体化”，从“市场经济”到“民主政治”到“先进文化”到“和谐社会”，再到“生态文明”，五项发展建设与“文明”合在一起，即为“五位一体”的总布局。

总任务则与邓小平同志在改革开放初期就提出的“三步走”实现现代化“伟大民族复兴”的战略构想一脉相承——要在2050年实现中华民族的伟大复兴，而阶段性目标是过去已提出的“2020年全面小康社会”的建设问题，现在更确切地以“建成”来表述。我们必须在这个时间段上达到建成全面小康社会的阶段性硬任务，即实现2020年城乡居民人均收入要比2010年翻一番。非常明确地把“人均收入翻一番”这个目标确立起来，基本立场和着眼点就是人本主义的“生产目的”观，即呼应社会公众的诉求，这体现在习近平总书记在党的十八大以后的讲话——人们普遍称之为

“就职演说”里面的取向和“点睛之笔”：“人民对美好生活的向往就是我们的奋斗目标。”这是一个为我们现在社会成员所广泛关注、老百姓所普遍看重、在党的十八大上进一步勾画清楚的现代化目标。毛主席曾说过，“让人民群众认识自己的利益，并且团结起来为实现自己的利益而奋斗”，而在现在这个阶段上，我们有了一个十分明确的发展源头的依靠和可对接目标归宿的导引，支持我们去攻坚克难。

三、发掘改革动力，承担改革重任

改革需要以更大的决心、勇气、胆识、魄力和智慧，在深水区攻坚克难，决策者的历史担当，要落实到通盘的顶层设计和路线图、时间表、实施方案，指导人民群众的实践。同时，还要鼓励基层的首创精神，鼓励先行先试和继续摸着石头过河。

为发挥客观、主观两方面的巨大潜力，以上行因素对冲下行因素而实现值得期盼的中国现代化发展成长，应采取的积极措施，显然需要在“顶层规划”下通盘考虑，但其主要方面，可浓缩于以下三条线索：

（1）正视社会中矛盾的凸显和积累，抓住契机以更大的决心和勇气，克服既得利益阻碍，在高水准“顶层规划”下实质性地推进全面配套改革，促进生产力的进一步解放、全要素生产率水平的提高和维护社会的稳定，提升执政党的公信力和提高人民群众的幸福感。

（2）正视资源、环境和国际竞争的制约，坚定不移地加快发展方式转变，以经济手段为主并合理配之以法律、行政、社会管理手段等，推进经济结构调整，节能降耗，逐步淘汰落后产能，实现实体经济的升级换代和资源节约型、环境友好型社会建设中经济社会的可持续发展，使增长质量、经济效益和百姓实惠、民生改善相得益彰。

（3）正视社会建设与公民素质提升的历史任务，优化社会管理，培育现代化所需的社区治理良性机制，发挥非政府组织、公益慈善团体、志愿者群体的潜力与作用，增进社会自治水平、内生稳定机制与和谐程度。

未来中国的经济还会对整个世界格局产生越来越明显的影响，就是在全球经济增量里面，中国经济增量占有比较大的比重。但我们也要清醒地看到，在整个存量里面，30 多年来，我们以年均 9.8% 的增长速度走到现在，也只是占整个世界经济总量的 1/10 多一些，而主要的贸易伙伴美国、欧元区和日本，虽然它们在走下坡路，但它们加在一起仍占世界经济总量的一半以上。日本按 GDP 来算是在中国后面，但要是按 GNP 来算仍相当可观（反映出日本得到源源不断的海外资产收益的支撑）。在以后的经济全球化过程中，中国人要对自己有一个非常清醒的认识，要掌握好基本判断，放低身段，努力做好自己的事情，在长跑中逐渐提升能力，争取后来居上。

在党的十八大确立的“五位一体”全面改革以对接伟大民族复兴的“中国梦”取向之下，有非常鲜明的历史性的“承前启后”。其“承前”，一直可以追溯到中国面临“三千年未有之变局”以来渴望摆脱积贫积弱、落后挨打悲惨境地的“振兴中华”的诉求——这种现代化的诉求，在中华人民共和国成立之后的 20 世纪六七十年代，都曾经明确地表述为“四个现代化”的思路；而在改革开放新时期的起点上，是邓小平明确地设计勾画了“三步走”的现代化战略目标。如今我们已成功地进入其“第三步”的历史阶段。在“承前”这个视野之下，党的十八届三中全会凝练出顺理成章、足以“启后”的“现代国家治理”的理念，而这一“启后”，就在于连接着我们无法回避的攻坚克难的配套改革任务：只有通过改革释放制度红利，才能够激发其他一系列的城镇化红利、科技创新红利、社会管理红利等，从而才能够继续“大踏步跟上时代”，去联通现代化伟大民族复兴的“中国梦”这个宏伟愿景。

中国“做好自己的事情”的最大热点和难点、最需要做实的大事，就是在创新驱动之下攻坚克难地深化改革，以打开全要素生产率的巨大潜力空间，发掘源源不断的动力供给，形成可持续的创新发展洪流，引领协调发展、绿色发展、开放发展，落到共享发展的归宿上。“十三五”时期的改革在按照中央部署继续循序展开时，应把握的大原则是把“顶层规划”的贯彻和必要的“先行先试”相结合，正确处理改革、发展、稳定的关系，以法治建设跟随和肯定创新开拓的成果，以改革的实质性深化激发和释放活力。实干兴邦，事在人为。客观地说，中国这个世界上最大的“二元经济”体和新兴市场，在新起点上的新动力仍然强劲雄厚，但同时很大部分的新动力源是以潜力形式存在的，要如愿地使潜力、活力涌流出来，真正实现方式转变、人民群众生活质量与幸福感提升、经济社会可持续发展，对接全面小康并且跨越“中等收入陷阱”而联通“中国梦”愿景，必须义无反顾、“壮士断腕”般地推进和深化历史性的全面改革。

财税体制改革是整体配套改革的重要组成部分。由于财政具有“国家治理的基础和重要支柱”的重大意义与作用，因此，在党的十八届三中全会关于配套改革的纲领性文件形成之后，中央政治局首先审批通过的就是财税体制改革方案。本书以全面改革为背景，集中讨论中国深化财税体制改革的战略取向以及相关的一系列重点问题。

第一章

深化财税体制改革的重要性和紧迫性

一、深化财税体制改革的重大意义

（一）1994 年分税制改革的里程碑意义和历史性贡献

财政的问题，实质是公共资源配置体系与机制的问题。正因为财政是一个“以政控财，以财行政”的分配体系，所以与公共权力主体的系统化改革息息相关，因而也和整体资源配置机制的改革息息相关——一句话，财税体制改革密切联系通盘战略和现代化发展的全局。

对此需稍作展开考察：财政作为一国政权体系之“以政控财，以财行政”的分配体系，首先是解决政府为履行其社会管理权力和职能而配置公共资源的问题，与之密切相关、不可分离的，便是其所牵动的整个社会资源的配置问题，因此财政制度安排——包括解决政府“钱从哪里来”问题的税收与非税收入、“钱用到哪里去”问题的支出、转移支付以及资金收支的标准化载体即预算等的一系列体制、制度、机制的典章式规定——所处理的实质问题，是经济社会生活中的三大基本关系（政府与市场，中央政府与地方各级政府，公权体系与公民）之间的财力、资源、利益分配。财政之所以成为国家治理的基础，预算之所以反映政权活动的范围、方向和重点，财税分配之所以与国计民生息息相关而“牵一发而动全身”，财政史之所以既反映社会进化中的阶段、结构演变，又反映社会正义、文明程度的发展，财政改革之所以要为全面改革“既打头又殿后”提供全面支撑，都是因为政府与千千万万家企业，中央政府与地方各级政府，公权体系与公民或纳税人之间的权、责、利关系，都必然地体现、交汇于财政体制。

因此，在现实生活中，财政体制绝非仅仅处理政府间或政府体系内的分配关系——在服务社会主义市场经济与社会发展全局的意义上，财政体制其实是首先需要处理好政府与企业关系这一“核心问题”，进而需要基于分配机制“三位一体”地处理好政府与企业、中央与地方、公权与公民三大基本经济关系。市场主体和纳税人层面最为敏感、特别关心的税费制度，直观地看，解决的是企业“缴什么”和“怎么缴”的问题，而财政体制要一并解决“缴给谁（哪级政府）”和“按什么原则与规范（何种制度机制）缴给谁”的问题。因此，财政体制首先要解决资源配置中基于产权契约和法治环境、政府作用之下的效率激励、创业创新响应机制问题和利益分配过程的公正、可预期、可持续问题，进而服务、影响、制衡资源配置全局。

正是基于财政的这种重要地位与作用，20 世纪 80 年代初我国以财政体制为改革突破口，实行“分灶吃饭”的改革；1986 年又曾正面设计“价税财联动”配套改革，但其后由于种种主、客观原因而搁浅。1994 年的财税配套改革具有里程碑意义，使 20 世纪 80 年代已反复探讨的“价税财联动”配套改革，在价格调放基本完成于“治理整顿”低通胀期之后，又乘邓小平南方谈话的东风，推进到打造与市场经济相匹配的以分税制为基础的分级财政体制和多税种复合税制，从源头上不再按行政隶属关系组织财政收入，而是让各种各类企业依法纳税、公平竞争，从而正确处理政府与企业、中央与地方两大基本经济关系，构建宏观间接调控为主的框架，促成此后延续至今的我国国民经济的活力释放和超常规发展过程。

财税政策调控服务全局将着力服务于党的十八大后新一轮发展和改革高潮的平稳展开。党的十八大报告明确要求：加快改革财税体制，健全中央和地方财力与事权相匹配的体制，完善促进基本公共服务均等化和主体功能区建设的公共财政体系，构建地方税体系，形成有利于结构优化、社会公平的税收制度，建立公共资源出让收益合理共享机制。在党的十八大的精神指导下，我国新一轮财税改革势必需要加快推出，这个改革也势必联系其他一些重要方面而形成价、税、财、金融等通盘协调配套的新一轮改革。

中国的改革被称为渐进式改革，是就改革推进过程的基本特征而言。与“渐进式”相对应的是所谓的“大爆炸式”（如俄罗斯的转轨方式）。初期以联产承包责任制为主要形式的农村基层改革、城市局部兴办特区试验和宏观层面的分配领域的财政分权改革作为突破口开始的渐进的改革，使整个国民经济在“不停车检修”的情况下，比较顺利地拉开了一系列改革事项的序幕，然后通过先下后上、先易后难、先农村后城市、先局部后扩展的一系列改革安排，总体上形成了市场取向改革不可逆转的大局面。这种渐进式改革体现了一系列被实践证明是有利于转轨的、应该得到肯定的方面，当然也有伴随着渐进式改革而产生的一系列争论和特殊的难题。从现在的实际情况看，渐进式改革已经进入几乎任何再往后推进和深化的举措，都会“牵一发而动全身”的胶着状态，那种有一部分人受益而没有人受损的所谓“帕累托改进”式的改革空间，在中国可以说已经用尽。在各种既得利益集团已相对清晰地形成的新格局之下，现在任何一项改革措施，都必然碰到或触动既得利益的敏感问题和困难问题。所以，在 20 世纪 90 年代中期以后，不少实质性的改革措施在推进方面是不理想的。为了结束这个胶着状态，不少有识之士认为，需要政治体制、行政体制和经济体制改革的配套，以进一步推动改革。然而，要是考虑一个非常全面的大配套改革，如把政治体制改革作为其中心环节来做这种配套，在近期尚不具备可操作性。寄希望于政治和行政体制改革来使中国改革加速，这种考虑虽然很有道理，然而在现实生活中，还看不到一个从正面切入而具备相当力度并且相对细致、比较靠近操作层面的方案。

但是，如果我们从为各方很难拒绝的“财政加强、改进管理”角度切入，从公共理财、公共事务的决策、监督体系改革发力，把制度创新、管理创新和技术创新这三个层次创新的互动关系把握好，中国的渐进式改革还是应该有继续深化的空间的。这种“技术路线”既带有策略性，又有战略价值。美国“进步时代”的启示提醒我们：那种不以正面的政治性激进方式为主却可以实质性深化社会变革的空间值得寻找。如果我们从管理角度切入推动创新，对上可以进一步打开制度创新的空间，对下可以和技术创新形成很好的互动，这样综合起来形成三个层面创新的良性互动。从我国 1998 年以后公共财政改革的进展来看，这种创新空间的确是在一步步发掘和有可能被更充分地打开。这些年我国政府在公共财政的理念之下，从政府管理创新入手，采取了诸如综合预算，国库集中收付、收支两条线管理，政府采购制度，税费改革等举措，这是一系列看起来各方都难以拒绝的创新措施。而这些管理创新又客观地要求在制度层面上促使政府理财和公共资源配置中的决策与监督走向透明化、严密化、规范化、法治化、民主化的制度安排。虽然这些概念没有“天天讲”，但是实际上在公共事务决策和公共资源配置领域的现实生活中，近年已有不少自下而上的“参与式预算”的实验，有上下要求相呼应而推出的公共事务决策事项的听证会，有越来越多的“政务公开”和通过较充分民意表达形成科学化决策与管理方案的要求与行动。上下的这种互动综合在一起，我们很有可能通过政府理政的民主化和法治化来促进和拉动经济社会生活、公共事务决策的法治化、民主化、宪政化，进而就可以在这种动态过程中化解既得利益阻碍，继续实质性地推行市场经济所要求的配套改革。

另外，目前在可以看得很清楚的技术性后发优势上，我们也有十分值得看重的“可操作性”，就是可以比较便捷地运用现代信息处理技术，即计算机网络，来推动管理创新乃至制度创新。按照现在的目标和发展建设逻辑，公共部门今后势必要联网形成一个反映全局、支持全局的超大容量的信息平台和科学决策平台。计算机不讲人情，在各个运行环节都可以有一定的透明度和多人监督，都必须自然而然地加入集体决策和法治、民主取向的权力制约机制。公众事务决策和公共资金与资源运用如何体现民意，通过技术的创新和管理的创新，最后会上升到制度安排的创新上。对于中国的改革与现代化，这无疑是非常值得重视和宝贵的机遇与切入点。所以，在中国渐进式改革前面空间似乎很小的情况下，实际上仍然存在特别值得发掘的一些重要的空间，首先就是公共财政建设所打开的、能促使中国的综合配套改革进入新境界、新阶段的渐进式改革和局部突变相结合的推进空间。我们完全应当努力地、积极地争取打开这种空间。这也是财政改革继 1980 年和 1994 年之后，所可能给予中国全局改革的又一次历史性贡献。

1994 年的分税制改革使中国的财政体制从 20 世纪 50 年代起便反复探索却始终不能收功的“行政性分权”，走向与市场经济相内洽的“经济性分权”，突破性地解决了以往不论“集权”还是“分权”都是按照企业行政隶属关系组织财政收入的体制症结①：在“缴给谁”和“按什么原则与

① 1994 年分税制改革之前，虽已实行了 10 余年的“分灶吃饭”，但企业仍和传统体制下一样按照其隶属关系向各级政府缴纳利税，即一个企业具体隶属于哪级政府，其利税便缴到哪级政府，政府对企业的“剩余索取”和政府间的收入划分，具有明显的“分层行政管制权”特点。

规范缴给谁”的制度规范上，所有企业不论大小、不讲经济性质、不分行政级别，在税法面前一律平等、一视同仁，“该缴国税缴国税，该缴地方税缴地方税”，形成真正公平的竞争环境，提供出在激发微观企业活力基础上有利于培育长期行为的稳定预期。同时也使中央与地方间告别了分成制下无休止的扯皮和包干制下“包而不干”延续扯皮因素的“体制周期”，不再进入令人头痛的“一放就乱，一乱就收，一收就死”（即“放、乱、收、死”）的循环，打开新局，形成了政府对市场主体实行宏观“间接调控”的机制条件和中央与地方间按税种或按某一税种的同一分享比例分配各自财力，比较规范、稳定的可持续体制安排。

以统一、规范、公正公平为取向处理政府与企业、中央与地方、公权与公民分配关系的“三位一体”框架，淡化了每一具体地区内各级政府对各种不同企业的“远近亲疏”关系，和由亲疏而“区别对待”中的过多干预与过多关照，抑制了地方政府与中央政府的讨价还价机制和地方政府之间“会哭的孩子有奶吃”的不良“攀比”机制，既为企业创造了良好的市场经营环境，也为地方政府营造了一心一意谋发展中认同于规范化的制度氛围。提高“两个比重”改革目标的实现，是“三位一体”关系的处理进入“经济性分权”新境界后，制度红利得到释放的结果，同时也是总体运行可持续性得到提升的明显表现。

但 1994 年分税制改革在多方面制约条件之下，只能提供以分税分级体制处理三大关系的一个初始框架，仍带有较浓重的过渡色彩。深化改革的任务，在其后已完成了一些（如所得税仍然按照行政隶属关系划分这条旧体制尾巴，迟至 2002 年才在“补课”中切除，改为全国比例一致的中央地方共享税），但如何在省以下真正贯彻落实分税制的任务，还远未完成。自 1994 年以来直至今天，我国各省级行政区以下的地方财政体制，总体而言自始至终未能如愿地过渡为真正的分税制，实际上就是五花八门、复杂易变、讨价还价色彩仍较浓厚的分成制和包干制（越是欠发达的基层越倾向于干脆包干）。为人们所诟病的基层财政困难问题、地方隐性负债问题和“土地财政”式行为短期化问题等种种弊端，其实正是在我们早已知道而欲作改变的分成制、包干制于省以下的无奈运行中产生的。把地方“基层困难”“隐性负债”“土地财政”问题的板子打在分税制身上，是完全打错了地方，并由此会实际否定1994年分税制改革的大方向。这是一个大是大非问题，不可忽视、轻看，必须说明白、讲清楚。

总之，我国财政体制1994年分税制改革由“行政性分权”转为“经济性分权”而支撑市场经济改革的全面意义和“里程碑”性质，值得如实、充分肯定，为坚守其基本制度成果，必须正视其“未完成”状态而努力深化改革。

（二）分税制内洽于市场经济体制，必须坚定不移坚持深化分税制改革

搞市场经济，就必须实行分税分级财政体制——这是世界各国在市场经济发展中不约而同形成的体制共性与基本实践模式。我国于前面60多年的财政体制反复探索中的经验和教训，也足以得出这个认识。在当下，我们有必要按照基本分析思路来审视：为什么建设与完善社会主义市场经济，必须坚持分税制改革方向？

市场经济与计划经济二者的本质差异，在于资源配置方式的不同。计划经济以政府直接配置资源为特征，反映在财政体制上便是政府运用其事权和财权提供公共产品和为提供公共产品而筹集财政收入，并以配合政府管制方式直接介入非公共产品领域与微观经济活动（包括直接安排、控制企业的投资、生产和销售，以及企业职工工资和劳动力流动等的管理权）。客观地说，高端决策层对与之伴随而来的财权、事权高度集中状况和由此产生的活力（“积极性”）不足问题，并非没有引起足够重视和不思改变，而是于1956年就在“十大关系”的探求中提出分权思维，但是以1958年和1970年为典型代表的大规模向地方分权举措，都很快铩羽而归，徒然走了“放、乱、收、死”的循环过程而不得不落到财政“总额分成，一年一定”的无奈状态。到了1980年之后，改革开放新时期以“分灶吃饭”为形象化称呼的分权，是以多种“地方包干”配合全局渐进改革和向企业的“放权让利”，调控格局由“条条为主”变为“块块为主”，在松动旧体制、打开一定改革空间后，却并未能触及和改造政府按行政隶属关系组织财政收入和控制企业这一旧体制症结，很快又形成了“减税让利”已山穷

水尽而企业却总活不起来，地方“诸侯经济”的局面，中央政府调控职能进退失据、履职窘迫的不良状态已在政治上、经济上皆不可接受，这才终于逼出了走向经济性分权的1994年分税制改革。

必须强调，1994年分税制改革是以邓小平南方视察后确立社会主义市场经济目标模式为大前提的。以市场配置资源为基础机制的市场经济，要求政府职能主要定位于维护社会公平正义和弥补市场失灵和不足，因而政府的事权、财权主要定位在公共领域，“生产建设财政”须转型为“公共财政”，以提供公共产品和服务作为主要目标和工作重心。所以，在制度安排上，必然要求改变按行政隶属关系组织财政收入的规则而走向法治背景的分税分级体制，让企业得以无壁垒地跨隶属关系、跨行政区域兼并重组、升级优化而释放潜力、活力，充分公平竞争；同时，在政府间关系上，也必须遵循规范与效率原则，由各级政府规范化地分工履行公共财政职能，将事权与财权在各级政府间进行合理划分，配之以财力均衡机制即以资金“自上而下流动”为主的转移支付。这个框架即是“经济性分权”概念下的财政分权框架，也即形态上类似于“财政联邦主义”① 国际经验的分税分级财政体制安排。

分税制是分税分级财政体制的简称。其体制内容包括：在各级政府间合理划分事权（支出责任）与财权（广义税基配置）；按税种划分收入，建立分级筹集资金与管理支出的财政预算；进而合乎逻辑地引出分级的产权管理和举债权管理问题，以及转移支付体系问题。分税制既适应了市场经济下政府维护市场秩序、提供公共产品职能定位的内在要求，也迎合了各级政府间规范化地、可预期地分工与合作以提高公共资源配置效率这种公共需要。

因此，一言以蔽之，分税制财政体制内洽于市场经济。在我国不断深化社会主义市场经济体制改革和推进全面配套改革，“五位一体”地实现“中国梦”（“伟大民族复兴”战略目标）的征程上，坚持分税制财政体制改革方向，是切切不可动摇的。从1994年以来的基本事实出发，必须强

① “fiscal federalism”通常被直译为“财政联邦主义”，其与政体概念的“联邦制”并无“充分必要”式的联系，在财政体制上，是比喻性和技术性的用语。

调，近些年来地方财政运行中出现的县乡财政困难、隐性负债、“土地财政”“跑部钱进”等问题，决非分税制所造成的，恰恰是因为分税制改革在深化中遇阻而尚没有贯彻到位，特别是在省以下还未成型所引致。

面对现实生活中与基层困难、地方隐性负债和“土地财政”短期行为相关的问题与弊端，除了有未知省以下实情而把这些负面因素归咎于1994年分税制改革（实质上便会否定与市场经济相配套的财政改革与转型大方向）这种错误认识之外，还有一种虽未在表述上全盘否定分税制方向，却从强调“因地制宜”切入而提出的“中央与省之间搞分税制，省以下不搞分税制”“非农区域搞分税制，农业区域不搞分税制”的主张。笔者曾将其概括为“纵向分两段、横向分两块（两类）”的设计思路并撰文提出不同意见。这一设计思路看似以“实事求是”为取向，要害是未能领会市场经济资源配置的内在要求而脱离了中国经济社会转轨的基线和现实生活中的可操作性，属于一种使财政体制格局重回“条块分割”“多种形式包干”的思维方向，完全未能把握深化改革的“真问题”：一个统一市场所要求的各种要素无壁垒流动的制度安排，如何能够如此“因地制宜”而横、纵皆为切割状态？如果说省以下不搞分税制，那么实际上这恰恰就是1994年分税制改革以来我们看到的因深化改革受阻而业已形成、为人所诟病的现实状态，“真问题”是：如何走出这一“山重水复疑无路”的困境？如果说“农业地区不搞分税制”，那么且不说实际操作方案中难以合理地划分出各类大大小小、与非农地区仅一线之分的“农业地区”，只要试想一下体制分隔、切割状态下各个区域中的企业将如何形成我国目前第一大税种增值税的抵扣链条，以及各地政府将如何处理各自辖区的企业所得税索取权，便知其谬。这种完全不能接受的紊乱状态后面所存在的“真问题”，是统一市场的资源配置优化机制，必然要求分税制“横向到边，纵向到底”地实施其制度安排的全覆盖——分税制改革的制度创新的内在要求如此，与之相联系、相呼应的管理系统创新、信息系统创新，也必然都应当“横向到边，纵向到底”地全覆盖。

（三）坚持 1994 年分税制改革大方向和基本制度成果，深化财税体制改革

党的十八大报告明确要求：加快改革财税体制，健全中央和地方财力与事权相匹配的体制，完善促进基本公共服务均等化和主体功能区建设的公共财政体系，构建地方税体系，形成有利于结构优化、社会公平的税收制度，建立公共资源出让收益合理共享机制。这是在 1992 年邓小平南方视察、1994 年分税制改革轨道上制定的关于深化财税改革的基本要求和指导方针。在党的十八大精神指导下，我国新一轮财税改革将要加快推出，而这个改革也势必联系其他一些重要方面而形成价、税、财、金融等通盘协调配套的新一轮改革。

面对复杂的财政经济形势和缓解突出矛盾的客观要求，仅靠局部的、浅层次的政策性操作难以奏效，必须依靠整体的、根本性的改革解决问题。并且，如果不能在短期内使改革有较大突破，缓解各种矛盾，加快经济发展方式的转变，不但会丧失发展机遇，还可能使各种矛盾积重难返、集中爆发，危及国家的稳定和长治久安。在承担历史责任加快财税改革的视角上，我们极有必要结合局部与全局、过去与未来，做一全面考虑，坚持 1994 年分税制改革的大方向和基本制度成果，使深化改革取得实效。

二、现行财税体制面临的突出矛盾和问题

（一）我国目前分税制财政体制有待理顺的问题

1994 年分税制改革使中国的财政体制走向与市场经济相内洽的“经济性分权”。公平的竞争环境给出了有利于培育长期行为的稳定预期，形成了政府对市场主体实行宏观“间接调控”的机制条件和中央与地方间按税

种或按某一税种的同一分享比例分配各自财力的比较规范、稳定的可持续体制安排。但由于受到一些客观条件的制约，一些制度性问题没有解决，其后虽经过20余年的不断完善，但仍有一些改革没有到位。

要看到我国经济具有黄金发展期特征的同时也面临矛盾凸显的挑战和压力，在财政方面的一个具体表现是省以下体制一直未进入真正的分税制状态，基层财政困难、大量隐性负债和短期行为明显的“土地财政”偏颇，引起广泛诟病。为化解矛盾、真正转变和优化政府职能，服务又好又快发展，财政体制的“扁平化”、县级财力保障、地方税体系建设、转移支付改进、预算的透明及规范和民主化法治化等，都势在必行。而且，现实生活正在呼唤新的一轮价、税、财配套改革。

在我国一般商品价格已由市场决定的情况下，当前在资源产品价格、不动产价格等方面，仍然存在着严重的比价关系不能理顺、价格形成机制扭曲问题，形成对国民经济的负面影响，最突出的例子是社会再生产“命脉”层面“从煤到电”的配置机制扭曲，比价关系不能反映资源的稀缺性和不能有效形成产业上、中、下游全程各相关主体的节电、节能、降耗、低碳发展的内在激励。与此同时，从资源开发到社会总产品分配中的重要制度（地方税体系和地方政府阳光融资制度）建设严重滞后，省以下财政分税制迟迟不能落实，成为政府职能转换、行为优化方面的明显障碍，基层财政困难、地方大量隐性负债、过度依赖“土地财政”等为人们所诟病的问题，都与此有关。具体分析如下：

1. 事权与支出责任方面

政府间事权划分和支出责任划分的不合理、不清晰、不规范，是目前财政体制存在的主要问题。首先，一些本应由中央管理的事务交给了地方处理，包括社会保障、全国性社会基础设施、全国性自然资源保护和污染防治（如国际界河的保护、跨流域大江大河的治理、跨地区污染防治、跨地区经济纠纷处理、海域和海洋的使用管理）等。在成熟市场经济国家，这类公共事务与国防、外交事务一样，通常由中央政府“一竿子插到底”式地全权负责，从人员到具体决策、筹资、预算、执行、管理和监督，都由中央政府完成。但在我国，除个别机构（如中央银行、国家税务总局等）外，中央政府在地方并没有自己的公务员队伍。上述公共事务基本上都是由中央政府做决策、定标准，地方政府在中央指令下负责支出、管理、执行和落实等多项责任。

其次，一些属于地方管理的事项，中央承担了较多的支出责任。直接的体现就是专项转移支付种类繁多，且规模不断增大，涉及一般公共服务、公安、教科文卫、节能环保、农林水、交通运输、商业服务、金融、国土、资源、住房、社保、就业等各个领域。大到区域性重大基础设施建设，小到农村厕所改造等地方项目，中央相关部门都有资金补助。这些本应由地方管理的事项，中央介入过多，受信息复杂性等因素影响却未必能够做好，反而使地方政府产生依赖感，限制了地方政府在地方事务上更好地发挥作用。

再次，中央和地方政府职责重叠，共同管理的事项较多。中央与地方财政对社会保障、公共卫生、义务教育等相当多事项和支出责任实行共同承担的办法。这也导致中央与地方政府通过各种形式进行博弈，容易造成职责不清、互相挤占，“责任共担”变成双方都不管，也无从问责。

2. 政府间收入及税制方面

(1) 政府间收入划分存在缺陷。

分税制改革根据各类企业依法纳税公平竞争、中央与地方依税基配置取得财政收入、事权与财权相呼应的原则，按税种划分中央与地方税收收入，将维护国家权益、实施宏观调控所必需的税种划为中央税，将同经济发展直接相关的主要税种划为中央与地方共享税，将适合地方征管的税种划为地方税，并充实地方税税种，增加地方税收入。

分税制改革的主要侧重点是在理顺中央与地方分配关系的基础上提高中央财政集中度，因此，将税基大、税源充裕的主要税种划归中央或由中央分享大头，同时税收立法权限和管理权限高度集中于中央，而对地方税收体系的考虑则相对不足。经过长期运行后，目前我国在中央与地方间财政关系和地方税体系建设方面已经累积了不少矛盾和问题，不能完全适应经济社会发展新形势，亟待进一步完善。

第一，地方税制的建设严重滞后，地方财力不足。

到目前为止，我国还没有一个清晰的地方税体系，地方政府缺乏具有稳定收入来源的主体税种，导致地方财政收入远远无法满足财政支出需要，不得不严重依赖中央财政转移支付。分税制改革提高了中央财政收入占全国财政收入的比重，却没有改变财政支出责任的配置关系，导致地方财政收入远远无法满足其财政支出的需要。以2012年的数据为例，地方本级收入为68969亿元，而地方财政支出达到119272亿元，地方财政自给系数仅为0.58，这意味着地方财政支出中将近一半需要依赖于中央对地方的财政转移支付。如此庞大的财政转移支付，不仅容易引发寻租行为，而且地方政府在中央财政拨款的使用上，往往不像对待来自当地的收入那样有责任感，造成财政支出的效率低下。

第二，地方政府收入结构不合理，缺乏主体税种，高度依赖共享税。

现行归属地方的税种包括营业税、城镇土地使用税、城市维护建设税、房产税、车船税、印花税、耕地占用税、契税、烟叶税、土地增值税等，税种虽多，但缺乏能提供长期稳定收入的主体税种，地方政府收入高度依赖于共享税。目前，地方税收体系中最主要的税种是营业税，但各银行总行、各保险公司总公司集中缴纳的营业税部分属于中央政府所有。除营业税之外，地方政府税收收入的另外两个主要来源是增值税和企业所得税的地方共享部分。2012年地方政府取得的营业税、增值税和企业所得税收入分别为15543亿元、6738亿元和7572亿元，三者之和占当年地方税收收入（47317亿元）的63.1%和地方财政收入（61077亿元）的48.9%，这表明了地方财政收入对共享税的高度依赖。在省以下政府间税种划分上，这一问题表现得更为明显。能提供充足收入的主体税种本来就太少，在省、市、县和乡镇这四级政府间如何划分税种归属就更成为无解的难题，因此，各地大多效仿中央与省级政府之间的做法，对收入较高的几个税种在各级政府间进行“共享”，实为五花八门且时常调整的分成、包干，留给最主要的公共服务提供主体县（市）级政府专享的只有一些零散细小的税种。表1－1为现行省以下税收划分情况表。

表1-1 现行省以下税收划分情况表

收入稳定且规模较大的税种一般由省与市县分享	京、津、冀、晋、蒙、辽、吉、沪、豫、琼、渝、川、陕、藏、青等大部分省区采用；省与市县共享收入税种主要为增值税（25%部分）、企业所得税、营业税和个人所得税（40%部分）、城镇土地使用税、资源税等；省与市县共享收入分成比例主要有“五五”“四六”“三七”等，多数省级分享比例略低于市县分享比例
小税种一般由市县独享	主要有城建税、房产税、耕地占用税、车船使用和牌照税、印花税、土地增值税、契税等
按税种和行业相结合的方式划分	浙、黑、苏、皖、闽、鲁、赣、鄂、湘、粤、桂、贵、甘、宁、疆等省区在按税种方式划分收入的同时，规定主要行业、支柱产业或重点企业的税收收入由省级独享。如山东规定，重点企业增值税划归省级；宁夏将31户电力、化工重点企业增值税划归省级；此外，还有9省区将金融保险营业税全部作为省级固定收入

资料来源：李萍主编，《中国政府间财政关系图解》，中国财政经济出版社，2010年版。

第三，税政管理权高度集中于中央，地方缺乏必要的税权。

目前我国税收立法权为中央政府独有，而在税政管理权限上，中央政府将屠宰税、筵席税的开征、停征权下放给了地方（目前这两种税均已停征），将房产税、车船税、城市维护建设税、城镇土地使用税等税种制定实施细则的权力下放给了地方。但总的来说，地方税收立法权、解释权、税目税率调整权以及减免税权等税收管理权限高度集中在中央政府手中，地方政府仅具有非常有限的管理权限。在这种高度统一的税收管理制度下，一方面，地方政府无法根据本地情况因地制宜地对税收制度进行调整，削弱了地方政府组织收入和调节经济的能动性；另一方面，地方政府往往使用财政返还等不规范的优惠手段，极易导致政府资金的滥用和分配的不公平。

在现行分税制财政体制框架下，税制改革不可避免地会对地方财政收入和政府间财政关系产生深远的影响。以营业税改征增值税改革为例，“营改增”将原属于地方政府收入的营业税改征增值税，必然会引起中央和地方政府利益的重新分配。尽管政策规定试点期间营业税改征增值税收入仍然归属于地方，在短期内将不会影响中央和地方的税收划分，但这种过渡性政策安排很难解决财政体制中固有的一些矛盾。作为地方第一大税的营业税取消后，地方财力自给能力较弱，更加依赖转移支付和共享税的矛盾会放大，不利于建立规范的中央与地方间财政关系。因此，“营改增”的全面推进，进一步凸显了加快完善地方税体系的重要性，必然倒逼全面深化财税改革。

（2）税收制度方面存在问题。

第一，税制累进性弱，缺乏有效的收入分配调节手段。

改革开放以来，随着我国经济的飞速发展，居民收入差距也在不断扩大。收入差距不断扩大的原因是多方面的，税收政策缺位是其中一个重要因素。税收政策是调节收入分配的重要工具，但长期以来我国税收政策在调控居民收入分配方面没有发挥出应有的作用。这主要体现在几个方面：

首先，间接税占比明显偏高，不利于发挥税制调节收入分配的功能。从发挥收入分配作用的角度来说，直接税要优于间接税。但从税收收入结构来看，我国直接税收入占全部税收收入的比重相对较低。如表 1－2 所示，2008—2012 年，各年直接税占比仅在 30% 左右，导致税收调节收入分配能力偏弱。由于间接税属于中性税收，收入分配具有累退性，从个人税收负担来看，低收入阶层负担的税收占其收入的比重要高于高收入阶层的这一比重，因此在实质上会扩大收入差距。

表 1－2　2008—2012 年我国间接税和直接税比重

年度	2008	2009	2010	2011	2012
间接税占比（%）	68.8	68.9	69.6	68.3	67.5
直接税占比（%）	31.2	31.1	30.4	31.7	32.5

资料来源：根据《中国统计年鉴 2013》中的相关数据计算而得。

上表仅是按照税收收入统计口径计算的结果，如果按照 OECD（经济合作与发展组织）包含社会保障缴款（社保费）的税收收入统计口径计算，我国的直接税占比会相应提高，但以间接税为主体的局面并没有改变。如表 1－3 和表 1－4 所示，2012 年我国包含社保费的直接税占比为 43.7%，远低于 OECD 国家的直接税占比。

表 1－3　2012 年我国直接税占比（不同口径）

各类税收收入	OECD 口径（包含社保费）	IMF 口径（不含社保费）
税收总收入（亿元）	133226	111033
直接税收入（亿元）	58229	36036
直接税占比（%）	43.7	32.5

（注：2012 年全国社会保险基金收入为 28465 亿元，扣除公共财政补贴后为 22193 亿元。）

资料来源：根据《中国统计年鉴 2013》和《中国财政年鉴 2013》中的相关数据计算而得。

表 1－4　OECD 国家间接税与直接税的比重

年度	1965	1970	1975	1980	1985	1990	1995	2000	2004	2005	2008
间接税占比（%）	38.4	36.1	32.8	32.5	33.7	31.9	32.4	31.7	32.2	31.9	31.5
直接税占比（%）	61.6	63.9	67.2	67.5	66.3	68.1	67.6	68.3	67.8	68.1	68.5

资料来源：根据 OECD，Revenue Statistics 1965—2009 中的相关数据计算而得。

其次，直接税中相关税种设置不合理，削弱了政府调节收入分配的能力。在直接税中，收入最高的是企业所得税，但企业所得税是针对企业征收的，其首要职能是筹集财政收入和调节企业间赢利状况的悬殊，本身并不具有对个人的收入分配功能。个人所得税是调节个人收入分配最重要的税种，但我国现行个人所得税覆盖面较窄，收入占全部税收收入的比重较低，限制了其发挥作用的空间。从个人所得税税制要素设置来看，收入调节功能最强的超额累进课税机制仅适用于工资薪金所得，征收范围只包括工薪收入者中的 7% 人群（全体居民的 2% 人群），严重丧失了个人所得税应有的收入分配调节功能。

最后，部分税种缺失。缺乏个人房产保有环节的房产税、遗产税、赠与税、社会保障税等从不同环节对个人收入、财富进行调节的税种，使得税制调节收入差距的能力极其有限。

第二，货物劳务税制不合理，不利于经济发展方式转变。

随着我国市场经济的发展完善和社会分工的不断细化，区别货物和劳务，分别征收增值税和营业税的货物劳务税制，日渐显现出其内在的不合理性和缺陷，对第三产业发展的约束愈加突出，不利于实现经济结构的重大调整和经济发展方式的根本转变。这一约束体现在以下三个方面。

首先，增值税和营业税并征，违背了商品税制的“中性”和“公平”原则。

现代税收理论认为，增值税是最为“中性”的税种，对资源配置的扭曲最小。增值税是针对原来的产品税、销售税等周转税的缺陷而设立的一种新税。周转税对商品在生产、流通等所有环节的流转额道道全额课征，具有严重的重复征税的弊端，而增值税虽然也是在生产和消费的各个环节道道征收，但通过抵扣机制，实现了在中间每一环节仅对流转额中的增值部分课税，从而有效避免了重复征税的问题，实现税收的“中性”，确保商品和劳务在流通的各个环节税负公平，不会因纳税人生产经营的分工环节不同而出现税负不公平的问题。

现行增值税和营业税并行的做法则打破了商品和劳务流通课税方式的统一性，对增值税的“中性”和公平造成了破坏。其一，现行税制中对第二产业的建筑业和大部分的第三产业课征营业税而非增值税，增值税征税范围较狭窄，导致经济运行中增值税的抵扣链条被打断，不能完全消除重复征税因素，增值税的“中性”效应大打折扣。其二，将部分行业排除在增值税的征税范围之外，也不符合税收公平原则。这些行业本身虽然不征收增值税，但在生产经营过程中，仍不可避免地需要大量外购商品和劳务，由于其进项税额不能抵扣，因此这部分税负实际由企业承担了下来，加重了其税收负担，形成了增值税和营业税行业不公平课税的局面。

其次，增值税和营业税并征，对服务业的发展造成了极其不利的影响。

从产业发展和经济结构调整的角度来看，将大部分第三产业排除在增值税的征税范围之外，极大地阻碍了服务业的发展。这主要表现在三个方面。第一方面，制造业企业外购服务所含营业税无法进入增值税的抵扣链条，造成企业税负的增加，企业更倾向于自行生产服务而非外购服务，不利于服务业需求的扩大。第二方面，营业税对营业额全额征税且无法抵扣，不可避免地会造成重复征税，抑制了服务业的专业化分工和服务分包的发展。第三方面，服务业在出口时其购进成本中所含的增值税和营业税无法得到退还，导致服务含税出口，降低了我国服务出口的竞争力，不利于我国扩大服务贸易出口。

最后，产业专业化分工的发展使得企业货物生产和劳务服务结合紧密，难以区别界定，增加了税收征管的难度。

从税收征管的角度看，两套税制并行造成了税收征管实践的一些困境，特别是随着多样化经营和新的经济形式的不断出现，税收征管也面临着新的难题。比如，在现代市场经济中，商品和服务捆绑销售的行为越来越多，形式越来越复杂，要准确划分商品和服务各自的比例也越来越难，这就给两税的划分标准提出了挑战。再如，随着信息技术的发展，某些传统商品已经服务化了，商品和服务的区别越来越模糊，二者难以清晰界定，是适用增值税还是营业税的难题随之而生，进而增加了税收征管成本，造成资源浪费。

营业税改征增值税的改革于 2016 年 5 月 1 日后实现了覆盖全国各个行业，但仍称为“改革试点”，有待进一步细化、优化改革方案，巩固改革成果，其内在取向是使营业税最终退出历史舞台。

第三，税制对资源环境的调节作用不强。

经过 30 多年的改革和发展，我国在经济领域取得巨大成就的同时，也在资源环境领域面临着巨大的挑战。目前资源约束的压力越来越大，环境污染日趋严重，生态系统不断退化，生态环境面临的形势十分严峻，已经成为制约经济持续健康发展的重大问题。党的十八届三中全会通过的《中共中央关于全面深化改革若干重大问题的决定》明确提出，要加快建立生态文明制度，健全国土空间开发、资源节约利用、生态环境保护的体制机制。

随着我国资源环境形势的不断恶化，我国在税收制度改革和调整中对绿色环保因素的考虑也不断增多，并建立了一系列的资源环境税收制度，在促进环境保护和资源节约方面具有一定的积极作用。但总体来看，现行税制在调节资源环境方面存在着明显的问题和不足，制度建设尚不健全，无法适应我国加快转变经济发展方式、促进资源节约和环境保护的紧迫性要求。

第一，尚未真正构建完善的环境税收体系。

尽管我国目前针对资源、污染物排放、成品油、机动车征收的税种和收费，在制度上初步构成了一个环境税费体系，但与国外相对完善的环境税收制度相比，我国的环境税收体系还很不完善。

首先，针对污染物和二氧化碳排放征收的独立税种缺位。从生态环境保护的角度出发，对污染物排放、破坏生态环境的行为或产品征收的专门性税种在环境税收体系中具有主体地位。而我国缺少有针对性的专门税种，如与污染物排放直接相关的硫税、氮税、污水税和直接针对二氧化碳征收的二氧化碳税等独立环境税种，导致一方面难以形成专门用于环境保护的税收收入来源，另一方面在政策选择面上受限，一些有效性更强的税收政策无法考虑、设计和规定。

其次，现行与环境相关的税种之间缺乏配合。由于缺乏对环境税收体系整体上的设计，现行与环境相关的税种还仅限于对原有税收制度的修补和调整，相互之间的联系性较弱，缺乏协调配合。环境税收体系缺乏系统性，难以形成合力，对环境保护的调控作用不够。

第二，与资源环境相关的税种在税制设置上存在缺陷。

在现行税收制度中，与资源环境保护相关的税种主要是资源税、消费税、车船税和车辆购置税等，但从这些税种的税制设置来看，部分税种在税制设置上尚不完善，导致其对资源环境的调控力度不足，有待进一步加强。

从资源税来看，现行资源税开征的主要目的是调节资源级差收入和促进资源合理开发利用。从促进资源节约的角度来看，资源税存在的问题主要是：①税负水平较低，未能充分反映资源的内在价值，导致资源被过度开采使用。在煤炭资源税从价计征改革的基础上，亟待加快推进其他品目资源税从价计征改革，全面反映资源品内在价值和环境成本。②征税范围偏窄，目前资源税主要针对矿产资源征收，没有将水资源、森林资源、草场资源等可再生资源包括在征收范围中，不能充分发挥资源税对保护自然资源和生态环境的作用。

从消费税来看，经过多次改革和调整后，现行消费税已经具备了较高的环保因素，对环境保护的调节力度日益增强，但与发达国家的消费税制度相比，还存在较大差距，主要表现在：一是征税范围偏窄，没有将一些高能耗、高污染、高排放的产品，如煤炭、火电、氟利昂、大型机动车等纳入消费税的征税范围。二是税率设置不合理，税负水平整体偏低，不能反映应税产品消费行为产生的外部经济成本。

从车辆购置税来看，目前车辆购置税实行的是10%的单一税率，没有考虑车辆的能效、污染排放量等情况制定差别税率，无法发挥对高能耗高排放车辆的调节作用。

第三，税收管理效率有待提高。

税收征管制度改革与税制改革相辅相成。自20世纪80年代以来，我国就对建立科学严密的税收征管制度进行了艰辛的探索。特别是1994年分税制改革后，为适应新的复合税制征管要求，国家税务总局提出了建立“以申报纳税和优化服务为基础，以计算机网络为依托，集中征收，重点稽查”的新型税收征管模式，开启了深化税收征管改革的新征程。随着市场经济体制的逐步完善，税收征管改革从未间断，逐步建立了纳税人自行纳税申报制度和服务体系、管理监控体系、稽查体系、组织体系；实施税收科学化、精细化管理，加强对税收征管薄弱环节的改造；大力推行税收专业化、信息化管理，开展税源专业化管理试点，不断探索税收管理的新方法、新举措。税收征管改革取得了一系列显著成效，纳税人自行申报纳税制度基本确立，纳税服务理念实现重大转变，税收管理信息化建设取得突破性进展，税务稽查的威慑力不断增强，税收征管质量和效率明显提升，有力促进了税收收入平稳较快增长，保证了税收调控经济、调节分配职能作用的有效发挥，为支持经济社会发展发挥了重要作用。

但是，由于我国税收征管制度建设起步比较晚，在市场经济快速发展和完善的过程中，现行税收征管管理已经暴露出许多问题，与经济发展的形势不相适应。

首先，税收征管法律体系不够完善，法律效力有待提高。现行《中华人民共和国税收征收管理法》在内容和操作性上仍存在不少问题，亟待进一步修订，有关税务管理、税务稽查、税务代理等规定都是部门规章形式，法律效力不高，内容不规范。

其次，税收征管的信息化水平比较低，共享机制未形成，税收信息化基础工作薄弱。新征管模式要求以计算机网络为依托，以信息化、专业化建设为目标，但由于税收基础工作覆盖面较广，数据采集在全面性、准确性等方面尚有欠缺，因此不能满足税收征管和税源监控的需要。

最后，纳税服务意识淡薄，征纳关系不和谐。一是没有树立起一种“以纳税人为中心”的服务理念，工作的出发点不是以纳税人满意为目标，税收法规的宣传不到位，新的税法政策又没有及时送达纳税人，因此在征纳过程中对纳税人的变化和需求难以做出快速反应。二是在要求纳税人“诚信纳税”的同时，税务机关“诚信征税”的信用体系及评价机制也不完善，难以构建和谐的征纳关系。

3. **转移支付方面**

首先，转移支付规模不断扩大。由于现行财政体制特别是事权划分不够完善，支出责任过度下放，地方政府的财权难以满足其履行事权的基本需求，主要通过上下级政府间转移支付来解决，导致转移支付规模不断扩大，在中央财政收入和支出中的比重逐年升高。

其次，受政府间事权和支出责任划分不够明晰等因素的影响，我国转移支付体系设计较为凌乱，一般性转移支付“专项化”、专项转移支付“一般化”的特征日益明显。与之相对应，专项转移支付则出现“泛一般化”倾向。

再次，转移支付结构不尽合理，一般性转移支付比重偏小，专项转移支付不断增多，项目繁杂、资金分散。

此外，专项转移支付项目复杂、凌乱，制度建设与管理滞后，绩效不佳。专项转移支付普遍存在“重分配，轻管理”的问题，甚至还存在“一分了之”的现象。部分专项转移支付资金分配缺乏制度规范，项目执行情况缺少报告，使用过程中约束不强，缺少绩效考评办法，不仅容易形成转移支付资金的“跑冒滴漏”，也很难保证实现当初设定转移支付项目的政策目标。在预算管理方面也存在问题，上级转移支付资金未完整纳入地方预算。同时，专项资金和专项转移支付分配的规范性和透明度不高，监督机制薄弱，容易导致贪腐行为的发生。

4. **省以下财政体制方面**

省以下财政体制在我国属于“地方”概念下各层级的财政体制，是国家财政体制的重要组成部分，是中央对地方财政体制的贯彻和延伸，影响着地方政府的行为空间和基本公共服务的供给水平。分税制财政体制在大的分税制框架下确立了中央和地方政府的财政分配关系，各地比照中央对地方的分税制体制模式，调整了省以下各级财政体制，并配套建立起了转移支付制度。分税制改革立足于克服或消除原包干财政体制缺陷，规范中央与省的财政分配关系，快速增强中央财力，但我国现行分税制体制仅仅解决了中央与地方在财权划分上的矛盾，省以下财政关系尚未理顺，总体而言始终未能实现真正的分税制。省以下政府间收入划分五花八门、复杂易变，按税种划分收入以及讨价还价色彩仍较浓厚的总额分成、收支包干等体制形式都不同程度存在。越是欠发达的基层越倾向于包干。即使是在按税种划分收入的地区，有的省与市县共享税种设置过多，有的省仍按企业隶属关系或行业划分收入，违背了分税制原则。省以下各级政府层层收取税收分成，层级越低财力越薄弱；事权层层下放，层级越低事权越重，加上转移支付改革不到位，导致县乡财政面临困难局面，基本公共服务失衡。

（1）省以下税收收入划分。

受经济发展水平和产业结构差异的影响，各地省以下政府间收入划分形式多样，差别较大，绝大多数省区采用了按税种划分的方式，仅有江苏、浙江和福建选择了总额分成的方式（其中江苏和浙江选择了基数加增量定比分成，福建则不考虑基数）。总额分成没有按照具体某个或某些税种分成，可以理解为所有的税收合计后按照比例分成。

省以下税种划分大致有以下几种情况：

一是收入稳定且规模较大的税种由省与市县共享。全国大部分省区采用了这种模式。目前，省与市县共享收入的税种主要为增值税（25% 部分）、营业税、企业所得税和个人所得税（地方分享的40%部分）、城镇土地使用税等。

二是收入较少的税种由市县独享。目前划归市县的固定收入税种主要有资源税、城建税、房产税、车船使用和牌照税、耕地占用税、印花税、契税、土地增值税等。作为市县固定收入的税种虽然较多，但收入规模普遍较小，主体税种不多。尤其是国家取消农业税和除烟叶外的农业特产税后，情况更是如此。

三是部分省市在按照以上两种方式划分收入的同时，规定主要行业或支柱产业的税收收入由省级独享。采用这种划分方式的省市较多。如天津市规定，交通及运输、邮政通信、石油石化、金融保险等行业的增值税、企业所得税、个人所得税、城建税、教育费附加以及机场、港口、卷烟、汽车、天钢、天铁、钢管和创业环保公司的增值税、企业所得税、个人所得税等，划归市本级收入。河北省将石油、石化、有色、电力等四部门及省参与投资的电力企业缴纳的增值税、营业税划归省级收入。此外，还有20个省将金融保险营业税全部作为省级固定收入。

对共享税收的分享形式可以分为以下三种类型：

第一种，按比例分享。目前，北京、天津、河北、山西、辽宁、吉林、黑龙江、河南、山东、湖北、广西、重庆、海南、陕西、甘肃采用这种方式划分省与市县共享收入。省与市县共享收入的分享比例主要有“五五”“四六”“三七”等，多数省级分享比例略低于市县分享比例，体现了财力向下倾斜的原则，对于缓解基层财政困难有一定的积极作用。

第二种，按隶属关系划分。目前，上海、浙江、安徽、江西仍采用这种划分方式。如浙江将增值税和企业所得税按企业的隶属关系划分省级收入和市县收入。需要说明的是，对国有资产经营收益、计划亏损补贴、行政性收费收入、罚没收入、专项收入等，各省均按隶属关系划分为省级固定收入和市县固定收入。

第三种，按比例和隶属关系交叉划分。目前，内蒙古、江苏、福建、湖南、广东、云南、四川、贵州、西藏、青海、宁夏、新疆按这种方式划分共享收入。如广东将增值税收入按企业的隶属关系划分，将企业所得税收入中来源于国有企业的所得税收入按企业隶属关系划分，来源于非国有企业的所得税收入由省与市县按“四六”比例分享，对营业税和个人所得税按“四六”比例分享。

（2）省对下转移支付。

近年来，随着中央对地方转移支付体系的逐步完善和规模的不断加大，各地也比照中央办法，结合自身实际，陆续建立了省对下转移支付制度。省对下转移支付由财力性转移支付和专项转移支付构成。其中，财力性转移支付主要包括一般性转移支付、调整工资转移支付、农村税费改革转移支付、民族地区转移支付、缓解县乡财政困难奖补资金（“三奖一补”）、地方出台的激励性转移支付①等。省对下专项转移支付是指省级政府为实现特定的政策目标以及对委托下级政府代理的一些事务进行补偿而设立的专项补助资金，资金接受者需按规定用途使用资金，专款专用。

根据一般性转移支付的性质，各地普遍将其政策目标定位于缩小辖区内财力差、推进地区间基本公共服务均等化。但受客观条件制约，河北、宁夏等中西部19个省份均明确规定，近期内一般性转移支付的主要目标是缓解县乡财政运行中的突出矛盾，主要包括保证机关事业单位人员工资发放、基层政权正常运转等。宁夏规定：“通过规范的资金分配形式，逐步缓解市县财政困难，调整区域间财力差异，实现地方政府基本公共服务能力的均等化。在当前各级财政财力基础还比较薄弱的情况下，转移支付资金重点用于保障机关事业单位职工工资发放、机构正常运转等基本支出以及推动农业、科技、教育等必要的事业发展支出需要，实现区域之间、城乡之间的统筹发展。”

此外，安徽、湖北、青海等省份还注重发挥一般性转移支付的政策导向功能，引导和鼓励市县政府增收节支，发展地方经济。安徽规定：“按照‘加快发展，富民强省，全面建设小康社会’的要求，适应省直管县财政体制改革的需要，在加大对财政困难一般性转移支付力度，提高其财政基本保障能力的基础上，充分发挥一般性转移支付政策的导向作用，建立

① 地方出台的激励性转移支付是指为充分调动县乡发展经济、加强财政管理的积极性，通过建立科学的指标体系和奖优罚劣机制而实施的激励性补助。

激励约束机制，鼓励各县自力更生、加快发展，壮大财政经济实力，尽快形成一批财政经济强县。”青海规定：“通过实施一般性转移支付，调动州市县增收节支，实现财政收支平衡的积极性。”湖北在实际操作中，依据其政策功能、测算因素和分配办法的不同，将一般性转移支付划分为均衡性转移支付、激励性转移支付和政策性转移支付。

总体看来，绝大多数地区都是比照中央对地方一般性转移支付测算办法，按照辖区内市县的标准财政收支差额和转移支付系数确定转移支付数额。即某地区转移支付额 =（该地区标准财政支出 − 该地区标准财政收入）×转移支付系数。但也有例外。山西、贵州和西藏对辖区内基层政府的标准财政收支缺口实施全额补助，测算公式为：某地区转移支付额 = 该地区标准财政支出 − 该地区标准财政收入。广东在按照编制数计算县级和市本级人均可支配财力补助标准分别为 10800 元、15000 元的基础上，对低于补助标准线的市县，按照补助标准线给予补足。江苏将 1999 年标准人均财力低于 11000 元的市县列入转移支付范围，对各地标准人均财力与 11000 元的差额，省补助 50%。

虽然目前各地省对下一般性转移支付均测算到市县一级，但在下达时，山东、甘肃、江西、青海、西藏等通过地市一级实行二次分配；河北规定 22 个试点县由省直接下达，其他县由市级财政再次分配。为确保转移支付资金的有效使用，这些实施二次分配的省份均明确规定，地（市）级不得再行调减对所属县（市、区）的转移支付补助数额，并要求地（市）在核定各县（市、区）转移支付的基础上，结合本地实际，通过筹措必要的资金，加大对所属县特别是财政困难县的支持力度。

在资金使用上，各地普遍规定转移支付资金要重点用于保障行政事业单位职工工资发放、机构正常运转、社会保障等基本公共支出，以及偿还到期债务；同时，补助资金不得用于“形象工程”和“政绩工程”，否则一经发现，将酌情扣减下年度一般性转移支付资金。在资金监管上，要求各级财政要加强转移支付资金监管，提高资金使用效益。地市一级政府要通过优化财政支出结构、压缩本级支出和专项拨款等方式，积极筹措资金，增加一般性转移支付资金规模，加大对财政困难县乡的支持力度，帮助缓解县乡财政困难。

（二）政策优化、绩效提升所面临的管理制度支撑不足问题

1. 全口径预算问题

现代政府预算要求将所有的政府资金全部纳入预算，受预算过程约束。这即所谓的预算全面性原则。1998 年预算改革以来，随着部门预算改革、国库集中支付、政府收支分类等多项改革的推进，各类预算外收支逐步纳入预算控制，预算的全面性不断得到提升。2007 年开始试编国有资本经营预算，将中央企业上缴的利润纳入预算管理。土地出让金全额纳入地方基金预算管理，实行彻底的“收支两条线”。2011 年开始全面取消预算外资金，预算外收入或纳入一般预算管理，或纳入政府性基金管理。

但是，综合预算改革仍未完成，仍有相当一部分公共资金未纳入预算管理。这既包括目前改革没有要求纳入预算管理的资金，例如部分社会保障资金；也包括国家已有要求但在实施过程中仍未完全纳入预算管理的资金，如政府基金和国有资本经营收益的上缴部分。在地方层面，国有资本经营预算仍未完全推开。目前国有资本经营预算仍然只是一个“小国资”预算，其他类型的地方国有资产（例如金融资产、矿产性资产等）形成的收益，往往仍在预算管理之外。同时，尽管预算改革以来各级政府一直不断加强对预算外资金尤其是制度外资金的控制，但是私设“小金库”的现象仍待根本杜绝。

2. 绩效管理与问责机制问题

绩效预算是现代预算改革和政府效率提高的必然发展方向。从 2003 年开始，中央和地方各级政府就开始进行若干分散的绩效评价试点。2005 年财政部出台《中央部门预算支出绩效考评管理办法》，积极推进预算绩效管理改革，地方财政绩效评价工作也积极开展，取得了长足的进步。但是，距离绩效预算改革的全面实现仍有相当距离，主要体现在：

（1）尽管绩效理念得到了初步树立，但长期形成的“重分配轻管理、重使用轻绩效”的思想仍未发生根本性改变。

（2）计划、政策、预算仍未很好地衔接起来。五年编制一次的国民经济和社会发展规划，很难与一年一编的年度预算统筹挂钩。各级政府在规

划出台后，仍会出台大量的政策，并对预算产生影响。政府编制预算缺乏中长期视野，也很难从中长期角度去思考政府施政目标与年度预算的有效衔接。

（3）部门与人员的问责制度尚未建立。以结果为导向的绩效预算改革要求能有效追究相关部门和人员的失职行为，并使之制度化，即问责制度。十几年的预算改革，强调的是行政控制和硬预算约束，并建立起了对各个部门收支行为进行监督的“外部控制”体系，这也是现代公共预算制度的基础。但是，从绩效预算改革的方向看，未来要给予各部门在预算执行中一定的自主权，就不应长期、过度地依赖外部控制，而是要在继续完善外部控制的同时，在各个部门建立标准化的内部控制体系，促使各个部门自己控制自己，有问题就能追究到有关部门和人员。

3. 政府会计制度改革问题

预算改革多年来在政府会计上，仍未启动实质性的改革。中国政府会计体系目标定位不清，会计体系分割，会计信息分散，会计功能不全（例如会计核算范围比较窄），会计基础单一，无法对政府收支进行全程、全面的会计监管，不能满足财务管理与绩效评价的需要。同时，现行的预算会计制度既不利于政府部门和行政事业单位对资产、负债的管理，也不利于防范和降低财政风险和提高政府供给公共服务的能力。特别是在会计基础方面，单纯的现金制不能准确、全面地反映政府所有的权益与责任。可逐步引入权责发生制，以提高政府财政的透明度，控制财政风险。

4. 审计与监督制度不完善

独立的审计是现代公共预算不可缺少的一个部分。目前，我国的审计署属于国务院部门，是政府内部的机构。《中华人民共和国审计法》规定，审计机关必须向同级人大报告审计工作结果。这使得审计成为人大预算监督的一个部分、一个环节。然而，从根本上说，中国的审计制度属于行政型审计。为了完善中国的审计制度，中国可在人大内部建立专门的审计委员会。这样既可以完善审计制度，也可以加强人大预算监督。

此外，人大审查预算过程中还存在时间过短、专业性不强等问题。尤其是全国人大，开会短短几天时间就要审查全国预算报告，这对于不具备专业知识的人大代表来说，实在困难。应该聘请更多的专业人员协助人大及其常委会对预算进行审查和监督。

（三）改革的阻力、障碍因素分析

党的十八届三中全会通过的《中共中央关于全面深化改革若干重大问题的决定》，从国家治理高度，明确了财政是国家治理的基础和重要支柱，并将建立现代财政制度作为重要的战略取向。财政改革涉及政治、经济、社会、文化和生态文明等各个方面，“牵一发而动全身”。建立现代财政制度、深化财政体制改革，存在以下主要障碍和阻力。

1. 观念认识上的固化与落后

固化的观念，实际就是一种思维定式。在这样的思维下，人们看待一些事物和现象总是下意识用过往的思维认识来判断和对待新鲜事物，总是有意无意地视而不见或极度抗拒。受过去计划经济体制的影响，再加上我国市场机制尚未健全，仍处于经济转轨过程中，在市场经济条件下一些改革措施滞后，致使一些思想观念尚未适时完成转变，对目前全面深化改革及国家治理现代化还存在着种种思想认识上的问题，已落后于时代和现实生活的发展，严重牵制和影响着中国经济、社会转型和“中国梦”愿景的实现。思想是行动的先导，改革开放30多年来的伟大实践表明，思想解放是最根本的解放，是一切理论、路线、方针、政策的总开关，是推动各项工作创新发展的动力源。新一轮财税体制改革是一场关系国家治理体系和治理能力现代化的深刻变革，是立足全局、着眼长远的制度创新。因此，必须强化大局和担当意识，敢于突破思想认识固化的藩篱，担负起改革的重任。

2. 法律上的制约和缺失

从中央地方事权划分看，通常各国以宪法规定为基础。而我国宪法对各级政府职能覆盖范围基本相同，上下对口，只是管辖区域不同。宪法对各级政府的事权划分只做了模糊性表述，并未做出系统和明晰的规定。各级行政机关双向负责，其最高领导是国务院，同时又向同级人大和上一级行政机关负责并报告工作。宪法同时给予国务院对省级行政机构职能调整和改变各级行政机构的不适当决定的权力，中央和地方国家机构职权的划分，遵循在中央的统一领导下，充分发挥地方的主动性、积极性的原则，但未明确规定地方应在哪些领域发挥主动性、积极性。国家行政机关的具体职责主要在国务院有关文件或部门规章中体现。由于缺乏系统化的合理的顶层设计，导致政府间事权和支出责任划分交叉重叠、边界模糊、责任不清。

中国财政制度在法律体系建设方面比较薄弱。素有“经济宪法”之称的《中华人民共和国预算法》是1995年正式实施的，在这之前的40多年，中国一直没有预算方面的专门法律，实行的是国务院的行政法规。《中华人民共和国预算法》的修订历时10年，跨越3届全国人民代表大会，历经4审，经过4轮反复磨砺，直至2014年8月31日第十二届全国人民代表大会常务委员会第十次会议才最终审议通过，并于2015年1月1日起实施。就税收立法来讲，在当前中国的18项税种中，只有3项经过了人大立法，其他都是以国务院条例形式来执行。其背景是自1985年起，全国人大授权国务院在体制改革期间可以通过税收条例的形式，推进税制的改革。这种做法的优势是有利于当时快速建立起中国的税收制度，但劣势是带来一些税收的随意性。特别是随着经济体制改革进入“深水区”，税收法治基础薄弱的弊端进一步凸现。

3. 路径依赖所产生的约束

改革开放以来，我国改革大体依赖以下两个路径：一是危机推动改革。过去30多年来，改革往往是危机导向。粮食不够吃，于是有了联产承包责任制；中央财政没钱花，于是有了分税制；农村乱摊派、乱集资导致社会不稳定，于是有了农村税费改革；国有企业亏损严重，于是有了“抓大放小”；地区之间差距日益扩大，地方保护主义盛行，于是有了所得税分享改革。二是渐进式改革。所谓渐进式改革，是指利用已有组织资源，在基本不触动既得利益的前提下，实行增量改革。分税制改革为保证地方既得利益，实行了增值税、消费税返还制度；所得税分享改革时，出台了所得税基数返还；成品油税费改革时，中央财政对各地因取消“六费”减少的收入给予定额返还。这些都是渐进式改革的典型产物。这种基于危机推动和渐进式改革的路径依赖，在当时推动并保证了改革的顺利实施，但也不可避免带来了改革效率降低、不能一步到位的问题，一些早就提到日程上的改革没有实施。

下一步我们要深化财税体制改革，要啃“硬骨头”，路径依赖所产生的惰性、约束乃至桎梏都将成为推进改革的障碍，要找到可行的排除之策。

4. **既得利益者的阻力**

李克强总理曾经提到“以壮士断腕的决心，背水一战的气概”来开展改革，这深刻说明深化改革面临着很大的阻力。这其中，既得利益者已经成为改革最大的风险和阻力，而财税改革中的既得利益者则很可能包括政府及政府部门自身。来自既得利益者的阻力，就是在原有格局下得到利益的人们会有惯性来阻碍改革。建立完整、规范、透明、高效的现代政府预算管理制度，涉及政府部门的预算公开、权力公开、行政公开以及问责制度的建立；在政府间财政体制改革中，涉及中央及地方政府的财力、事权和支出责任的重新划分。在税制改革中，增值税、资源税、消费税、房地产税等改革更会涉及社会不同群体、不同产业的切身利益。相关改革一定会触动某一部分人的“蛋糕”，来自既得利益者的阻力不容小觑。

三、攻坚克难、深化改革时不我待

1994 年分税制改革是我国社会主义市场经济发展中宏观间接调控的奠基性改革，终于实现了从反复探索而总走不通的行政性分权向可以使路径走通、越走越宽的“经济性分权”的决定性转变，成效显著、影响深远。但是，当前的财政体制仍然存在诸多矛盾和问题，需要我们进一步研究分析，以求“对症下药”地做出改进。

（一）深化财税体制改革面临的局势

我国经济持续 30 多年高速增长，人民生活水平显著提高，政府提供公共服务的能力明显增强。这一切与我国经济体制“改革红利”的释放关系密切。20 世纪 80 年代，我国以“分灶吃饭”财政体制为宏观层面的突破口，启动经济体制改革；1986 年又曾正面设计“价税财联动”配套改革，但其后由于种种主、客观原因而搁浅；1994 年的财税配套改革具有里程碑意义，使 20 世纪 80 年代已反复探讨的“价税财联动”配套改革，在价格调放基本完成于“治理整顿”低通胀期之后，又乘邓小平南方谈话的东风，推进到打造与市场经济相匹配的以分税制为基础的分级财政体制和多税种复合税制。1994 年的配套改革改变了以往各级政府按照行政隶属关系组织财政收入的模式，从源头和机制上理顺了政府与企业、中央与地方分配关系，为全国统一大市场的形成、生产要素在国内外两个市场自由流动、企业公平竞争和宏观间接调控体系的形成，奠定了基本的制度基础，促成了此后延续至今的国民经济活力的释放和又好又快的发展。

但也必须看到，分税制改革的任务至今尚未完成，社会主义市场经济体系远未完善。尽管我国目前大多数一般性商品价格已由市场供需关系决定，使市场在资源配置方面发挥了重要的基础性作用。但是，以政府行政命令和审批权力作为资源配置方式在基础能源领域仍为主导，且 2008 年金融危机以来“审批”经济有扩大、强化和常态化趋势。处于产业链上游的基础支撑性产业、资源产品和能源产品（如电力），对中下游产业和国民经济产生重要广泛深远的影响，“审批”经济导致价格形成机制扭曲，产品价格无法真实、正确反映产品的稀缺程度、供求关系以及生产环境成本，从而误导上、中下游微观企业资源配置行为，致使自“九五”便提出的经济发展方式转变举步维艰，节能降耗近乎流于空谈，资源环境瓶颈制约日趋收紧，经济结构调整屡屡受挫。近年来经济发展中最为突出的不平衡、不协调、不可持续矛盾以及相关摩擦和消极现象，大多数源于此或与此密切相关。

1. 能源消耗浪费巨大，环境污染严重

2011 年，我国一次性能源生产总量达 31.8 亿吨标准煤，居世界第一；一次能源消费已超过美国跃居世界第一，且持续增长。更为重要的是，我国能源利用效率很低，浪费巨大。2010 年，我国单位国内生产总值能耗是世界平均水平的 2.2 倍。能源密集型产业技术落后，效率相对低下，单位增加值能耗高。

在一次能源消费中，煤炭占绝对主导地位，该特征带来的环境污染现已严重影响国民的正常工作生活。巨大的能源消耗和浪费一方面源于产业结构不合理，另一方面更多地来自于能源（如电力）价格未能真实反映电力作为商品的稀缺性和生产成本，不但不利于鼓励节电节能，反而助长了能源的粗放使用和挥霍浪费。

2. 投资居高不下，产业结构不合理

在“命令”经济和“审批”经济方式下，地方政府无视市场供需，不计投入成本，热衷于搞投资、上项目，以实现本地区的经济增长，其结果是投资驱动型的经济增长和消费率的不断下降。

资源和能源产品价格不合理也对投资尤其是重化工业投资居高不下起到了推波助澜的作用。据统计，我国能源消费70%集中于工业，而钢铁、有色、化工、建材四大高耗能行业用能占全社会用能的40%左右，资源能源产品价格过低，用能成本对企业投资的产业和设备选择方面几乎不构成制约，高效机电设备推广普遍受阻便是其中的典型情况，其后果是我国产业结构重化特征明显，成为产业结构不合理的一大疾患。

3. 创新驱动不足

在能源环境的制约下，低碳经济被视为推动全球经济复苏的新动力源泉，是人类社会继工业革命和信息革命之后的又一次系统变革。为此，发达国家纷纷在经济发展理念、制度、政策、技术、产业、企业经营和消费方式等方面，围绕低碳经济进行一系列创新活动，如建立对二氧化碳排放进行严格管制的政策体系和碳排放权交易制度。但我国低碳经济发展十分缓慢，比如国际上已经较成熟的碳排放权交易制度目前在我国刚刚试水。经济创新能力严重不足，与资源能源价格失真、偏低，无法对微观企业形成开发新技术、使用新设备、发展新经济的内在压力和激励机制直接相关，使我国经济普遍存在创新能力不足、发展方式粗放特征。

4. 收入分配失衡

在粗放型重化工业主导的经济发展方式下，资本稀缺性尤其明显，资本收益率较高。在资本市场不甚完善的现实下，投资又多靠企业自身积累（正常情况下，中国经济的投资主体是民营经济，占GDP高达60%以上的固定资产投资，其中70%以上的融资来源是企业留利形成的直接投资①)。这两个因素叠加反映在国民收入初次分配上的结果是企业部门初次分配占比较高，远高于类似经济发展阶段的日本和美国，也高于同时期OECD主要国家，成为国民收入分配格局失衡的原因之一。

5. 地方政府财源建设严重滞后

资源产品和能源价格形成机制不合理带来的价格失真，伴随着资源能源税费制度不完善，一方面导致资源能源使用成本、环境污染成本无法内化为企业生产成本，造成资源能源浪费和环境污染，另一方面也使得政府无法从资源开发收益中获取公共收入，导致我国中西部资源富集地区“捧着金饭碗讨饭吃”，出现“资源最丰富地区，政府财力最弱”的“富饶的贫困”现象，政府自给财源建设严重不到位。近年来出现的省以下分税制无法落实、基层政府财力困难、“土地财政”、政府隐性债务问题均与此有关。

6. 寻租腐败现象层出

在审批经济与市场交织的环境中，极易产生设租寻租行为，“无处不打点”的潜规则泛滥，“审批权”后面，大都跟着明的收费权与暗的设租权，“跑部钱进”和国有资本流失在所难免。近年反腐倡廉力度加大，“老虎苍蝇一起打”，取得了遏止、惩治腐败的明显成绩，但要由“治标”推进到“治本”，形成“制度性反腐”的新境界，还任重道远。

（二）财税体制改革的战略思维

在经济规模庞大、利益主体多元、经济关系错综复杂的情况下，单项改革难以推进，效果也不明显，必须进行整体协调改革，进行企业、市场、宏观调控体系配套改革，尽快理顺资源能源等基础产品价格比价关系和形成机制，发挥好市场配置资源的基础性作用，并完善财税体制机制，健全宏观调控体系。具体改革的必然选择是实施新一轮价、税、财“最小一揽

① 李稻葵，《借金融恐慌推出一揽子改革方案》，《新财富》，2013年6月26日。

子”配套改革，并服务于巩固和完善分统制与社会主义市场经济的大思路。

近期和未来在深化改革中健全完善我国分税制财政体制的大思路，应是在明确政府改革中职能转变、合理定位的前提下，配合政府层级的“扁平化”和“大部制”取向下的整合与精简化，按照中央、省、市县三级框架和“一级政权，一级事权，一级财权，一级税基，一级预算，一级产权，一级举债权”的原则，配之以中央、省两级自上而下和地区间横向的转移支付制度，建立内洽于市场经济体制的事权与财权相顺应、财力与支出责任相匹配的财政体制。

从考虑深化改革、兴利除弊的思路上看，需指出一个重要的着眼点：市场经济是法治经济，在公共资源配置上，必然要求规则统一，各种以“因地制宜”“灵活务实”为名要求体制问题“一事一议”“一地一议”式的制度安排，一定是滑向设租寻租的、潜规则的、人治的制度，是会导致践踏规则的不良制度。经济社会转轨过程中扑朔迷离的现象和复杂的现实矛盾，要求我们以清醒的头脑抓住财税体制问题的实质，坚持1994年财税改革的基本制度成果和坚持与健康市场经济配套的方向。这是我们该秉持的财税体制改革战略思维。

（三）深化财税体制改革涉及的主要内容

力争在3～5年的时间内通过改革完善能源管理体制，理顺资源能源产品的比价关系、价格形成机制和宏观调控体系，从源头上建立节能降耗的内生激励机制，建立完善稳定的公共资源收益共享机制，实现经济社会可持续发展。

当前最紧迫的任务，是以煤炭为重点，利用煤价在2012年下半年后“自然并轨”的有利时间窗口，以资源税“从量”变“从价”的改革为契机，推进“从煤到电”的相关配套改革，理顺资源能源、不动产等基础产品价格，逐步积极形成基础品层面竞争性的市场体系。要形成这样的体系，首先要以煤炭资源税费和电力部门价格改革为重点，实行价、税、财等方面联动的改革。同时，在此基础上进行金融、资本市场、国有资产管理等方面的配套改革。在目前国内外经济低迷、企业效益普遍不佳的情况下，进行从资源能源切入价格改革为重点的配套改革，或将对企业经营和物价上涨产生不利影响，因此，需要在全面改革之前对经济稳定做出部署与控制，保证在改革迈出决定性一步，推出以能源价格改革为重点的配套改革时，不致发生严重的物价上涨、企业破产和工人失业，对社会稳定造成影响。

按照整体协调改革的思路，在近中期需要完成以下三方面的任务：

第一，稳定物价，促进就业，为配套改革准备相对宽松的环境。

第二，以资源税和能源价格改革为切入点，实行价、税、财改革联动。为市场活动提供合理参数，形成节能降耗内生机制，并推动地方税体系建设和省以下分税制改革的深化。

第三，积极推进金融、国有资产管理等其他方面改革，与价、税、财改革相配合，提升综合改革效应。

1．环境准备

环境准备工作的具体内容主要包括：

（1）减少和下放行政审批。积极强化市场机制。大力推进民营资本进入原垄断性领域，如金融、电信、铁路、能源以及教育卫生等。

（2）实施结构性减税，积极减轻间接税负担。间接税与价格关联性更强，间接税负担下调也会适当冲抵价格上涨压力。

（3）对于提高资源开采率、节能降耗等的技术产品研发、推广和使用给予财税合理支持和扶助。

（4）完备涉税信息数据系统。建立全国统一通用的全社会人、房、地、企业、政府、社会机构等的标准化唯一代码制度，进而由各部门运用唯一代码采集与之职责相关的个人、企业、政府、社会机构的基础性原始信息，并建立本部门的全国大集中、全覆盖的专业信息系统；在此基础上，形成各部门之间多边信息共享平台，即既基于各部门又独立于各部门的全国性、综合性的法定信息互通共享大平台，构建既能互通信息，又有限度、受约束、可控制的信息共享系统和机制。

2．“价税财联动”改革

“价税财联动”改革的着眼点，是克服目前在资源能源价格体系、税制和财政体制上存在的重大缺陷，理顺基础品价格形成机制，使价格能够反映资源能源品的稀缺性、内外部成本以及供求关系，对企业和居民节约使用资源能源形成内在激励机制，并促进建立规范的资源收益分配制度、地方税体系和省以下分税制的完善的宏观调控体系。其具体内容主要包括：

（1）电力部门改革。

按照电力能源的稀缺性、供需关系以及生产成本，强化市场导向下的竞争，构建合理价格形成机制。电力价格形式上仍可按目前三大类别（工业、商业和民用）有所区分，但工、商可趋向合并。同时，民用电价可实施阶梯电价和鼓励居民错峰用电。

具体改革包括：

①在电力产业链的前端（发电）和后端（零售）引入竞争机制，将“厂网分开”改革推进至“竞价入网”，形成新的以市场为基础导向的电价形成机制，火电之外的太阳能电、风电等可再生能源，透明地在竞价环节规定财政补贴，同样实行竞价上网。

②在电力产业链中端（输电网和配电）按自然垄断属性，实施国家特许权管理和业绩考评制度，取消电网对前后端的交叉补贴和经济“大锅饭”；合理安排非火电（水电、核电、风电、太阳能电）等可再生能源的财政补贴政策。

③在电力产业链后端实行输配分离，引入电力零售的服务外包等方式的竞争。

④最大限度地去除对电价的行政管制措施。

（2）税制改革。

具体改革包括：

①加快推进资源、环境税费改革。在将煤炭资源税的计征方式改为从价课征之后，将其他具备条件的金属、非金属矿资源品计征方式也改为从价计征。适时将资源税征税范围扩大至水、森林等自然资源。排污收费实行费改税后，还应积极考虑以低起点对企业开征等价于碳税的环境税收（不排除设计为消费税的一项税目的操作方案），形成贯穿全产业链、全流程（开采、生产、使用）的“内生性”节能降耗激励与约束机制。

②积极推进房地产税立法并适时推进改革，也不排除必要情况下扩大房产税改革试点范围，进一步取得本土经验。房产税对于适当提高直接税

占比、培植大宗稳定地方财源、化解基层财力困境、落实省以下分税制、促进地方政府职能转变、促进土地节约利用等方面，均具有积极的正面作用。房产税可以按照套数面积和独栋非独栋等标准设定免征条件，在此基础上设定不同档次税率，以限制投资、打压投机。同时，整合理顺房地产销售、二手交易等全环节各类税费负担，适当降低流通开发环节税费负担，适度增加高端保有环节税负。

③积极推进个人所得税综合与分类相结合的改革。建立针对性、差别化费用扣除制度，强化个人所得税收入分配调节作用。修改完善《中华人民共和国税收征收管理法》，赋予税务机关对个人收入和财产的检查权和处置权，强化相关部门在个人所得税征管方面的配合力度。

④加快推进“营改增”，规范增值税制度。在2014年之前完成“营改增”的行业扩围；简并税率，降低增值税基本税率，规范清理税收优惠政策；完善跨境服务免税和退税政策，促进产业专业化分工和融合，促进产业转型升级，优化出口结构。

⑤改革消费税。主要包括扩大征税范围，将部分严重污染环境、大量消耗资源能源的产品、奢侈消费品以及各地的某些特色资源纳入征收范围，将征收环节后移至批发零售，为部分税目收入由地方独享奠定税制基础。

（3）财政体制改革。

重点是：

①推进省以下分税制，通过省直管县、乡财县管和乡镇综合配套改革，将五个政府层级“扁平化”到三个层级。按照“一级政权，一级事权，一级财权，一级税基，一级预算，一级产权，一级举债权”的原则，构建起财权与事权相顺应、财力与支出责任相匹配的分税分级财政体制。

②调整中央与地方事权划分。按照政府事务的经济属性划分政府间支出责任，由粗到细形成中央、省、市县三级事权明细单，并动态优化。

③尊重税种内在属性，重新划分税基。其原则是，凡税源流动性强、关系经济调控和全局收入分配的税种作为中央独享税，税基不易流动、纳税人与负税人较为一致的税种作为地方独享税，税源大宗且介于上述两者之间的税种作为共享税。因此，建议将个人所得税按税率与省级政府分

享；将增值税的收入归中央，作为中央独享税，但按照人口、地理等因素均等化公式将部分收入转移至地方政府，以切断目前地方政府收入分享规模与其征收规模成正比的关系，进而切断政府投资与财力的正相关关系。将资源税（海洋石油除外）、房产税作为地方独享税；将消费税部分税目作为地方独享税，如待酒类消费税征收环节后移至零售环节后，将其作为地方独享收入，将企业所得税作为共享税实行分率共享。

④提高一般性转移支付占全部转移支付的比重，整合清理专项转移支付，完善其管理办法，如划拨进度、使用方式、取消配套要求等。

⑤积极探索地区间横向转移支付制度。

⑥建立和发展以建立有透明度的地方政府负债表和财务报告制度等为配合条件的地方政府自行发债制度。

3．其他方面的配套改革

（1）金融领域的改革。主要包括稳步推进存贷款利率市场化，降低金融垄断门槛；建立地方金融监管机构，对金融业监管实行分层管理，大力发展地方性金融机构；发展完善资本市场，利用税收手段引导资本市场健康发展，建立完善抑制短期投机、鼓励长期投资的稳定机制。

（2）土地制度改革。全面建立城市、农村土地所有权、占有权、使用权、出让权制度以及相应的产权转让税费和利益分配制度。

（3）建立公共资源出让收益合理共享机制。同时，清理整合目前与资源有关的各项收费制度，为将资源税负担提高腾出空间。完善国有资本经营收益上缴制度，实施国企薪酬制度改革。

（4）完善低收入家庭的社会保障政策。如在电价上涨时，适时、适度提高最低生活保障标准，稳定低收入家庭的实际生活水平。

（四）配套改革的框架构想

时间安排和措施搭配的实施构想大致有几种选择：

一是明确划分两个互相衔接的阶段，先进行环境准备，再配套改革。好处在于好处理，准备充分。弊端在于拉长了改革周期，不确定性增加。

二是环境准备与配套改革结合进行。特点是稳定宏观经济（稳定物价与促进就业）的同时，积极（可分步）推进价、税、财的配套改革。好处在于避免久拖不决的风险，但需要在改革措施与经济环境之间维持微妙平衡，对改革方案设计要求较高，对各级部门的管理与操作要求也较高。

三是在准备环境的同时，部分改革在局部地区先行先试，再求分步推进至全国。好处在于局部先行先试对环境要求不高，又能够为全国推广总结经验。弊端在于诸多改革的特点决定了不适于局部试点，如电价改革、中央与地方财政体制调整的改革等。

综合考虑各方因素，我们认为，采取第二种方式比较合理，即环境准备与配套改革相结合方式。随着国际市场需求下降以及我国人口红利的逐渐消减（2011 年，我国劳动年龄人口比重自 2002 年以来首次出现下降，2012 年该比重继续下降，从 74.4% 下降至 69.2%），我国经济增速开始放缓（2015 年以后已低于 7%）。经济增速放缓，同时物价上涨压力也较前几年有所降低，这为资源能源等基础产品价格改革提供了较佳的时间窗口。因此，从未来一段时期的宏观经济形势看，较适合价、税、财配套改革推出。至于技术层面，如数据信息准备等，目前已不存在多大障碍。

上述各项改革内容相互联系，且有其内在的顺序和逻辑。比如竞价上网是电价改革的基础，而资源税改革是电价改革的推动力，税制改革和中央与地方事权划分是中央与地方收入划分以及省以下分税制贯彻落实的前提等。

显然，在随党的十八大而来的新的发展阶段上，需要以更大的决心和勇气不失时机地大力优化我国发展改革的顶层规划设计，抓住基础品价格机制、税收制度、财政体制等重点，实施通盘设计的配套改革，并以利率市场化、资本市场发展健全等金融改革事项相呼应，使生产要素配置合理化。在新一轮价、税、财配套改革中，“营改增”改革将在减轻税负、推动产业结构优化和提振消费提升经济增长质量方面产生深远影响；资源税改革有望成为我国基础品价改和电力体制改革攻坚克难的重要切入点并长远产生节能降耗的杠杆作用；房产税改革试点适时扩大范围将引致地方税体系框架建设及其配套改革事项的一系列积极拓展，并在房地产调控、收入再分配优化等方面产生正面效应；个人所得税分步走向“综合加分项扣除”模式的改革也势在必行，并将是我国打造现代税制中的直接税制度，从而调节分配，促进社会和谐、共富的重要改革内容之一；而以省以下财政真正进入分税制为重点的财政体制与行政框架“扁平化”和政府职能的进一步转变，必将降低行政成本，优化财政支出结构和更好地释放千千万万市场主体的创业创新活力，缓解资源环境、人际关系等方面的矛盾约束，进一步打开我国未来可持续高速、高质发展的潜力空间。

2017 年 3 月 5 日的政府工作报告仍将推进财税体制改革列为年度深化重要领域和关键环节改革的重要内容。具体而言，在财税体制改革三大领域中，预算管理改革总体进展较好。税收体制改革的情况是：2016 年 5 月 1 日全面施行“营改增”，2016 年年底排污费改为环境保护税并在全国人大常委会通过，其他四大税种的改革还在紧张准备的阶段。国务院 2016 年推出了《中央与地方财政事权和支出责任划分改革的指导意见》，这个原则性意见需要进一步推动落实。在预算管理改革方面，首先，建立了政府预算公开制度。目前各级政府的预算公开不断完善，其中中央政府已把预决算总额、收支结构、部门预算、转移支付区域分布等向社会公开并配发说明。其次，建立了规范的地方政府债务管理制度。改革明确了地方政府可以举债和怎么举债，实行了自发自还、公开透明的债务发行机制，确定了债务额度的管理机制，形成了中央统一领导、分级管理的债务管理体制。再次，在公务支出管理上进行了深度改革。如建立了新的、严格可行的公务支出管理制度、公车改革等，这些改革目前都已落地。

上述政府工作报告同时指出，简化增值税税率结构，由四档税率简并至三档，营造简洁透明、更加公平的税收环境，进一步减轻企业税收负担。对于政府来说，在财政收入压力大的背景下，增值税减税政策的落实需要更大的勇气，更坚定的决心。个税改革的难度肯定比通常人们所想象的更大，但综合与分类的个人所得税制改革不宜一拖再拖，都应积极研究在进入 2018 年后如何实施推进。消费税、企业所得税以及其他一些税种仍有优化空间。企业所得税所涉及的企业成本费用的确定也仍然有优化空间。

第二章

深化财税体制改革的总体要求

一、建立现代财政制度

（一）“现代国家治理”理念下推进财税体制改革的时代要求

党的十八届三中全会发布的《中共中央关于全面深化改革若干重大问题的决定》提出的国家治理体系和治理能力现代化，可简称为“现代国家治理”。“现代国家治理”理念合乎逻辑地联结着文件中几次出现的“构建现代市场体系”这一制度建设要求，把“现代国家治理”“现代市场体系”以及“使市场在资源配置中起决定性作用”“积极发展混合所有制经济”结合在一起后，又引出了作为基础支撑的“建设现代财政制度”的要求。

我国市场体系的现代化，在这个文件里与市场经济目标模式相匹配而明确地表述为“使市场在资源配置中起决定性作用”，因此，财政的基础和支柱作用就是要服务于现代市场体系，最大限度地发挥市场的正面效应，同时辅助性地弥补市场失灵。所谓“国家治理”，不等同于过去较强调的自上而下的“调控”和“管理”，其中有组织，也有自组织；有调控，也有自调控；有管理，也有自管理——治理概念所强调的是一套制度安排和机制联结，意在包容和发挥各种主体的潜力，形成最强大的活力与可持续性。而财政在具体管理表现形式上的预算收支，是体现国家政权体系活动的范围、方向、重点和政策要领，必须首先在自身制度体系的安排层面，处理好政府和市场、中央和地方、公共权力体系和公民这三大基本的经济社会关系，即“以政控财，以财行政”的财政分配，要使政府既不越位又不缺位，在市场发挥决定性资源配置作用的同时，也发挥政府应该发挥的维护社会公平正义、让市场主体在公平竞争中释放活力、弥补市场失灵、扶助弱势群体、优化收入分配等作用，来促进社会和谐和长治久安。在这样一套逻辑链接之下，我们实质性地推进财税体制改革和配套改革，攻坚克难，目标就是要按照在《中共中央关于全面深化改革若干重大问题的决定》文件里明确提出的，在“2020 年全面小康”这个现代化阶段性目标实现的同时，在配套改革方面取得“决定性成果”。

当前财政体制仍然存在诸多问题，仅仅依靠修补性调整，已不能解决改革深水区所面临的深层次矛盾和问题。这要求我们必须在新的国内外形势下，果敢而慎重、坚定而持续地推进财税改革。党的十八届三中全会提出“全面深化改革的总目标是完善和发展中国特色社会主义制度，推进国家治理体系和治理能力现代化”及“财政是国家治理的基础和重要支柱”，在最高层级的指导性文件中创新定位和阐述了治国施政的核心理念“国家治理现代化”，同时创新定位了财政与国家治理的关系，这要求我们必须以建立现代财政制度为目标，促进全面深化改革进程，适应新阶段的发展客观要求。现代财政制度是对传统财政制度的继承和发展。市场经济的兴起与传统财政制度有着内在的冲突。市场、资本与政府之间因为收入与支出之间的矛盾越发冲突，亟待构建一套能够约束政府收支行为的新型财政制度。现代政府预算制度就是在这样的背景下建立起来的。现代财政制度自身也在不断地演变，并越发凸显国家治理理念。

（二）现代财政制度的关键要点

显然，现代财政制度的建立及其所关联的深化财税体制改革任务，是匹配于我国建设现代国家、现代社会的“伟大民族复兴”宏伟蓝图的，我们亟须将其落实到一套以“现代性”为取向的“路线图与时间表”的状态上，相关的要点，至少应包括以下几方面。

（1）必须充分肯定我国于 1994 年推出分税制配套改革的基本制度成果，并加以巩固和提升。1994 年分税制改革的里程碑意义和历史性贡献在于“三位一体”地规范政府与企业、中央与地方、公权与公民关系，从行政性分权转为经济性分权，绝非所谓的“重启集权时代”之举。分税制内洽于市场经济体制，是邓小平南方谈话和党中央确立社会主义市场经济目标模式后，现实地构建社会主义市场经济，实现“三步走”现代化战略的必然选择。坚持深化分税制改革必须坚定不移，使之在统一市场中横向到边、纵向到底地全覆盖。近年来批评之声不绝于耳的“地方隐性负债”

“土地财政”问题以及仍未完全解决的“基层财政困难”等问题，其产生的根源绝不是由于分税制，而恰恰是由于我国省以下财政体制至今迟迟不能真正进入分税制状态，实际上是五花八门、复杂易变、讨价还价色彩还较浓厚的分成制与包干制——正是这种我们早知道其不能适应市场经济目标模式的分成制和包干制等，造成了上述种种为人所诟病的问题。所以，在大思路上要合乎实际、“对症下药”地以分税制在省以下的实际贯彻落实为重点，设计可行的深化改革方案。

（2）完整、准确地理解分税制应澄清的几个重要认识：

①分税制的逻辑起点，是市场经济目标模式取向下政府的职能定位和从立法机关（我国为最高权力机构人民代表大会）所获得的收支权，所以“完善立法”是我国经济社会转轨中必须高度重视、正确把握的动态过程。

②政府事权范围事关正确处理政府与市场关系、让市场发挥决定性的资源配置作用这一核心问题，对政府收入规模（广义宏观税负）起着大前提的作用。所以，合理明确各级政府“做什么，不做什么”的事权划分，是深化分税制改革中制度设计和全程优化的始发基础环节，要使事权的明晰合理落实到各级财政支出责任的“明细单”即支出规范化制度化的分工合作方案。

③广义税基收入划分主要取决于税种的属性与特点，且要求地区间税基配置框架大致规范一律。但各地实际税收丰度必然高低不一，客观存在财政收入的“地区间横向不均衡”。所以在稳定现阶段宏观税负大致水平的同时，要在税制改革中积极构建和完善我国地方税体系和复合税制，形成各级政府组织收入的规范化支撑框架。

④因收入与支出二者在政府间的划分遵循不同原则，所以各地的税收丰度和供给品成本又必然不同，中央本级、地方本级必不可能各自收支平衡，客观上需要以基于“中央地方纵向不均衡”的自上而下的转移支付制度，调节“地区间横向不均衡”。

⑤财权与事权相顺应和财力与支出责任相匹配都十分重要、不可偏废，但二者属递进关系而非平行关系，较适当的“中央地方财力占比”是在正确处理经济性分权制度安排各环节后自然生成的。中央、地方“两个积极性”充分、合理地发挥，关键是要理顺体制、通盘安排。

（3）需要明确，我国省以下分税制迟迟不能真正贯彻这一问题的“病理分析”并不复杂，就是因为我国省以下还有市、县、乡镇。“地方”的概念在中国至少有省、地级市、县（含县级市）、乡镇四个层级，加上中央，整个政府财力分配体系中至少共有五个层级。如何依20个左右的税种实行五级“分税”，在技术上是无解的，因而1994年以来实际仅在中央和以省为代表的地方之间维系了分税制框架的基本规范，而省以下迟迟未能进入分税制状态。往前看的出路，则在于逐步推进“乡财县管”和“省直管县”两个层面的“扁平化”改革，把财政的实体层次减少到三级，使省以下的分税制由无解变为有解。

（4）按照中央、省、市县三层级框架深化“分税制”改革、重构和优化中央—地方财税关系的基本原则与要领，是必须以合理界定各级政府职能即“事权与支出责任相适应”为始发环节，构建“一级政权，有一级合理事权，呼应一级合理财权，配置一级合理税基，进而形成一级规范、完整、透明的现代意义的预算，并配之以一级产权和一级举债权”的三级分税分级、上下贯通的财政体制，加上中央、省两级自上而下的以“因素法”为主的转移支付和必要的“生态补偿”式的地区间横向转移支付。这一体制安排如能建设到位，将使中国所有地区包括欠发达区域，都形成推行基本公共服务均等化所需的财力与其事权相匹配的境况，在“国家长治久安”的全局概念上消除基层困难、隐性负债的隐患和矫正土地财政的偏颇，服务于连通“中国梦”愿景的“五位一体”的科学发展。

（5）为向以上体制框架靠近，可以做并应尽快做的事项包括：①由粗到细设计中央、省、市县三级政府事权（支出责任）明细单，列明各自专享事权以及共担事权的共担方案，并在今后渐进地优化与细致化。②尽快推进已建设多年的“金财”“金税”“金关”“金审”“金农”“金盾”等10余个政府信息系统建设工程的联网和升级，切实形成服务于公共资源合理配置、各部门协作调控的信息共享平台和科学决策支撑平台。③积极形成各级政府资产负债表和公共部门财务报表体系，配合今后的公共债务风险防控体系建设和公共财政建设。

（6）在优化和改进地方税体系过程中，结合短期可做之事与中长期追求目标，设计和推进税制改革的分步渐进配套方案，包括：为处理“营改增”进度较快而地方未来主体税种打造较慢之间的矛盾所需安排的过渡方案——不排除在流转税领域区别对待地开掘消费税的潜力空间，把优化生产、消费结构的意图与增加地方政府税源相结合；资源税改革应以更大决心抓住煤炭市场价位自然回调的宝贵时间窗口，把“从价”机制扩大到煤炭并拉动新一轮解决我国基础能源产品理顺比价关系与价格形成机制的“税价财联动”配套改革；房产税应积极稳妥扩大试点范围，积累经验，凝聚共识，徐图进展；环境税的改革应在“十二五”期间推出一轮实际动作；个人所得税应创造条件实行分类与综合相结合加上按家庭赡养因素调整扣除的改革方案；等等。地方的合理收费、使用者付费制度，也应借鉴国际经验并结合地区情况走向规范化，将收入纳入预算体系管理。

（7）地方债的阳光化制度建设（包括规范的地方公债和市政债）应当在今后若干年间迈出较大步伐，以阳光融资置换或替代风险不易防控、绩效水平不够高的地方隐性负债。同时，应大力推进公私合作伙伴关系（PPP）概念下的机制创新，以政策引导和经济契约方式，拉动民间资本、国内外社会财力进入基础设施、公共工程和公共服务领域，实现各方主体优势互补、风险共担、利益共享、绩效提升的“多赢”。

（8）以信息系统和预测能力为支持，积极编制和发展完善中期滚动预算，即积极建立3～5年、引入权责发生制的跨年度预算（可先从中央级和若干地区的3年滚动预算编制入手），以利瞻前顾后，科学统筹协调各年度的财力分配，提升预算运行绩效水平。在提高透明度的前提下，加强全口径政府财力的统筹调节，消抑以往诸多“法定刚性”项目的“板块化”效应以及过多过滥的补助项目、税收优惠措施的副作用，加强财政支出全流程的绩效约束，结合配套改革和加强管理，压缩行政成本，追求预算资金综合绩效水平的提升。应大力强化和优化中央、省两级自上而下的转移支付，提高一般转移支付比重，整合专项转移支付并取消“地方配套”附带条件。在民生支出方面继续加大力度的同时，需要更加注重机制创新与合理激励，以形成财政可持续性。

以上各项所合成的财税体制改革，在党的十八届三中全会后优化、重构中央—地方政府间关系和财税体制机制的同时，追求的效应是直接服务于中国的经济转轨、社会转型和“中国梦”愿景的，也是密切配合、服务全面开放条件下统一、公平竞争的市场的完善以及政府与企业和纳税人关系的正确处理问题，可使我国经济增长质量随活力释放、结构优化、创新提档而上升，促进民生改善、收入分配优化与社会和谐。党的十八届三中全会的指导文件给出大思路之后，新组建成立的中央全面深化改革领导小组在进一步加强领导的新阶段上，会促使各有关部门和从中央到地方政府各层面，更加注重从全局视野认识、理解财税领域势在必行的改革及相关配套改革，积极协同社会多方主体，努力优化可行方案，以更加注重提高财税信息的透明化和积极与社会公众、各有关的利益诉求互动的举措，寻求调整利益格局方面的最大公约数和可行的实质性改革方案，并积极实施某些必要的“先行先试”开拓创新。

（三）建立现代财政体系的路径

根据1994年分税制改革以来分税制深化改革不如人意的突出矛盾和真实问题，在提高国家治理能力和治理现代化背景下，建立现代财税体制的路径应包括：

1．以政府“扁平化”改革为框架

近年来，以部分地区“省直管县”改革试点和“乡财县管”方式改革试点为切入点，财政“扁平化”改革取得较大进展。2009年6月，财政部更是明确给出了“省直管县”改革的时间表，总体目标是到2012年年底前，全国除少数民族自治地区外全面推进省直接管理县财政改革。截至2013年年底，全国共有28个省（自治区、直辖市）的1080个县实行了“省直管县”财政管理体制。当前开展的“省直管县”财政改革也为行政上的“省直管县”体制和“减少行政层级”的改革奠定了基础、创造了条件。随着经济和社会的发展，“省直管县”必将在有条件的地方向减少行政层级的行政体制改革深化。同时，行政层级的精简将有利于政府职能的转变，有利于进一步明确各级政府的职能范围和支出责任，实现与市场经济体制相适应的服务型政府转型。这一改革的全局意义和可扩展性是相当明显的。应继续推进“乡财县管”和“省直管县”两个层面的“扁平化”改革，把财政的实体层次减少到三级，推进省以下分税制改革。其意义是促进1994年以后始终不能贯彻落实的省以下分税制的进行。一旦分税制可以在省以下贯彻，那么其他的配套改革都可以有实质性的推进。过去我国约20种税怎么分的问题，经过多年探索后依然是怎么分都分不好，现在人们所抨击的很多地方政府的短期行为，与其合理职能相悖的表现，伴随制度条件的改变应都可以得到改造。

总体来看，我国的“省直管县”改革可分三步走：第一步是像目前各省搞的改革试点那样，省主要对直管县的财政进行直管，并适当下放经济管理权，但仍维持市对县的行政领导地位；第二步是市和县分治，统一由省直管，重新定位市和县的功能，某些市毗连的县可改为市辖区；第三步是市改革，在合理扩大市辖区范围的同时，合理调整机构和人员，总的方向应当是撤销传统意义上的管县的地级市（级别可保留，人员逐渐调整），全面落实市县分置，省直管县。在上述过程中，还可大力推进乡镇财政体制改革，对经济欠发达、财政收入规模小的乡镇，试行由县财政统一管理其财政收支的办法，对一般乡镇实行“乡财县管”方式，在保持乡镇资金所有权和使用权、财务审批权不变的前提下，采取“预算共编、账户统设、集中收付、采购统办、票据统管”的管理模式。

2. 以合理调整事权为匹配逻辑

在顶层规划下调整、理顺中央与地方事权划分，包括中央事权、地方事权、中央与地方共担事权、中央委托事权、中央引导与鼓励事权等，进而按照政府事务的属性和逻辑原理，合理和力求清晰地划分政府间支出责任，尽快启动由粗到细形成中央、省、市县三级事权与支出责任明细单的工作，并在其后动态优化和加强绩效考评约束。尽快将基础养老金、司法体系、食品药品安全、边防、海域、跨地区流域管理等划为中央事权。地方政府应退出一般竞争项目投资领域，同时规范省以下政府的事权划分边界。

3. 以地方税体系建设带动税制改革和政府间收入划分改革

建设完善地方税体系，以税制改革为配合，积极完善以税种配置为主的各级收入划分制度。

落实《不动产登记暂行条例》，积极推进不动产统一登记工作，建立城乡统一的不动产登记制度；积极推进房产税立法，加快立法以及实施程序。努力的目标是使之真正成为地方政府主体税种。大力推进资源税改革，以将“从价征收”机制覆盖到煤炭为重头，进一步扩大资源税的征收范围。开征独立的环境保护税，并将该税种收入划归地方。扩大消费税征收范围，调整部分税目的消费税征收环节，将部分消费税税目收入划归地方；将车辆购置税划归地方；在积极推进“营改增”过程中，将增值税中央增收部分作为中央增加对地方一般性转移支付的来源。

4. 以规范的转移支付制度体现事权优先原则

按照人口、地理、服务成本、功能区定位等因素优化转移支付的均等化公式，加强对欠发达地方政府的财力支持；适当降低专项转移支付占全部转移支付的比重，归并、整合专项中的相似内容或可归并项目；尽量提前其具体信息到达地方层面的时间，并原则上取消其“地方配套资金”要求，以利地方预算的通盘编制与严肃执行。此外，还应积极探索优化“对口支援”和“生态补偿”等地区间横向转移支付制度。

5. 以建立现代公共预算管理制度为基础性支撑

结合建立现代财政制度的要求，在全口径预算前提下从中央级开始积极试编3~5年中期滚动预算；把单一账户国库集中收付制发展为“横向到边，纵向到底”；配之以“金财工程”“金税工程”式的全套现代化信息系统建设来支持、优化预算体系所代表的全社会公共资源配置的科学决策；落实新《中华人民共和国预算法》关于地方债的规定，加快地方阳光融资的公债、市政债制度建设步伐，逐步置换和替代透明度、规范性不足而风险防范成本高、难度大的地方融资平台等隐性负债；地方的国有资产管理体系建设也需结合国有资本经营预算制度建设而积极推进。

在“渐进改革”路径依赖和“建设法治国家”“强化公众知情与参与”多重约束条件和逻辑取向下，逐步而积极、理性地推进财税法制建设，掌握好服务全局大前提下“在创新、发展中规范”与“在规范中创新、发展”的权衡点，强化、优化顶层规划和继续鼓励“先行先试”，在经济社会转轨历史时期内，不断及时地把可以看准的稳定规则形成立法。

6. 以举债权和产权管理为重要组成要素

市场经济所要求的分税分级财政体制，内含地方适度举债的必要性和合理性。举债权是规范化的分税制体制下各级政府应有的财权。在大多数市场经济国家，地方政府债券市场已较为成熟和完善，成为地方融资的重要途径和资本市场的有机组成部分，在国家的经济发展尤其是地方经济的发展中发挥着十分重要的作用。新《中华人民共和国预算法》赋予地方政府适度举债权，允许地方政府通过规范的法定程序，在有透明度和受监督的条件下以适当规模举债，筹集必要的建设资金。这有利于地方政府在分级预算运行中应对短期内市政建设等方面的高额支出，把支出高峰平滑化分摊到较长时段中，并借力于社会资金和市场机制发挥提供准公共产品的职能，有效弥补地方政府收入的不足，为进一步深化财政体制改革拓宽路径。

二、深化财税体制改革的基本思路

（一）总体思路

在“五位一体”总体布局和“四个全面”顶层设计框架下对接财政改革与发展中的“问题导向”制度机制创新建设，健全、完善我国分税制财政体制。总体思路是：在明确政府改革职能转变、合理定位的前提下，配合政府层级的“扁平化”和“大部制”取向下的整合与精简化，建立“扁平化”的财政层级框架，合理划分中央、省、市县三级事权和支出责任，改进转移支付制度，按“一级政权，一级事权，一级财权，一级税基，一级预算，一级产权，一级举债权”的原则，配之以中央、省两级自上而下的转移支付与必要合理的横向转移支付，建立内洽于市场经济体制的财权与事权相顺应、财力与支出责任相匹配的财税体制；实行促进增长方式转变践行科学发展观的税制改革；深化预算管理制度的改革并强化绩效导向。

（二）以包容性增长联结现代化战略目标的哲理思考和道路选择

1. 高屋建瓴、统观全局的战略思维与“中国抉择”

“包容性增长”，这是一个由亚洲开发银行首先提出，已在我国领导高层获得明确肯定，学界也对之探讨了若干年的大概念，属于全局战略命题。财政是服务于全局的“以政控财，以财行政”的分配体系，要认识好、处理好财政问题，首先要“跳出财政看财政”。正如楼继伟先生在2013年重回财政部出任部长之际的“首次演讲”中，以清晰的思路、宽宏的眼界、明快有力的逻辑、深入浅出的观点，展现出的战略思维：面对事关国家前途、民族命运、民生福祉、“中国梦”可否成真的历史性考验，中国应在实现现代化“包容性增长”的基本路径上，做出何种理性抉择?

楼继伟在把包容性增长“不发散”地清晰界定为“让经济发展的成果惠及所有的地区，惠及所有的人群，在可持续发展中实现经济社会的协调发展”之后，直奔存在异议的包容性增长的实现途径问题。他首先点明这一问题的关键，是市场和政府在资源配置中“应该扮演什么角色”的问题，也是和政府税收、预算安排所体现的公共资源配置机制如何正确设计息息相关的前置问题。随后，楼继伟列举出三种较有代表性的关于增长途径抉择的认识理解：一是以高财政收入占比支持政府主导的大规模再分配，追求“结果的公平”，这会导致压缩市场作用、就业不足和人民奋斗意识不足，幸福感并不见得高而经济增长率较低；二是政府更多关注发展机会的创造，鼓励人人奋斗，在市场中谋求发展而国家适当提取财政收入和实施适当的再分配，其结果会是就业充分、人民幸福感强、经济增长率高；三是国家走低税收、高支出、高福利之路，扩大赤字和债务，个人付出较少而努力享受更多福利，其结果会是最后靠通货膨胀取“平衡”，实际上使低收入人群和地区更为困难，陷入恶性循环和中等收入陷阱。对这三种理解代表的三种抉择，楼继伟鲜明指出：第二种理解是实现包容式增长的可持续的正确道路，遗憾的是，第一种理解和第三种理解却“总是很有市场”，颇得拥护，其中的多种原因可简要地归结为政府部门对自身

“干预能力”的过分自信和社会公众虽大多数认同机会公平，但遇到了实际机会不均等的情况，使想少付出、多享受福利的人比重上升，并且舆论环境也会恶化。他随后的一段话概括得非常简洁、到位：“第一条路和第三条路是不归之路，我们并不是没有滑向这些歧途的可能性。第二条路是艰难的改革之路，也是走向包容性增长之路，中国正在力争摆脱滑向第一条路、第三条路的可能，力争走第二条路。”

中国当下进行中的转轨进程，与“模式”这一概念必然内含的相对稳定和相对规范状态相比，显然还相去甚远，我们面临的真问题，其实是在改革开放的“中国道路”上，仍无法回避的“中国抉择”问题——从当下至远景的理性“中国抉择”的战略取向。

2.“**政府万能”是幻觉，“福利赶超”过程难在戒急**

为什么只有第二条路才是可持续的正确道路？这固然可以从正面给出不少分析论证，但在这里，我们不妨先着重审视一下第一条、第三条两条路为何不可持续的基本道理。

大政府、高财政收入占比、过度注重结果均平的第一条路，在哲理层面属于“政府万能”的幻觉，把政府调控看得总是有理和有效，形成资源高度集中和对微观经济活动做出十分强力、极为迅速的反应。正如楼继伟所说，这里的实质是不相信市场自身的修复能力，而引出的苦果是干预措施往往适得其反，制造波动，压缩市场作用换来的是活力低，就业率、增长率也走低。这个方向上的实证表现，我们可以从传统体制的“高度集中”弊端窒息活力、放大宏观决策失误的痛苦教训和转轨中反复表现的种种“政府万能”幻觉的负效应来认知。这条途径的支持者正面地强调其带来的“结果的公平化”，实际上其误置的“政府总是强于市场”的内在逻辑，必然毁坏发展中的活力基础，无法给人民带来可持续的幸福水平的提升。

而高赤字、高举债、高福利的第三条路，理论考察是直接违反了财政分配的“三元悖论制约”，实证考察则是一些拉美国家由“民粹主义基础上的福利赶超”而跌入“中等收入陷阱”一蹶不振几十年的前车之鉴，近有欧债危机中一些南欧国家在欧元保护伞撑不住后经济社会滑落于紊乱动荡的重蹈覆辙，代价和教训可称谓惨痛。但直言不讳地说，这一倾向在当下的中国，却随步入中等收入阶段后的矛盾凸显而露出端倪且往往披上了“民意外衣”。如以改善民生的导向为标榜而不讲其基本、非基本之别和理性程度，提到民生就好像站在道德高地上而忽视其满足条件的匹配与渐进——在这后面，隐含着“吊高民众胃口而不持续”之忧患。有关部门常常由于不肯做得罪人的表态，甚至是只想得到叫好之声，而对与之相关的艰巨的配套改革与管理难题拖而不议、议而不决。楼继伟在援引中央经济工作会议强调的“守住底线，突出重点，完善制度，引导舆论”的原则之后，十分生动、坦率地说：“我们应该帮助穷人，而不应该帮助懒人，我们制度中有很多这样的问题。”

应当说，从“人民对美好生活的向往就是我们的奋斗目标”的动力源泉和“满足人民群众不断增长的物质文化生活需要”的生产目的看，伴随我国“三步走”现代化赶超战略的实施而追求民众的“福利赶超”，自是题中应有之义，但进入中等收入阶段后的一项巨大挑战却是：人民群众对福利改善的预期被进一步激活和加速之后，却极易超前于政府可调动资源（包括通过深化改革增加制度机制支撑力）来提供有效供给的现实能力。其危险，便是民众与当局在一段时间内，“改善民生”取向可能有蜜月般的互相呼应、互相激励，而一旦后劲跟不上，“福利赶超”就会很快从云端跌落尘埃，而跟着跌下来的，可能就是整个经济成长、社会发展势头顿失——一旦如此，在中等收入阶段痛失好局后再想重拾升势，经验证明难上加难。遗憾的是，在此中等收入阶段，政策环境、制度建设、社会正义机制都还不大到位的情境下，民众“端起碗吃肉，放下筷子骂娘”的压力，是很容易逼迫当局实施超越客观、帮助懒人的“福利赶超”的。从这个视角来说，后发经济体进入中等收入阶段后，改善民生福利过程中的主要矛盾方面，就是“戒急”之难，不能“戒急”，就是“中等收入陷阱”之危。我们亟须对此形成清醒的认识，理性地引导舆论来讲清“减税、严控债务和大举提升福利三者不可能一并兼得”的基本道理。

第一条路和第三条路，取向形似不同，但在轻视市场作用而夸大政府调控作为方面，却殊途同归，不论是偏于高税—平均主义，还是偏于低税—福利主义，都无法形成可持续性和包容性增长，都会走上“不归”之歧路、死路。

3. 财税服务全局的理性大前提："真正让市场充分起作用"

既然我们应力求避免前述的两条歧路（偏差都是轻视市场），那么，回到党的十八大报告和全国人大通过的《政府机构改革和职能转变方案》所强调的核心问题上来，就是要处理好政府与市场、政府与社会、公权机构与公民、中央与地方、局部与全局、短期与长远等关系，以"真正让市场起作用"为大前提，处理好以财税分配服务于"全面、协调、可持续发展"的深化改革、优化政策事项。要把创造机会均等、维护社会正义放在最为突出的位置，既加快财税体制自身的改革，又积极支持配合相关改革，着重建立机制、促进包容的基本思路，并上联于党的十八届三中全会正面处理的改革顶层设计与部署。

千头万绪的改革、攻坚克难的突破创新，在逻辑原点、理性认识的大前提上，无非是怎样看待市场和怎样使当局与民众理性互动，以机会公平为重点，着重鼓励激发活力、创造力而支撑民生改善与人民幸福。正如楼继伟所言，在过去30多年中国坚持市场取向的持续改革中，财税体制起了突破口与先行军的作用，尽管今后的改革和政策调整任务仍非常艰巨，但在新的历史起点上，方向既然明确，亦有一定的经验和理论的准备，我们就完全有理由期待新一轮财税改革和配套改革取得更为长足的进展。

（三）在全面改革中深化财税体制改革的基本思路与要领

在深化改革中健全完善我国分税制财税体制的大思路，应是在明确政府改革中职能转变、合理定位的前提下，配合政府层级的"扁平化"和"大部制"取向下的整合与精简化，按照中央、省、市县三级框架和"一级政权，一级事权，一级财权，一级税基，一级预算，一级产权，一级举债权"的原则，配之以中央、省两级自上而下和地区间横向的转移支付制度，建立内洽于市场经济体制的事权与财权相顺应、财力与支出责任相匹配的财税体制。根据1994年分税制改革以来不如人意的突出矛盾和真实问题，今后改革的重点至少应包括：

（1）在"最小一揽子"配套改革中积极、渐进推进省以下分税制的贯彻落实，通过"省直管县""乡财县管"和乡镇综合配套改革，在大面上将我国原来的五个政府层级“扁平化”为中央、省、市县三个层级（不同地区可有先有后），以此作为由“山重水复”变“柳暗花明”的一个框架基础。

（2）在顶层规划下调整、理顺中央与地方三个层级的事权划分，进而按照政府事务的属性和逻辑原理，合理和力求清晰地划分政府间支出责任，尽快启动由粗到细形成中央、省、市县三级事权与支出责任明细单的工作，并在其后动态优化和加强绩效考评约束。地方政府应退出一般竞争项目投资领域，经济案件司法审判权应集中于中央层级，等等。

（3）以税制改革为配合，积极完善以税种配置为主的各级收入划分制度。大力推进资源税改革和房地产税立法；扩大消费税征收范围，调整部分税目的消费税征收环节，将部分消费税税目收入划归地方；将车辆购置税划归地方收入；于积极推进“营改增”中，将增值税中央增收部分作为中央增加对地方一般性转移支付的来源。

（4）按照人口、地理、服务成本、功能区定位等因素优化转移支付的均等化公式，加强对欠发达地区地方政府的财力支持；适当降低专项转移支付占全部转移支付的比重，归并、整合专项中的相似内容或可归并项目；尽量提前其具体信息到达地方层面的时间，并原则上取消其“地方配套资金”要求，以利地方预算的通盘编制与严肃执行。此外，还应积极探索优化“对口支援”和“生态补偿”等地区间横向转移支付制度。

（5）结合配套改革深化各级预算管理改革，在全口径预算前提下从中央级开始积极试编3～5年中期滚动预算；把单一账户国库集中收付制发展为“横向到边，纵向到底”；配之以“金财工程”“金税工程”式的全套现代化信息系统建设来支持、优化预算体系所代表的全社会公共资源配置的科学决策；应加快地方阳光融资的公债、市政债制度建设步伐，逐步置换和替代透明度、规范性不足而风险防范成本高、难度大的地方融资平台等隐性负债；地方的国有资产管理体系建设也需结合国有资本经营预算制度建设而积极推进。

（6）在“渐进改革”路径依赖和“建设法治国家”“强化公众知情与参与”多重约束条件和逻辑取向下，逐步而积极、理性地推进财税法制建设，掌握好服务全局大前提下“在创新、发展中规范”与“在规范中创新、发展”的权衡点，强化、优化顶层规划和继续鼓励“先行先试”，在经济社会转轨历史时期内，不断及时地把可以看准的稳定规则形成立法。

（四）深化税制改革的基本思路

1. 增强税制累进性，发挥税收调节收入分配的功能

（1）完善个人所得税。近年来，对个人所得税的调整始终离不开免征额，但收效甚微。从科学、公平的税制设计来看，个人所得税的目标应该是建立综合和分类相结合的税制，建立差别化的费用扣除制度，适当调整税率档次，加强征管力度。首先，建立综合与分类相结合的纳税制度。在近期可考虑对个人的经常性收入（包括工资薪金所得、劳务报酬所得、个体工商户生产经营所得、对企事业单位的承包承租经营所得、财产租赁所得、稿酬所得）实现综合征收，对资本利得和其他临时性、偶然性收入（财产转让所得、利息股息红利所得、特许权使用费所得、偶然所得、其他所得）维持目前分项征收的方式。长远来看，除资本利得单独课税外，个人所有收入均应纳入综合课税范围。其次，实行差别化费用扣除制度。将个人所得税费用扣除分为两类：一类是基本生活和家计扣除（包括基本生活、教育、医疗三项扣除），另一类是偶发类大项扣除，如购房费用、房贷利息以及大病医疗费用等。基本生活和家计扣除依养育、赡养人口的不同而有所差异，费用扣除标准与居民消费价格指数挂钩，进行定期调整。而偶发类大项扣除，也依费用属性特点等因素设定差别化扣除比例。再次，适度调整税率及级次。纳入综合计税范围的所得均适用累进税率，且坚持底端税率低、高端税率高的原则，体现扩大纳税人覆盖面和高收入者多纳税的原则。下调最高边际税率，减少税率档次。可考虑将目前的税率调整为5档，分别是3%、8%、15%、25%和35%。最后，加强对高收入者的监控和征管。继续推进自行申报制度，这是加强对高收入阶层的纳税监控、促进个人所得税调节收入差距的一项重要举措。为了使其能更好地发挥作用，需要一系列制度的配套改革，如建立纳税人永久单一纳税号码制度，推进资产实名制，建立财产申报制度，建立收入监测体系，在税务和银行与其他金融机构、企业、海关等机构之间实现信息共享等。

（2）加快立法，适时在全国推开房地产税改革。房地产税与百姓财产直接相关，党的十八届三中全会提出了要加快房地产税立法并适时推进改革。加快房地产税立法与落实税收法定原则相呼应，也更有利于体现房地产税的公平性，凝聚共识，减少阻力。而在房地产税的改革上，需要统筹房地产税费制度，逐步整合目前房地产开发、流转、保有环节涉及的诸多收费和税收，改变目前重流转环节税收、轻保有环节税收的做法，将住房开发流转环节的税负转移到保有环节，适时开征不动产保有环节的房地产税。首先，合并房产税和城镇土地使用税，开征规范的房地产税。我国现行房地产保有环节还有城镇土地使用税和房产税两个税种。由于房产政策和土地政策不同，给实际征管带来许多矛盾和困难。按照“宽税基，简税制”的原则，有必要将房产税、城镇土地使用税和其他与房地产保有相关的收费进行合并，开征统一规范的房地产税。其次，扩大房地产税征收范围和税基。从房地产税征税范围来看，其设计应尽可能地将所有地区、所有纳税人的不动产都包括进来。与原有房产税和城镇土地使用税的征税范围相比，这将要求在三个方面扩大范围：由城镇扩大到农村，由非住宅类不动产扩大到住宅类不动产，由经营单位扩大到个人或家庭。从短期来看，根据我国现有的社会经济发展状况，目前应尽快扩大对个人住房征收房产税的改革范围。从中长期看，可对城镇土地使用税和房产税进行合并，并将城镇居民和农村居民的住宅房地产逐步纳入征税范围中，并对直接用于农业生产的房地产和农民住房等免税。再次，改变房地产税计税依据。从国外房地产税的计税依据来看，大多数国家趋向于按房地产的评估值征收房地产税，使其具有随着经济增长而增长的弹性特征。我国房地产税也同样应该在房地产市场价值的基础上，以房地产的评估价值作为计税依据。这样既能够准确真实地反映税基和纳税人的负担能力，同时又能体现公平税负、合理负担的原则。最后，在实行房地产税改革并提高房地产保有环节的税负后，有必要降低房地产流转环节的税负，逐步取消土地增值税、耕地占用税及合并契税等其他房地产流转环节税种和收费项目。

（3）以推进“费改税”路径，开征社会保障税。实行社会保险“费改税”，开征社会保障税，不仅有利于更好地筹集社会保障资金，降低征收成本，也有利于建立征收、支出、管理、监督相互分离和相互制约的社保资金监管体制，提高社保资金筹集使用效率。社会保险“费改税”可以分两步实现：第一步，在1~2年内将全国社会保险费统一由税务部门征收。对原社会保险经办机构和人员进行妥善安置，可借鉴成品油消费税改革时对原交通运输部下属的养路费稽征机构和人员的处理办法。第二步，实施社会保险“费改税”，开征社会保障税。在社会保险费统一由税务部门征收后，通过一段时间的运行，在总结经验的基础上建立社会保障税制度。

（4）研究遗产和赠与税制度设计。遗产和赠与税是财产税系的一个重要组成部分，在调解财富分配差距方面具有十分重要的作用，同时，它还有助于鼓励人们的捐赠行为，促进慈善事业的发展，实现市场调节和政府调节之外的收入“第三次分配”，缓解收入差距。鉴于中国所处的经济发展阶段、居民收入水平和税收征管条件等因素，目前中国尚不具备开征遗产和赠与税的相关条件。但长期来看，遗产和赠与税仍是实现调控贫富差距的有力政策工具之一，因此需要先行对其政策设计和政策效应等问题做进一步的研究探索，做好理论储备。同时，应加快完善财产登记制度和评估制度等相关配套制度的建设，为将来的改革做好准备。一旦时机成熟，则尽快予以开征。

2. 减少税制扭曲，促进经济稳定增长

（1）积极推进“营改增”改革，完善增值税制度。党的十八届三中全会提出，要逐步发挥市场在资源配置方面的决定性作用。税制改革作为社会主义市场经济体制改革的重要组成部分，要发挥市场配置资源的决定性作用，也应发挥税收在国家宏观经济调控中的作用。税制改革应坚持相对中性原则。例如，增值税是以增值额为课税对象所征收的一种税，与税收中性理论的要求相契合。坚持税收中性原则，改革和调整增值税向现代型发展，应进一步扩大增值税的征收范围，在“营改增”试点基础上，最终过渡到将所有商品和劳务都列入征税范围，让营业税完全退出历史舞台；逐步降低增值税税率，减少增值税税收优惠，降低征收成本；完善出口退税制度。

首先，全面完成营业税改征增值税改革，实现行业全覆盖。其次，完善增值税抵扣制度。在不动产行业“营改增”后，将企业自建不动产和购入新建不动产列入增值税进项抵扣范围，使我国的增值税成为彻底的消费型增值税。再次，适度简并税率。在“营改增”行业改革基本到位后，应尽快对现行较为烦琐的税率档次进行适当清理、简并，增强增值税的中性特点，规范征管。未来需要适度降低增值税标准税率水平，在 5 ~ 10 年时间内逐步将标准税率降低到 11% 左右，进而降低间接税占比；简并优惠税率档次，仅对食品、药品、图书等基本生活必需品设置一档 6% 的优惠税率。最后，完善出口退税制度。除高能耗、高污染产品以及国家明确规定不鼓励出口的产品以外，对所有货物和劳务的出口，原则上都应实行零税率，予以彻底退税。这既是保持税制中性、适应经济全球化发展的内在要求，也是应对当前国际贸易形势严峻、贸易摩擦增多环境，促进出口、提高国内产品的国际竞争力的现实需要。

（2）完善消费税。调整消费税征税范围。将部分已经成为日常生活用品的消费品移除出征税范围。将部分严重污染环境、大量消耗资源能源的产品以及奢侈消费行为纳入征收范围，如含磷洗涤剂、一次性饮料容器、电池、过度包装材料、对臭氧层造成破坏的产品、私人飞机等。在未来条件允许的情况下，再进一步将焦炭和火电等高污染、高能耗的产品纳入消费税征税范围。调整消费税税率，实行差别税率，有奖有罚。根据应税产品对环境的污染程度以及对资源能源的消耗量，采取差别税率。对高能耗、高污染、资源利用率低的产品，以及卷烟、鞭炮等危害身体健康和环境的消费品实行高税率；对清洁能源和环境友好的产品实行低税率或免税。调整消费税征税环节和收入分享方式。对一些适合在生产环节征收的品目，如国家专卖的烟草消费品和作为国家重要战略性物资的成品油，仍保留生产环节征税的做法，收入改为中央和消费地共享。对于其他品目，可将征收环节从目前的生产环节后移至零售环节，收入划归地方政府，以体现消费税的消费地纳税原则。

（3）加快推进资源税改革。加快推进资源税从价计征改革。在总结石油天然气资源税和煤炭资源税从价计征改革有益经验的基础上，逐步将其扩大到其他各类金属、非金属矿产资源，只对少数市场价格比较稳定和价值较低的矿产资源，从便利征管的角度出发，继续沿用现行的从量计征方式。适度提高资源税税率。适当提高矿产资源的税率、税额标准，有助于提高使用成本，限制资源的过度开发和使用。需要根据经济社会发展的需要，进一步提高稀缺性资源、高污染和高能耗矿产品的资源税税负，并结合资源产品价格形成机制改革，使资源税税负能最终体现在最终消费产品价格上，使最终消费品价格能够真实反映资源成本。深化资源税费制度改革，适时将矿产资源补偿费并入资源税。我国对矿产资源开采同时课征了资源税和矿产资源补偿费，两者具有相近的性质和作用，造成了资源税费关系的紊乱，税费重复征收的问题非常突出。目前清费立税、推进资源税改革已经成为各界共识，在资源税从价计征改革完成后，可考虑将矿产资源补偿费合并到资源税之中。扩大征税范围。目前资源税的征税范围主要集中在矿产资源等不可再生资源上，在未来条件许可的情况下，可考虑将水资源、森林资源、草场资源、耕地资源等可再生资源也纳入资源税的征税范围。

（4）研讨开征独立环境税（包括碳税）。鉴于我国目前严峻的环境形势和环境经济政策手段的缺失，应尽快实施环境税费改革，打造环境税收体系。按照国际通行的做法以及征税的普遍性和税收公平性原则，环境税应把破坏生态和污染环境的行为和产品，即凡是对环境不利的行为和产品均纳入征税范围。一方面，水污染控制、大气污染防治、固体废物污染防治等将是我国未来环境保护工作的重点，此类排污行为对我国环境的污染最为严重，将这几类污染物排放纳入环境税的征收范围，符合我国环境税的首要调控目标。同时，我国应对全球气候变化和发展低碳经济，也要求通过税收来调节二氧化碳的排放行为。另一方面，对于能源产品以及其他污染环境的产品的征税，可以由现行资源税和消费税等税种进行调节。综合来看，我国环境税的征收范围可确定为各类污染物排放和二氧化碳的排放。由于环境税的开征对宏观经济和相关产业会产生影响，同时还需要有相应的征管能力作为基础，因此环境税的征收范围也需要分步确定，逐渐扩大。

税率水平的合理设计是环境保护税能否发挥环境保护作用的关键要素之一。环境保护税的税率设计应该遵循以下原则：一是税率水平应最大限度地反映污染物减排的边际成本。因为税率水平的设计要有利于纳税人对征税的积极反应，即税负足以影响其排放行为，对污染物排放行为而言其应纳的税收应高于企业为减排而采取技术措施的预期边际成本。如果环境税的税率水平达不到这一标准，则难以取得较好的效果。二是税率水平应考虑对宏观经济和产业竞争力的影响。过高的税率水平对于宏观经济和产业竞争力有着较大的影响，因此需要根据我国的社会经济发展目标综合选择。其中，为了保护关键工业和经济部门的国际竞争力，有必要设置较低的税负。三是税率水平应逐步提高。为了减弱环境税的开征对经济造成的冲击和社会阻力，其税率水平应采取循序渐进的策略，即在开征初期实行低税率，再根据一定时期的经济社会状况将税率逐步提高。

（5）进一步完善企业所得税。2008 年开始实施新的《中华人民共和国企业所得税法》，不仅统一了内资企业和外资企业所得税制，规范了税前扣除，调整了税收优惠政策导向，而且大幅度下调了税率（从 33% 降为 25%）。可以说，企业所得税的这次改革，是众望所归，意义重大。从政策的完善角度看，近期主要是全面落实新企业所得税法及其实施条例，加快相关配套措施的制定和实施，积极动态优化对中小微企业的减半征收等优惠办法，并尽可能加大对企业研发投入加计扣除，允许固定资产加速折旧等优惠的力度；从长期看，则需要关注国际税收动态，健全国际税源管理制度，进一步完善反避税措施，加强国际合作与协调。

3. 完善地方税体系，增强地方政府收入能力

在社会主义市场经济体制下，完善地方税体系的目的应该是提高资源配置效率，促进经济增长，实现中央与地方的双赢。而这种结果或者目标实现的关键是中央与地方之间财政关系的规范化和稳定化。地方税体系完善的重点是如何改革和完善分税制，并在此基础上考虑地方税体系的建设，而不是孤立地考虑地方税税种问题。因此，我国地方税体系的完善就不能将着眼点局限在这些属于地方税的税种上，而是在中央与地方合理划分税种的基础上，从更广义的角度来考察地方税体系。从广义角度来理解地方税体系，在“营改增”改革全面实施后，各种共享税，包括收入规模扩大的增值税、企业所得税和个人所得税都应该视为地方税体系的重要组成部分。具体而言，可以从以下几方面改革措施入手，从近到远、多方位地充实地方税收收入，完善地方税体系。

第一，调整增值税中央地方分享比例，改革共享方式。“营改增”之后，增值税的收入将进一步提升。如此大的税收收入，由一级政府独享并不合适，由多级政府共享更为合理。在增值税仍作为中央、省、市县三级政府共享税的同时，适当提高地方政府特别是省级政府的分享比例。把75∶25的分享比例改为过渡期的50∶50确有必要，但不宜长期化。为消除现行做法可能导致的地区间分配不公和地方政府行为扭曲，未来增值税的共享可考虑根据各地的人口数量、消费能力、基本公共服务需要等因素，按照标准化公式在各个地区间进行分配，同时，在每个财政年度之前应做好增值税收入分享的预算，使得地方政府能够根据这一预算制定地方财政收支预算，从而使增值税成为地方政府的一个稳定、常态化的财政收入来源。

第二，改革企业所得税和个人所得税的税收共享方式，由收入分成改为分率共享。改革现行企业所得税和个人所得税全国统一的税收共享方式，可采用税率分享或者地方征收附加税的形式分成。企业所得税和个人所得税的税权归属中央政府，中央政府设定一个全国统一征收的税率，地方政府可在这一税率之外进行加征，但加征的税率有最高限制。此外，考虑到所得税的税源流动会造成税收地区间分布不均，因此需要建立起一套地区间税收分配的调整机制，促进税收公平。

第三，推进消费税改革，将消费税改造为中央和地方共享税。扩大消费税征收范围，调整消费税征税环节和收入分享方式。对一些适合在生产环节征收的品目，如国家专卖的烟草消费品和作为国家重要战略性物资的成品油，仍保留生产环节征税的做法，但收入改为中央和消费地共享，中央分享大头。对于其他品目，可将征收环节从目前的生产环节后移至零售环节，收入划归地方政府。

第四，推进房产税和资源税改革，为市县政府打造主体税种。从长远来看，在不动产保有环节征收的房产税和对矿产资源征收的资源税可分别作为东部发达地区和西部欠发达但资源富集地区的市县政府的主体税种。

第五，加快环境税体系制度建设。对现行排污费“费改税”后，为了增强地方政府治理区域性污染的能力和调动地方进行环境保护的积极性，还有必要将环境税体系的后续制度建设纳入议程，使其成为地方政府一个相对稳定的收入来源。

4. 实施税收征管改革，提高征管效率

税收征管改革是深化税制改革取得成效的重要保障。随着社会主义市场经济对税收宏观调控作用提出新的要求，中国经济融入世界经济速度加快，信息技术在税收征管工作中得到广泛深入的应用，纳税人法律意识和维权意识不断增强，中国税收征管改革也应适应经济形势变化，与时俱进，根据税制发展的要求加以积极改进。具体应从以下几个方面加以完善：

第一，加强税收征管法律制度建设。立足解决制约税收征管实践的难点问题，增强前瞻性，抓紧做好税收征管法律制度的立、改、废工作，尽快完成《中华人民共和国税收征收管理法》修订工作，平衡配置税务机关与纳税人的权利和义务，做到既适应加强征管、保障收入的需要，又满足规范权力、优化服务的要求。

第二，建立完备的涉税信息数据系统。完备、准确的信息系统是各项税制改革的前提条件。在大力推进信息定税管税的前提下，税务部门应与相关职能部门共享信息，各部门之间也应建立这种信息共享机制。应建立全国统一通用的全社会人、房、地、企业、政府、社会机构等的标准化唯一代码制度，由各部门运用唯一代码采集与之职责相关的个人、企业、政府、社会机构的基础性原始信息，并建立本部门的全国大集中、全覆盖的专业信息系统；在此基础上，形成各部门之间双边或多边信息共享平台；同时，再建立一个独立于各部门之外的全国性、综合性的法定信息互通共享大平台，构建既能互通信息，又有限度、受约束、可控制的信息共享系统和机制。

第三，完善征管制度建设，切实提高征管水平。以数据信息的采集和应用为重点，切实加强税收风险分析监控。改进风险分析手段，加强风险分析应用。规范纳税评估程序，改进纳税评估方法，加强对纳税评估工作的监督制约。加强数据管理，充分利用各种信息，不断提高信息管税水平。

第四，实现税收管理的集约化。通过计算机网络互联，实现信息共享、资源共用，在此基础上逐步收缩征管机构，减少管理层次，推进税收机构体制的“扁平化”，提高监控的范围和时效，降低管理成本，提高管

理效率。

第五，做好纳税服务工作。以维护纳税人合法权益为重点，切实优化纳税服务，提高纳税人满意度和税法遵从度。切实增强税收法律法规与管理措施的透明度和确定性，扎实做好纳税风险提示工作，着力减轻纳税人办税负担，做好纳税人维权工作，重视并做好税收法律救济工作，积极促进涉税中介服务发展。

5. **推进税制改革的配套改革措施**

（1）推进政府间财政体制改革，完善转移支付制度。税收制度改革需要结合财政体制改革，特别是财政层级、事权划分和财政转移支付制度等改革的推进。首先，要积极稳步推进“省直管县”“乡财县管”和乡镇综合改革，把财政的实体层级减少到中央、省、市县三级。其次，要合理界定各级政府事权和支出责任范围。应按照成本效率、受益范围等原则，理清中央、省和市县各级政府的事权范围，明确各级政府的基本公共服务供给责任。从国际经验来看，全国性公共产品、与国家经济社会发展关系重大的事务由中央政府负责，区域性和地方性较强的公共产品主要由各级地方政府负责，跨区域的公共产品由中央和地方各级政府共同负责。对一些责任应由中央政府或全部层级政府承担，但效率要求县级政府具体承担的事权，需要各级政府将资金划拨到承担具体事务的县级政府。党的十八届三中全会已经对事权和支出责任的划分做出了较为清晰的界定。下一步需要进一步细化各级政府的事权清单，将本应由中央政府承担的部分事权收归中央负责，适当加强中央事权和支出责任，理顺中央地方共同事权的支出责任分担机制。最后，完善转移支付制度，增强地方政府基本公共服务保障能力。强化和优化中央、省两级自上而下的财政转移支付制度，适时取消税收返还。完善一般性转移支付增长机制，逐步提高一般性转移支付特别是均衡性转移支付的规模及比重，完善现行“因素法”转移支付方式，增加其客观性和透明度；加大转移支付资金对中西部的倾斜力度，并结合国家主体功能区规划，加大一般性转移支付对禁止开发区、限制开发区的支持力度。整合、规范专项转移支付，逐步压缩专项转移支付的规模，对现有五花八门的专项转移支付项目进行清理、整合，严格控制新设项目，尽量减少专项转移支付对地方政府的配套要求。探索建立横向转移支付制度。

（2）推进价格机制改革，理顺税收传导机制。在很多情况下，税收政策并不是直接对调控对象产生作用，而是通过一定的传导机制将税收政策与调控对象联系起来。只有健全的市场和价格机制，才能使税收政策的变化通过价格传递给微观经济主体，进而影响微观经济主体的行为。如果市场体系不完善，价格机制不健全，则会导致税收政策的目的传递不到微观主体，使税收政策的调控目的落空。

经过长时间的市场化改革，我国目前大多数一般性商品价格已由市场供需关系决定，但在基础能源领域，政府行政命令仍是主导的资源配置方式，导致资源能源价格形成机制扭曲，产品价格无法真实反映产品的稀缺程度、供求关系以及生产环境成本，从而误导上、中、下游微观企业资源配置行为。因此，要更好发挥税收政策作用，当务之急是以资源税改革为契机，进行价、税、财联动改革，克服目前在资源能源价格体系、税制和财政体制上存在的重大缺陷，完善资源能源价格形成机制，使价格能够反映资源能源产品的稀缺性、内外部成本以及供求关系，对社会主体形成内在激励机制。

（3）统筹税费关系，清费立税，为税收改革腾出空间。清费立税是规范税收分配秩序、减轻纳税人税费负担的重要方式，是税制改革的重要基础。在税制改革中，要始终将清费与立税匹配起来，积极配合有关部门清理相关政府性收费，将与税收性质相同或相近的收费改为税收，以法律或法规形式固定下来。取消不合理、不合法的收费，规范政府参与国民收入分配的方式，为税制改革提供更大空间。

三、基本原则

进一步深化中国税制改革，应遵循以下原则：

（1）顶层设计，分步推进。改革开放后很长一段时期，我国走的是“摸着石头过河”的改革道路。但时至今日，社会结构和利益格局已经发生了深刻变化，改革面临的是前所未有的复杂形势，若没有以全局视角，对改革涉及的各个方面、各个层次、各种要素进行统筹考虑，科学制定改革方案，则很难取得成功。因此，我国的税制改革要向纵深推进，需要认真做好顶层设计，精心谋划，统筹考虑各种因素和各项配套制度安排，做出最优的制度设计。但同时我们也应该深刻认识到，财税改革是经济体制改革的关键环节和重要突破口，在当前高度分化的社会格局下，统筹多方利益、协调不同目标的难度加大，对协调推进配套改革、完善配套征管和社会条件的压力也越来越大，因此需要根据改革的轻重缓急和配套条件成熟程度，合理安排税制改革进程，有序推进各项改革，尽可能减轻对经济和社会的冲击。

（2）宽税基，简税制，调税率，严征管。“宽税基”一方面要求在稳定税负的前提下，尽可能合理地扩大税基范围，增加环境、社保、财产等现代税收，扩大个人所得税、消费税等税种的征收范围；另一方面要求清理、规范税收优惠政策，取消不合理的税收优惠政策。“简税制”并非一味地要求税制简化，而是一方面要求对现行税种从数目上进行简并，合并部分性质相近或重复的税种，但对一些尚缺位的税种，该增则增；另一方面要求从内容上规范税制体系，对目前由大量的法规、部门规章等规范性文件形式构成的繁杂政策规定予以清理。“调税率”要求走结构性减税和结构性增税相结合的道路，一方面要解决名义税率偏高的问题，缩小名义税率与实际税率的差距；另一方面对某些税率明显偏低、税负明显偏轻的税种，也要适当调高税率。“严征管”要求加强税收征管体系建设，构建以信息化为基础的科学、合理、高效的税收征管体制，提高税收征管水平和效率，促使税制建设与税收征收管理的协调发展。

（3）公平税负，促进收入分配。当前我国的收入分配存在着较大问题，因收入分配不同产生的诸多矛盾，已经成为制约我国经济社会健康发展的一大障碍。如何降低收入分配不平等程度，实现社会公平，是全面深化改革的重点和难点所在。税收作为政府参与国民收入分配和再分配的重要工具，在这方面责无旁贷。要进一步深化税制改革，充分发挥税收在调节收入分配和财产配置中的作用，优化分配格局，调整分配关系。通过降低间接税占比，降低政府部门在国民收入初次分配中的比重。通过所得税和财产税改革，缩减居民收入分配差距和财产分配差距。通过税率调整，降低基本生活必需品税负，减轻中低收入者生活负担。

（4）优化政府间财政关系。合理的收入划分、税基配置是健全财力与事权相匹配、促进基本公共服务均等化、推进省以下分税制、完善全国统一大市场、避免区域间恶性税源竞争的制度保证。要结合税制改革的进程，考虑税种属性特点，遵循公平、便利和效率等原则，在不同层级政府间合理划分税种和税收收入。既要保证中央财政在财政收入中的主导地位，保障中央政府的调控能力，也要逐步完善地方税体系，通过房产税和资源税、消费税、环境税等税种的税制改革，逐渐提高地方政府财政自给能力，充分激励地方政府组织财政收入、促进经济社会发展的积极性。

在此，首先为税制改革勾勒一个路线图（如表2－1所示），以清晰税制改革的实施步骤和远景目标，配合中央关于财税体制改革与配套改革要于2020年取得决定性成果的时间表要求。

表2－1　2017—2020年税制改革路线图

	2017年	“十三五”时期（2016—2020年）
增值税	完成“营改增”改革	逐步简并税率，适当降低增值税税率
消费税	扩大征收范围	进一步扩大征税范围，调整税率，适当调整征收环节和收入分享方式
资源税	从价计征改革推及其他主要矿产品	适时扩大资源税征税范围，开征水资源税
环境税	对大气污染和水污染实行“费改税”，开征环境保护税	全面开征环境保护税，适时征收碳税
个人所得税	建立费用扣除标准的动态调整机制，优化和调整税率和级次	适时实行综合与分类相结合的个人所得税制
企业所得税	适度降低企业所得税税率	
房产税	房产税进入立法程序	择机在全国范围内推开房产税改革

（续表）

	2017 年	“十三五”时期（2016—2020 年）
社会保障税	将社会保险费统一由税务部门征收	实施社会保险“费改税”，开征社会保障税
遗产与赠与税	研究征收方案	择机开征

四、主要任务

财政收支机制与安排应在“五位一体”的框架下，全面体现现代国家治理意图。财税体制改革要把创造机会均等、维护社会正义放在最为突出的位置，既加快财税体制自身的改革，又积极支持配合相关改革，着重建立机制包容，各级政府财权与事权相顺应，财力与支出责任相匹配的现代财政制度，服务于党的十八届三中全会以来的改革顶层设计与部署。要完成的主要任务有以下五项。

（一）合理定位市场经济目标模式取向下的政府职能

在市场经济中，政府应从计划经济下直接配置资源的角色退位，转为主要在市场失灵领域发挥作用，提供公共产品与服务和维护社会公平正义。为履行政府公共职责，社会必须授权赋予政府配置（获取和支配）资源的权力，这其中便包括在配置经济资源中获取资金的权力（收入权）和支配资金的权力（支出权），现代社会通常表现为立法机关授权。其中收入权包括两类：一类是征税（费）权，一类是举债权。前者即为通常意义上的财权，后者实为与形式上“无偿”取得收入的财权相辅助的“有偿”方式的权变因子。相应地，政府收入类型分为税、费和债，其中以税收为主（如果为提供跨时、跨代际公共产品而融资，则可以举债）。至于如何征税，则需要同时考虑收入足额目标和尽可能不对市场形成扭曲，并对于社会成员利益适当“抽肥补瘦”。这客观要求税制设计要具备统一、规范、公平、效率取向和形成必要的差异性（“对事不对人”地“区别对待”）。在税收制度的安排上，要求尽量保持税收的“中性”，是为尽量避免对资源配置产生扭曲影响。然而，发挥对市场的引导作用和政府宏观调控作用，又无可避免地要加入税制的适当差异化设计（如针对特定产业的税收优惠政策，个人所得税的累进税率设计，等等）。因此，在商品经济不发达的农业时代，通常以耕地作为税基的农业税成为首选；随着商品经济的兴起，以商品流转额为税基的流转税得到各国青睐；当经济进一步发展到近现代后，所得和财产类税基便受到了各国的重视。分税制体制的整体设计，必然要求以政府在现代社会“应该做什么，不应该做什么”（“既不越位，又不缺位”）和政府对市场主体、纳税人的调节方式（以经济手段为主的间接调控和“对事不对人”的规范调控）为原点，即以尊重市场和服务与引导市场经济的政府职能定位及其适当履职方式为逻辑起点，把财政事权（支出责任）的分级合理化与复合税制的分级配置税基合理化这两方面，在分级收支权的制度安排体系中整体协调起来。

（二）以健全立法授权、完善事权划分作为始发基础环节

分税制财政体制内容包括事权划分、收入划分、支出及转移支付三大部分内容。其中，反映法律授权之下政府职能合理定位的事权划分是始发的、基础的环节，是财权和财力配置与转移支付制度的大前提。因此，我们理应避免在谈分税制改革问题时首先讨论甚至只讨论收入如何划分的皮相之见，而应全面完整、合乎逻辑顺序地讨论如何深化我国的分税制改革。

与讨论政府总体收入规模之前需要界定合理事权范围相类似，讨论各级政府财力规模和支出责任的合理化问题之前，必须在积极完善立法的过程中合理划分各级政府之间的事权。这符合第一层次“以支定收”的原理。只有各级政府间事权划分合理化，支出责任才可能合理化，才可以进而讨论如何保证各级财力既不多也不少，即“财权与事权相顺应（相内洽），财力与事权相匹配”的可行方案。

把某类事权划给某级政府，不仅仅意味着该级政府要承担支出责任，更要对公共产品的质量、数量和成本负责。因此，“事权”与“支出责任”两个概念其实并不完全等同，支出责任是事权框架下更趋近于“问责制”与“绩效考评”的概念表述。公共财政的本质要求是在“分钱”和“花钱”的表象背后，带来对公共服务责任的合理有效制度规制以寻求公共利益最大化。

一般而言，不同政府层级间的事权划分要考虑公共产品的属性及其“外溢性”的覆盖面、相关信息的复杂程度、内洽于全局利益最大化的激励相容机制和公共产品供给效率等因素。属于全国性的公共产品，理应由中央政府牵头提供，地区性的公共产品，则适宜由地方政府牵头提供。具体的支出责任，应合理地对应于此，分别划归中央与地方。同时，由于地方政府较中央政府更具有信息优势，更加了解本地居民需要，因而在中央政府和地方政府均能提供某种公共服务的情况下，基于效率的考虑，也应更倾向于由地方政府提供。

（三）结合税制改革，合理划分税基

按税种划分收入（即税基配置），属于分税制财政体制框架下的题中应有之义和关键特征。政府所有的规制和行为，均应以不影响或尽量少影响生产要素自由流动和市场主体自主决策为标准，相应的收入（税基）划分，则需要考虑税种对生产要素流动的影响以及中央、地方分层级的宏观、中观调控功能实现等因素。税种在中央、地方间的划分即税基的配置，一般认为要遵循如下基本原则：与国家主权和全局性宏观调控功能关系密切、税基覆盖统一市场而流动性大的税种，应划归中央；与区域特征关系密切、税基无流动性或流动性弱以及税基较为地域化，不会引起地区间过度税收竞争和需要“因地制宜”的税种，应划归地方。按此原则，关税、个人所得税、增值税、社会保障税等应划归中央，房地产税、资源税、特定地方税等应划归地方。

从各国具体实践情况看，在基本遵循上述原则的情况下，不同国家根据本国情况，对个别税种有一些变通。如美国的个人所得税为联邦政府和州、地方政府按照税基共享、分率计征方式进行收入共享（以联邦级为主，实行超额累进税率；以州与地方为辅，实行低税率乃至低水平比例税率）。英国将住宅类房产税（称为市政税）作为地方税，而将非住宅类房产税（称为营业税）作为中央税以及中央向地方转移支付的来源，按照居民数向各地区返还。我国在收入划分上为调动地方积极性，将税基大或较大的几个税种（增值税、企业所得税、个人所得税）作为共享税，但这些同经济发展直接相关、税基流动性特征明显的主力税种划定为中央与地方共享税，在一定程度上违背了收入划分的应有原则，结果是刺激地方政府承担较多的经济发展事权以及在相互之间实行过度的税收竞争（表现为争上投资、争抢税源等）。因此，“分财权（税基）”和“分财力（收入）”均有其需遵循的科学规律和所应依据的客观内洽机制，不应简单按照人的主观意志与偏好行事，这方面人为的调控空间很有限。

无论税种（税基）在政府间如何配置，收入是独享还是共享，其划分原则和共享办法与比例，在一个国家内应是上下贯通、规范一律的。即使那些不宜由中央或地方专享，出于过渡性的或甚至是长期理由不得不划为共享税的税种（如我国目前的增值税、企业所得税和个人所得税），也需要执行全国统一的分享办法和分享比例。

需要强调的是，各地区税基配置统一、分享办法相同、分享比例一律，并不意味着各地区实际的税收丰度（某一税种的人均可实现收入数量）均平化，而是会出现由于地区经济发展水平的差异及其他相关因素而大相径庭的情况。比如，同是分享25%的增值税，工商企业数量多、发展水平高、增值税规模大的沿海省（区），与工商业还很不活跃、经济发展水平低下、增值额规模往往还很小的西部边远省（区），定会有人均对比上的巨大反差；同是拿取40%的所得税，但企业效益水平和居民收入水平的区域差距十分显著，进而人均比较的税收数量，在不同区域往往完全不具可比性。这就注定会产生区域间财政收入丰度显著的“横向不均衡”，这种情况在区域差异悬殊的我国尤为显著，客观地形成了比一般经济体更为强烈的均衡性转移支付制度需求。

（四）调整中央和地方政府间财政关系，完善转移支付制度

前面述及不同政府层级税基配置即收入划分的原则，而这与更前面所论及的事权划分即支出责任划分的原则并不形成直接对应关系。规范的制度安排内在地要求各地税种一律、分享比例一律，但实际的税收丰度却会由于地区经济发展水平的差异及其他相关因素而大相径庭，注定会产生区域间财政收入丰度显著的“横向不均衡”。与此同时，地方政府提供“基本公共服务均等化”所需的公共产品的供给成本，却又会因巨大的地区差异而产生另一个支出负担上的“横向不均衡”，使欠发达省（区）面临更大困难——税收丰度很低的地方，大都是地广人稀、高原山区、自然条件较严酷而提供公共产品的人均成本非常高的地方；税收丰度较高的地方，一般都是人口密集、城镇化水平高、自然条件和生存环境较好而提供公共产品的人均成本比较低的地方。财政的收入丰度低而支出成本高，就是欠发达地区普遍面临的困难处境，因此，分税制框架下对这个问题的解决之道，便主要需依仗“自上而下”的中央财政、省级财政对欠发达地区的转移支付制度安排（也不排除中央政府协调组织之下开展的发达地区对欠发达地区的“横向”转移支付等），形成可持续的调节区域差异的通盘方案。

随着经济社会复杂性的提高，人们需求的多元化和个性化明显增强，政府事权下移成为大趋势，各国的实践也印证了这一点。在市场经济下，商品极大丰富、生产要素流动活跃、国内国际贸易活动频繁，以商品和生产要素为税基的税种成为各国首选。而从这些税种的特点和属性分析，恰恰都宜将其作为中央税，即使与地方分享，地方分享的比例也不宜过高，否则会阻碍生产要素和商品的流动，违反市场经济原则。因此带来中央税权和可支配财力均呈现出“上移”的实践运行结果，与社区、地方“自治”倾向上升而发生的事权“下移”又恰恰形成鲜明的对比。加之各国中央政府无一不是必须承担调节各地区差异等全局性的任务，只有其可支配财力规模大于本级支出所需规模，才可能腾出一部分财力以转移支付等形式去履职尽责。所以，从中央与地方层面看，必然出现中央本级收大于支、地方本级收小于支的“纵向不均衡”的客观、常态格局，“中央拿大

头支小头，地方拿小头支大头”的财力“纵向不均衡”不但不足为奇，而且正是各国分税分级体制运行的共性特征。相应地，转移支付也主要表现为“自上而下”的财力转移即“资金向下流动”格局。

我国现阶段中央收入占比为50%弱的水平，无论与其他代表性国家相比，还是与我国中央政府所承担的宏观调控职责相比，都可说中央收入占比并不高。其实，问题更明显地出在支出侧，即支出总盘子中中央占比过低（仅约为15%）、地方支出占比过高。2009年OECD成员国中央支出非加权平均值为46%，其中与中国可比的大国如美国是54%，英国是72%，日本是40%。而中央与地方支出失衡背后的原因恰恰是政府间事权划分不合理导致的支出责任错配，政府间事权划分办法不规范、不统一，具有明显的非规范特色；同时，新增事权多采取“一事一议”办法，无统一、科学、标准化的原则和方案可遵循。我国有些中央应承担的事权如国防，现实中往往以“军民联防”“军地共建”等名义较深度而无规范地扯入了地方，另一些也理应由中央承担的重要事权如经济案件的司法审判权，则几乎全部交给了地方，使得在地方利益眼界内非公平判决层出不穷。合理解决这些问题之道，不是减少中央收入占比，而是调整事权和支出责任，相应提升中央在支出总盘子中的占比。

无论是考虑到“实现共同富裕”的社会主义本质，还是法治社会下基于公民“人权平等”提出的“基本公共服务均等化”要求，都客观地需要运用转移支付制度手段对财政资金余缺自上而下地在政府间进行适当调节。这种转移支付有效运行的基本前提就是“纵向不均衡”地由中央取得与其宏观调控功能相称的财力，进而去调节地区间的“横向不均衡”。在我国经过二三十年“让一部分人和一部分地区先富起来”的发展之后，叠加迥异的自然地理环境，地区间经济发展水平差异巨大，“实现共同富裕”任重道远，新时期中央政府不可回避的一项重要责任，就是以合理方式“抽肥补瘦”，抑制地区间差距扩大——这种中央政府针对“横向不均衡”履行区域差异调节责任的物质前提，就是形成设计合理与可持续实施的中央、地方间“纵向不均衡”的财力分配框架。

所以，市场经济下分税制框架中必然内含的转移支付制度建设，在我国尤其重要，必须进一步按“长效机制”要求来打造并加以动态优化。相应于此，我国转移支付制度建设目标包括平衡地方基本公共服务能力和实现特定宏观调控目标两大方面，分别大体对应于“一般性转移支付”和“专项转移支付”。

（五）改进预算管理制度，完善政府预算体系

预算制度是现代财政制度的核心，预算管理改革要助推现代国家治理体系的建设，完善国家筹集、分配和使用资金的方式。良好的现代预算制度，应遵循十项国际公认的基本原则：全面性、原则性、合法性、灵活性、预见性、可审议性、真实性、透明度、信息量和诚信度。这也是我国预算管理制度完善的方向和目标，包括：实现预算的全面性，即要求将所有的公共资金纳入预算，建立全口径的公共预算体系；提高预算的透明度，即预算公开，扩大各级政府预算公开的范围和详细程度，特别是“三公”经费等具体内容以及政府间转移支付的计算确定方法等；实行中期财政规划管理，克服年度预算的短视性弊端，为适应新常态下宏观调控的改善提供有利条件，为支出结构的优化调整提供一个可操作的时间基础和资源基础。

第三章

“问题导向”对深化财税体制改革提出的挑战与要求

一、土地财政：体制、税费与短期行为

近年来，在我国省以下地方政府层面，不同程度地出现了政府支出对于土地资源相关收益依赖偏重的现象，并在公众视野内形成了“土地财政”这样一种带有贬义的称呼。归纳起来，主要包括两大方面：一是地方政府通过批租、征税、收费的形式从土地资源中获取各类税费收入；二是以土地作为抵押物从而获取债务收入。

从理论上说，土地作为基本的、稀缺的生产资料，所有权或使用权的占有者利用其参与社会经济活动并获得收益，是一种合理的经济行为；同样，政府作为公共产品（服务）的提供者，对于生产资料的交易、所得采取相应的税费措施，也属于以政控财、实现政府调控经济目的的合理内容。从法律框架看，我国实行土地公有制和土地用途管制制度，政府体系兼具土地资源管理的规划者、审批者、执行者乃至使用权的占有者等多重身份（权力并非集中于同一级或特定的某一政府），调控土地资源具有先天的强势地位。加之现阶段我国适逢城镇化、工业化高速发展阶段，土地作为政府配置资源手段的作用尤显重大。因此，无论是从经济理论还是我国的法律规章看，政府依靠土地优化资源配置，把土地作为调控经济的手段和形成政府收入的“生财”手段，本身并无问题。但是，由于相关的有效制度供给不足，约束和管理不到位，我国“土地财政”呈现的是土地收入从总量到结构皆有失衡，土地配置与财政分配事实上有所游离，基本格局中主要构成因素畸重畸轻的现状。这种出现严重偏颇的“土地财政”不具备可持续性，且在不断累积一些棘手的社会经济矛盾。

专栏一：“土地财政”畸重畸轻的表现与引发的问题[①]

“土地财政”为人所诟病之处，首先在于地方政府过于倚重土地批租

① 节选自贾康、刘薇，《“土地财政”：分析及出路——在深化财税改革中构建合理、规范、可持续的地方“土地生财”机制》，《财政研究》，2012 年第 1 期。

收入。有畸重，便难免有畸轻，并产生矛盾和问题。

一、土地收入占地方收入比重高、结构失衡

（一）土地使用权交易环节出让收入规模独大

现阶段我国政府的土地收入集中在地方的土地使用权交易环节，土地使用权出让收入规模巨大。按照相关规定，国有土地使用权出让环节的收入包括国有土地使用权出让金收入、国有土地收益基金收入和农业土地开发资金收入、新增建设用地土地有偿使用费等。[①] 权威部门数据表明，“十一五”期间我国土地出让收入7万多亿元。[②] 又根据相关法律法规，我国国有土地出让收入由市县人民政府征收管理，且从2007年1月1日起，国务院要求将全部土地出让收入缴入地方国库，纳入地方政府性基金预算，实行“收支两条线”管理，与一般预算分开核算，专款专用。[③] 因此，土地出让收入的财力意义主要体现在地方政府（特别是市县政府层面）。[④] 7万多亿元和“十一五”期间地方本级财政收入总和相比，比例约为0.5∶1。2007—2010年，全国国有土地使用权出让收入和地方本级财政收入的比例从0.35∶1上升到0.74∶1，地方公共财政收入的比例从0.17∶1上升到0.41∶1，见表3－1。这标志着对于地方政府而言，2007—2010年，土地出让收入（未扣除成本）和地方本级财政收入几乎相当，占地方公共财政总收入的1/4左右。

---

① 在国有土地使用权出让收入中，又以国有土地使用权出让金收入为主，约占全部出让收入的93%，其他收入基本以此项收入为基数产生。

② 2011年1月7日国土资源部部长徐绍史《在全国国土资源工作会议上的讲话》。

③ 2007年之前，土地出让收入先纳入预算外专户管理，再将扣除征地补偿和拆迁费用以及土地开发支出等成本性支出后的余额缴入地方国库，纳入地方政府性基金预算管理因此，2007年起土地出让收入的统计口径更为规范准确。同时，由于“收支两条线”管理，从规模上而言是全口径概念，因此数字上要比2006年前的余额高出很多。

④ 在土地使用权出让收入中，只有一部分新增建设用地土地有偿使用费属于中央政府性基金收入。该费由市县人民政府从土地出让收入中按规定标准向中央和省级缴纳，实行中央和省两级3∶7分成。

广义的土地收入统计数据，还应加上土地使用权交易、保有环节的所有税费。这样会放大土地收入数据，但是，并没有改变土地出让收入占据绝对大头的结构特征。由于缺乏全国数据，仅以地方政府为例。除土地使用权出让收入外，市县政府土地直接收入还包括土地及其附属物交易保有环节的税费收入，间接收入还包括房地产业的税收收入（地方分成部分①）。这些收入都无法和土地出让收入相比。以西部某城市为例，在土地收入总量中，土地使用权出让收入、土地税费收入（直接）、房地产业税收收入（间接，地方分成部分）的占比大致为7:1:2。

表3－1　2007—2010年我国土地使用权出让收入与地方财政收入的比例

单位：亿元

	2007年	2008年	2009年	2010年
①国有土地使用权出让收入	7285	9942	14254	30108
②地方本级财政收入	23573	28650	32603	40613
①:②	0.31:1	0.35:1	0.44:1	0.74:1
③地方公共财政收入	41711	51641	61166	72954
①:③	0.17:1	0.19:1	0.23:1	0.41:1

（二）土地使用权交易环节收入规模巨大和税收收入规模较小之间的不均衡

和土地使用权交易环节土地出让收入的巨大规模相比，该环节的税收收入规模很小。目前，我国针对土地交易的税种主要是土地增值税、耕地占用税，还有土地及其附属物（即房产）交易环节的契税。此三项税收2010年合计为4631.78亿元②，与土地出让收入的比例为0.15:1，也就是说，三项税收之和仅相当于土地出让收入的15%。

① 这同时表明，从土地的间接收入看，中央、省也分享了房地产业的一部分税收所得。

② 来源于“2010年全国公共财政收入决算表”，见财政部网站。

（三）土地使用权交易环节和保有环节的收入高度不均衡，土地出让收入形成政府收入[①]的表现形式为“一次性”

交易环节土地出让收入独大，交易环节的税费如土地增值税、耕地占用税以及土地复垦费、耕地开垦费、城市基础设施配套费等收费，其特点都是一次性交纳。反观我国土地保有环节，则税费很低或无税。目前我国土地（及其附属物）上保有环节的税种只有房产税和城镇土地使用税，两种税均只对经营性房屋征收，规模较小。房产税的税基是房产原值和房产租金收入，而且税基一定不变，没有重评税基的机制，个人所有非营业用的房产一律免征。城镇土地使用税的纳税人包括在城市、县城、建制镇、工矿区范围内使用土地的单位和个人，但是，各省、直辖市在执行细则中，对个人所有的居住房屋及院落用地，基本上都暂缓征收；其税基是土地占用面积，按照每平方米每年一定数额征收。

2010 年我国房产税和城镇土地使用税收入合计为 1898.08 亿元，与土地出让收入加出让交易环节税费的比例是 0.06:1，意味着我国土地及其附属物上保有环节的收入只相当于交易环节土地收入的 1/20 强。土地交易环节和保有环节的收入极度不均衡，体现在形成政府收入的表现形式上就是特定地块对于“生财”的贡献是以一次性出卖使用权为主，40 ~ 70年间该地块不再产生新的政府收入。这样，一旦演变到接近 2010 年深圳那种“无地可批”状况时，地方政府收入便将面临极大危机。

（四）近年政府收入中土地使用权出让收入比例连年攀升，增长幅度远超税收收入增长幅度，东、中、西部间规模差异悬殊

从表 3 – 2 可以看出，2007 年以来在我国政府收入中，土地使用权出让收入占比较高，增幅最快（平均为 67%）。相反，作为市场经济国家最为倚重的，相对而言最为公平、稳定、规范的税收收入，占比却呈下降趋势，增幅（平均为 17%）也远远不及土地使用权出让收入的增幅。

另据有关部门统计，在近些年的土地出让收入总量中，近七成发生于沿海发达地区，特别是在一些大城市，而中部只有约两成，西部则为一成

---

① 含公共财政收入、政府性基金收入、国有资本经营预算收入、社会保险基金收入。

左右，表现出不同区域的悬殊差异。从这个意义上说，所谓“土地财政”，在我国大部分地方政府辖区，其实颇有些“枉得虚名”。

表 3－2　2007—2010 年我国政府收入结构及其比重

	2007 年		2008 年		2009 年		2010 年	
	绝对额（亿元）	占比（%）	绝对额（亿元）	占比（%）	绝对额（亿元）	占比（%）	绝对额（亿元）	占比（%）
①公共财政收入	51322	72.4	61330	70.0	68518	68.1	83102	60.7
其中：税收收入	45622	64.3	54224	61.9	59522	59.1	73211	53.5
②政府性基金收入	10737	15.1	14985	17.1	18351	18.2	36785	26.9
其中：国有土地使用权出让收入	7285	10.3	9942	11.4	14254	14.2	30108	22.0
③国有资本经营预算收入	140	0.2	444	0.5	989	1.0	559	0.4
④社会保险基金收入	8729	12.3	10805	12.3	12780	12.7	16513	12.1
政府收入合计	70928	100	87564	100	100638	100	136959	100

数据来源：

1. 2007—2009 年数据直接引自《我国财政收入规模及国际比较》，来源于财政部简报，见财政部网站。

2. 2010 年社会保险基金收入根据《2010 年度人力资源和社会保障事业发展统计公报》公布的 2010 全年五项社会保险基金收入合计 18823 亿元减去财政补助 2309.8 亿元而得。

3. 其他数据来源于财政部“2010 年全国财政决算”专栏，见财政部网站。

二、土地财政畸重畸轻格局引发的矛盾与问题

（一）土地使用权出让收入独大，保有环节税制缺失，易助推地价、房价双高，地方经济易被房地产市场“绑架”

由于土地收入集中在土地及其附属物的交易环节，地方政府对“一次性”的土地出让收入预期很高，并往往要通过房产地价相互激励的攀爬高价来实现，客观上使得地方政府对于推高地价、房价具备足够的动力。加之土地及其附属物（即不动产）保有环节税制缺失，对于市场买方而言，一次出价几乎一劳永逸，无保有（持有）成本，购买意愿、投机意愿便十分强烈，更是成为助推地价房价的动力。在这些因素的综合作用下，房地产市场对于地方政府收入客观上形成了某种“绑架”效应：当市场流动性充裕，房地产交易活跃时，地方政府收入自然受益于高地价和高房价并继而会投入其支出来支持战略重点；而当楼市出现降温，土地交易冷清时，地方政府出于对收入的考虑，便面临巨大压力，甚至会采取政策性的救地市、救房市措施，如2008年一些地方就采取了购房补贴等办法扶持房地产市场及开发商。而在中央调控不利于房地产市场升温的情况下，地方政府和中央政府之间的博弈就难以避免，易出现调控效果耗损、政策效果大打折扣的现象。

（二）“土地财政”并没有等幅提高政府“基本公共服务”能力，土地配置和财政分配很大程度上处于游离状态

土地批租形成政府收入后，需在扣除成本补偿性支出和垫付必需的“七通一平”等前期开发费用后，方有一部分成为地方可统筹使用的财力。根据已有的全国地方土地出让收支的材料看，2007年以来，征地和拆迁补偿支出在土地支出中占比接近40%。此外，按照国家和各省、直辖市规定，土地出让收入还要按比例扣除规定计提项目，强制用于特定的补助被征地农民社保支出、廉租住房保障资金、教育基金等。这些计提项目在各省市执行的标准不完全相同，在全国的地方土地出让支出数据中也缺乏细致反映。从调研及内部粗算资料看，包括征地和拆迁补偿支出、规定计提项目、缴纳新增建设用地使用费、业务费以及土地初步整理等在内的必要成本支出要占到土地批租毛收入的70%～75%。即在相对规范管理的前提下，扣除成本和较多计提后，土地出让收入只有25%～30%可以作为地方

政府可支配财力中的“活钱”。在关于土地收益提取10%作为教育支出等规定实施后，这一比重还会降低。

但是，这部分财力对于地方市县政府并非必然“增强基层政府提供公共服务能力”，因为土地的配置与所生之“财”和财政分配事实上往往处于游离状态。首先，这部分可用财力的收支大都是在公共财政框架之外管理。自土地“生财”的起点，从开发规划、审批、招拍挂到具体征收，大都不受财政制度框架约束，财政部门介入很有限。其次，从支出方向和重点上看，土地资产由政府统一配置，受“GDP政绩观”和事权界限不清等因素的共同作用，多数市县政府在将其用于城市建设、社会事业发展、产业园区时，虽大都在国家法律规章①认可范围之内，对于加速我国城镇化、工业化进程发挥了重要作用，但未必与地方财政本应突出的基本公共服务稳定挂钩，批租收入“活钱”部分的使用，即地方政府可自主支配灵活使用的土地所生之“财”部分，也往往主要是解决“发展问题”，搞投资，直接用于提高基本公共服务水平的支出内容少，改善民生的作用往往有限。从这个意义上说，舆论大有指责之意的“土地财政”，其实际内容有很大成分事实上是游离于财政分配的。

而且，土地出让收入在地区分布上存在着很大差异。按照财政部汇总的《全国土地出让收支基本情况》（2009年）看，全国土地出让收入约2/3来自沿海省份。这一格局势必加剧地区间社会经济发展的不均衡和政府财力上的不均衡，不利于基本公共服务均等化目标的落实。

（三）“土地财政”在加大地方政府调控资源能力的同时，隐含对市场和经济秩序的一些扭曲式干扰与短期行为

必须承认，“土地财政”对于补充地方财力，加速我国城市化、工业化进程，促进区域经济发展，发挥了重要作用。“土地”和“不动产”可带来的丰厚收益，确实已经成为地方政府参与资源配置的主要能动手段。但其负面作用也比较明显，相应的配套体制和管理框架尚无法保证能够防

---

① 《国务院办公厅关于规范国有土地使用权出让收支管理的通知》（国办发〔2006〕100号），《财政部、国土资源部、中国人民银行关于印发〈国有土地使用权出让收支管理办法〉的通知》（财综〔2006〕68号）等。

止政府在运用土地资源中的越位行为（即使在政府性基金预算管理框架下，财力管理的规范性有所提高，但土地所生之“财”扣除成本补偿性支出和规定计提项目支出外，其支配权还是主要在地方政府领导决策人物）。土地可以去融资，去招商引资，在这些行为中，受不当“政绩观”的影响，不可避免出现某些短期行为对市场、对经济秩序的干预。以最近的新一轮产业转移而言，很多企业面向中西部多家政府进行一对多谈判，谁给的优惠多，企业就最终选择谁，而土地往往就是政府的最后筹码，不规范的操作经常出现。国家要求“任何地区、部门和单位都不得以‘招商引资’、‘旧城改造’、‘国有企业改制’等各种名义减免土地出让收入，实行‘零地价’，甚至‘负地价’，或者以土地换项目、先征后返、补贴等形式变相减免土地出让收入”①，但此类现象事实上屡禁不止，城市的几乎所有大投资、大项目背后都有土地的影子。另外，地方政府依靠土地收入构建“融资平台”借债、偿账广泛发生，巧立名目进行了大量融资。按照审计署审计结果，2010年年底，在地方政府负有偿还责任的债务余额中，承诺用土地出让收入作为偿债来源的债务余额为25473.51亿元，比重达38%，共涉及12个省级、307个市级和1131个县级政府。

（四）现行“土地财政”格局难以持续

土地是最为典型的稀缺资源，在我国进入中等收入阶段“矛盾凸显期”后，其稀缺性在工业化、城市化开发中愈益突出。加之我国严格的耕地红线制度，国有建设用地的供应对应于需求必然越来越趋紧张，以土地出让收入独大的“土地财政”格局在地方辖区地皮的自然限制下，必然无法长久持续。加之“一次拿足”机制引发的短期行为和“单打一”凭借土地批租支持地方战略中的扭曲，都会给某些业已抬头的社会矛盾“火上浇油”，增加社会生活中的“火药味”和“维稳”难度，形成发展进程难以为继的制约与威胁。

① 《财政部、国土资源部、中国人民银行关于印发〈国有土地使用权出让收支管理办法〉的通知》（财综〔2006〕68号）。

（一）城市土地国有制的制度安排为“土地财政”提供了既高效又带有“矛盾积累”特征的制度条件

我国宪法明确规定：“城市土地属于国家所有。”这意味着依附于城市土地财产所有权的收益权理应由政府取得。

土地所有权是物权的一种，其主体是土地所有者，客体是土地，它是土地所有制在法律上的表现。土地所有权通常由占有权、使用权、收益权和处分权等四项基本权能构成。如果说土地所有权是一级权能，则占有、受用、收益和处分等权利则是二级权能。二级权能具有相对独立性，它们在一定条件下同一级权能相分离时，一级权能不会因此而丧失。

土地产权由层次不同的多种权能构成，形成具有多层次、多权能的“土地产权束”。对于所有权为国有的城市土地而言，其产权束如图 3－1 所示。

其中，土地所有者拥有的土地收益权是指“依法收取土地所产生的自然或法定孳息和利益的权利。包括收获土地上生长的农作物，收取出租土地的地租等”。当前我国“土地财政”收入的主要来源为土地出让金收入，而土地出让金是国家以土地所有者的身份将国有土地使用权在一定年限内让与土地使用者而收取的地租。因此，在城市土地国有制的制度安排下，政府以土地出让金方式获取出租土地使用权的租金是必然的，相应于此的“土地财政收入”的存在合理合法。

但是，30 余年的资本积累助推城镇化高速发展，要求更多土地要素予以匹配，带来土地需求增加，凸显土地供需矛盾，加之土地资源配置市场化改革已近乎全覆盖，从而使得现实生活中表现出地价不断上涨的大趋势；同时，城市土地国有化的制度安排为政府从土地中获取财政收入奠定了制度基础，也相应表现出土地出让金收入节节攀升的“土地财政”特征。

政府“土地批租”并不首创于中国内地（至少英国和未回归前的香港早有历史上的沿革），但在中国经济社会转轨和快速城镇化进程中，以城市土地国有化制度为支撑，政府高效从土地所有权中筹集收入，支撑城市

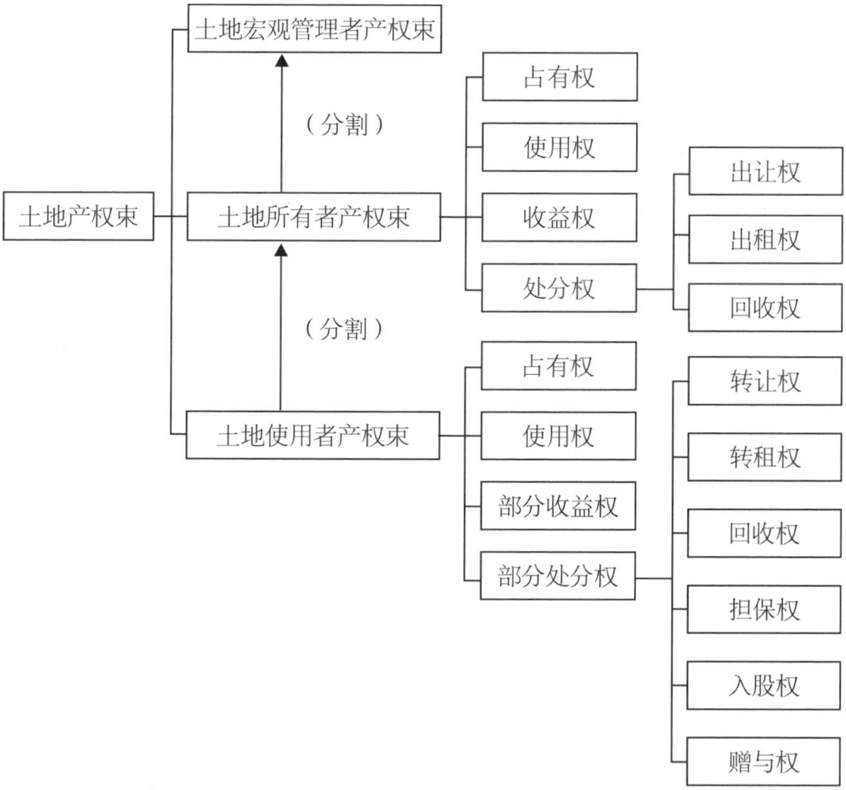

图 3－1　中国国有土地产权束示意图①

化进程和支持"工业反哺农业"与"城市反哺乡村"，不能不说是中国政府在大经济体发展的创新之举。在全球各国进入快速城镇化浪潮阶段，各国政府均面临基础设施等巨大项目的支出、筹资、融资压力，限于税收筹集收入的有限性，各国政府的筹资渠道无外乎两种：一是依靠土地生财，即"土地财政"（如后文中谈及的美国和中国）；二是政府举债。政府大规模举债之弊端已在 2008 年金融危机后欧洲出现的欧债危机中充分显现，而无论是早期以"没收"土著居民土地来筹集城镇化建设资金的美国，还是当今以城市土地国有化作为"土地生财"制度保证的中国，都体现了"土地财政"在政府筹资方面的"高效"和对经济发展负面影响的"最小化"。

① 周诚，《土地经济学原理》，北京：商务印书馆，2003 年版。

同时，我们又不可回避的是，这种快速、高效的“土地生财”机制在中国现实生活中，因法治化、民主化进程滞后，财税有效制度供给不足等而引发的矛盾亦快速积累起来，一系列强拆强征行为及因此导致的积怨上访、官民冲突和伤亡事件时有发生。

（二）现行财政体制导致地方政府过度依赖“土地财政”

1. 政府间支出责任划分不够明确，政府支出边界不清晰，公共服务相关的权、责、利制度安排不到位

从1994年分税制改革以来，从中央到地方优化体制的内在逻辑是形成事权合理化基础上其与财权、财力的顺应关系。但目前事权的界定、支出责任的划分依然进步有限，政府和市场的边界不清晰，各级政府间的事权和支出责任不清晰。我国宪法和有关法律法规对各级政府的事权只做了原则性规定，政府间支出责任的具体划分缺乏法律依据。现行财政管理体制对各级政府的基础设施和基础产业建设，支持农业、文教科卫等事业发展方面的支出责任的划分尚不具体，在实际执行过程中出现大量的交叉、重叠、错位问题。各地省、市、县、乡政府间支出责任划分更为模糊，地区之间差别较大，基础教育、医疗卫生等最基本的公共服务以及农业等法定支出主要由县乡政府提供，县乡支出责任偏大。因此，基本公共服务均等化的贯彻落实中相关的政府间权、责、利的制度安排并不到位。

2. 专项转移支付无助于提高地方政府可支配财力，专项的配套要求过多却增加了地方财政支出压力

我国的转移支付制度建设已取得显著进展，但迄今专项转移支付仍占据很大比重。一方面，专项转移支付并不形成地方政府的可支配财力，另一方面，专项转移支付中所要求的地方专款配套过多，加重了地方财政的负担。尤其在欠发达地区，“配套”要求其实是逼着地方弄虚作假和“刮地皮”，负面影响很大。中央级专款是贯彻中央层面的政策意图的重要方式，但是，专款配套目前却缺乏规范的设计程序和统一政策，一些部门自行出台配套要求，迫使不少地方挤占正常财政支出，而一些中西部地区的基层财政不得不向银行和非金融机构借款配套，土地则成为抵押物。此外，中央或省级一些部门要求地方对农业、教育、科技、计划生育、社会保障、文体、卫生等的有关支出要高于财政经常性收入的增长或达到财政支出的一定比例，肢解了地方政府的财政分配自主权，也影响了地方财政预算的统筹平衡。

3．省以下财政体制还不完善，分税制尚未贯通

现行省以下财政体制存在一些明显需要改进的方面。一是省以下各级收入划分很不统一，五花八门、复杂易变，影响了统一市场机制功能的发挥。目前，省以下分税制尚未贯通，在收入划分方面“因地而异”，不少地区仍然保留一些按企业隶属关系划分收入的做法，客观上影响了企业之间的公平竞争与生产要素的合理流动，不利于资源的合理配置和产业结构的优化。二是基层财政保障能力仍然较弱。2005 年实施“三奖一补”政策后，形成了中央与地方各级政府共同缓解县乡财政困难的机制，调动了县乡基层财政的积极性，基层财政困难有所缓解。但是，县乡财政总体支出水平仍然偏低，特别是随着近年一系列民生政策的出台和相关支出标准的提高，一些县乡的财力仍然捉襟见肘，基层政府对于义务教育、农业、医疗卫生等民生支出重点的保障力度仍然明显不足。

（三）税制存在缺位、滞后现象，客观上使“土地财政”的畸重畸轻普遍发生

1．地方税体系建设迟迟不到位

现行税制是 1994 年配合分税制财政管理体制出台的。1993 年党的十四届三中全会就明确提出，要“建立中央税收和地方税收体系。充实地方税税种，增加地方税收入”。但是，20 多年过去了，我国的地方税体系建设仍然没有明显进展，从目前来看，五级政府间的收入划分主要是以共享收入为主，增值税、所得税、资源税等大宗税种均已共享。从长期来看，这并不利于分税制财政体制基本框架的稳定。级次越低的政府，越是缺乏稳定增长的主体税种，过长的收入划分链条延至县乡两级，财源的规范性和支撑力已相当低下。“营改增”前，在地方的税收收入中，大宗税种仅有营业税（2010 年营业税收入占地方税收收入的 34%，占地方本级预算

收入的 27%）。由于营业税容易形成重复征税，不利于产业分工细化，2016 年 5 月 1 日起，我国全面推开“营改增”试点，至此，营业税退出历史舞台。虽然国务院已针对地方政府减收情况，制定了暂时调整增值税收入在政府间的分享比例的过渡期政策，但从长期来看，设置、培养后“营改增”时期的地方稳定税源，构建可持续的地方税体系的任务迫在眉睫。

2. 土地税制设计明显滞后，不动产保有环节的税制缺位是重大缺陷

靠土地生财本无可厚非，但是，如何生财却有科学性、规范性的内在规律。我国税制改革在土地和不动产领域明显滞后，特别是保有环节的税制缺失和城镇化、工业化飞速发展的现实极其不相适应。我国城镇土地使用税设立时间是 1988 年，房产税设立时间是 1986 年，耕地占用税设立时间是 1985 年，土地增值税设立时间是 1994 年，契税设立时间是 1997 年，设立时间最短的税种距今也已有 20 年，而我国国有土地资产管理与土地市场建设的飞速发展，却是在近 10 年来发生的。1998 年修改的《中华人民共和国土地管理法》和颁布的《中华人民共和国土地管理法实施条例》确立了土地用途管制制度和土地有偿使用制度，此后，土地的市场化配置范围不断扩大，土地收购储备制度广泛实施，国有建设土地使用权招标、拍卖、挂牌、出让逐步推开，国有土地管理制度体系不断改进。但是，税制方面没有相应地跟进和调整。2004 年，国务院出台《国务院关于深化改革严格土地管理的决定》，提出“在加强耕地占用税、城镇土地使用税、土地增值税征收管理的同时，进一步调整和完善相关税制，加大对建设用地取得和保有环节的税收调节力度”，但迄今并无大的进展。上海、重庆 2011 年“先行先试”的房产税改革，代表着在不动产保有环节构建属于直接税的财产税制并以其覆盖一部分非经营性消费住房的方向，内在逻辑是打造地方税体系中的主体税种并使之形成与地方政府职能合理化、行为长期化的内洽机制。这一改革要修成正果，可能还需待以时日，但其大方向应当充分肯定。

在总体上已经滞后于国有土地管理形势发展的同时，税制下一步还将面临房地产市场新情况的挑战。随着城镇化、工业化推进和国有建设用地的逐步减少，农村集体建设土地流转是大势所趋，而从严格意义上说，此环节上的税制还处于空白。

当前较为迫切且能够有所作为的一大改革事项，是统筹房地产税费制度改革，整合、协调、均衡在土地出让、房地产开发、交易、保有环节的各种税费。从减缓“土地财政”负面效果来看，房地产税更具有一种平抑地方政府“圈地卖钱”动机、激励地方政府“养地升值”积极性，进而提高我国城镇化过程中稀缺土地资源利用率的特别重要的意义。同时，它对完善地方税体系，改变土地利用粗放模式，提高直接税占比，缩减收入（财产）分配差距，培养辖区、社区层面的依法理财、民主理财机制等均具有非常重要的意义。

专栏二：土地国有制下开征房地产税不存在法理障碍①

关于房地产税，目前国内仍有不少人认为在城市土地国有化制度安排下，开征房产保有环节的房地产税存在法理上的障碍，认为政府已经收取了土地出让金，不可以再征收房地产税。实际上，政府收取土地出让金和房地产税的身份不同，政府以所有者身份收取土地出让金，而以管理者身份征收房地产税，二者并行不悖，不是“二者必取其一”的排斥性选择关系。政府这两种身份既有国际经验可借鉴，也有本国自身改革案例可援引。从国际经验（如工业革命的发祥地英国）和海外经验（如香港地区）看，房地产税可以对私有土地、公有土地一视同仁地全覆盖。比如，英国的土地可区分为中央政府持有、地方政府持有、公共组织持有以及私人持有等。从划分标准上，英国土地主要分为两种：一是无条件持有土地（Freehold Land），实质上就是终极地权与地上“用益物权”一致，包括土地私有情况；二是契约持有土地（Leasehold Land），即根据地契的年期确定可持有该土地使用权的年限，在英国这种持有年期最长的可达999年。然而，无论土地所有权存在怎样的区别，保有环节的房产税对英国国土范围内土地的全覆盖是毫无疑义的。这种情况实际上已经说明了中国当前社会上广泛流行的如下说法并不成立，即：“国外房产税征收的前提是土地

① 节选自贾康、梁季，《中国市场化、城镇化历史进程中的“土地财政”与土地制度变革（下）》，《中国发展观察》，2015年第7期。

私有，而我国土地为国家所有，再征此税存在法理上的硬障碍。”

此外，我国改革实践中国有企业“利改税”的自身经验也可援引：虽然终极产权是国有的，但掌握使用权的主体（不论企业或是个人）是具有自身相对独立物质利益的主体，根据客观需要完全可以在通过立法程序后，以税收手段对利益主体的利益情况施加调节，以利公平竞争或优化再分配。1983—1984 年的改革要求国有（“国营”）企业与其他企业一样上缴所得税，逻辑上同样面临自身财产终极所有权属于国家而在此基础上仍要向国家缴纳所得税的问题。政府要求国有企业上缴利润体现其所有者身份，而要求国有企业缴纳所得税是其管理者身份的体现。基于企业所有权与经营权可适当分离及对于国企作为“具有相对独立物质利益的商品生产经营者”身份的认定及以调节机制施加于这种利益关系之上的必要性的认定，才形成目前国有企业缴纳企业所得税和利润并行的格局。立足现今而回顾历史，已可清晰地知道：当时要发展商品经济（即市场经济），就必须抛开所有权终极归属而正视“所有权与经营权的分离”，首先将所有不同性质的企业放入一样的政策环境里去公平竞争。所有的企业自身毕竟都有相对独立的物质利益和运营机制，这与企业姓“国”姓“私”无关，只要是在市场经济条件下运行，就应当一视同仁地进行税收调节。其后，则应有“资产收益（利润）”分配环节的另一道调节机制（“税利分流”）。

由此可见，如果挣脱“民粹主义”情愫绑架，对所谓“房地产税存在法理上的硬障碍”这一观点进行理性思考，那么，房地产税在英国的实践以及我国国企“利改税”改革的实践，至少可以为我们带来这样的启示：第一，英国等的实践表明，保有环节房地产税对于一国范围内土地的全覆盖并不应以土地所有权不同为由而予以否定，在土地不同所有权的基础上，该税种面临的应当是“如何设定权变因子而区别对待”的问题，而不是“是否开征”的问题；第二，我国国企“利改税”改革表明，以国家为主体的税收分配，并不会因为其纳税主体的土地财产终极所有权属于国家而放弃其在市场经济体制下对该纳税主体进行的调节；第三，归根结底，税种产生与发展的合理性，仅通过舶来的模式或表象的形式而判定是与非显然不尽合理，应当探究该税收制度下，作为其理论支撑的思想所阐发的其对经济发展、社会进步意义的逻辑是否成立、是否可行、是否有效，而在此思想与理论基础上派生出的制度，可考虑通过比较分析，从卓越者中汲取精华而合理地、创造性地借鉴，方能因地制宜、行之有效。

（四）地方政府短期行为：“土地财政”在现实中的扭曲表现

“土地财政”在现实中的扭曲表现主要有：地方政府短期行为、征地纠纷、过度土地抵押融资而导致的地方政府财力生成过程的不可持续、难以为继，等等。如果按照去伪存真、舍末求本的研究方法来分析其背后“扭曲”的逻辑，便会发现：第一，转型、赶超和快速城镇化进程中，我国地方政府事权范围较为广泛，这无疑对政府的支出责任提出了较大挑战和更高的要求，收支矛盾也较为尖锐，这是“土地财政”面临的最大的现实和前提。第二，在政绩考核、重视工业发展以及地方政府间竞争的驱动下，政府倾向于以零地价或低于成本价的方式出让工业用地，相应将工业用基础设施投入的成本压力转移给商用和住宅用地。公共选择理论认为，政府只是一个抽象概念，现实中由政治家和官员组成的政府同样会追求个人利益最大化。近年来上级政府将地方经济增长率和招商引资额作为衡量地方政府“政绩”的硬性指标，关系到政府官员的升迁，而通过廉价的土地招商引资来推动地方经济的增长是彰显政绩的有效捷径（张立彦，2007）。地方经济增长率和招商引资关系到政府官员的切身利益，而通过土地出让获取高额土地出让金可以使地方政府财政利益和官员利益极大化，因此导致大量批租土地成为地方政府盲目扩大城市建设规模和搞政绩工程的首选（张青，胡凯，2009）。第三，长时间内不允许地方政府发债和房地产保有环节的税收制度缺失，限制了政府融资的途径和未来预期，政府只能通过操纵土地供应总量、结构以及时间窗口等手段最大化当期利益，最大化商用和住宅土地出让收入；利用土地作为抵押物做不规范融资，忽视“养地升值”机制。第四，土地出让收入资金管理不规范导致资金使用随意、浪费，产生腐败。第五，法治化进程滞后，征地拆迁无统一规范、有法律依据的规则可循，在“讨价还价”中征拆双方的权利和利益往往无法得到有效保障，局部出现的不规范行为（政府强拆、钉子户、被黑社会利用）被传播效仿，成为双方保证自身合理合法利益、争取“超待遇”的常态手段，其最终结果是征拆双方当事人的基本权利均无法得以保障，不满情绪不断发酵并最终激化，引发具有负面影响的社会事件，并总体上“攀比”式推高土地开发综合成本。

二、隐性负债：潜规则与融资风险

（一）“潜规则强制替代明规则”形成地方政府隐性负债

政府负债是现代市场经济国家的普遍现象，与现代国家治理的机制建设和能力提升具有内在关系。根据经典的经济和财政理论，在市场经济条件下，政府应当行使资源配置、收入分配和稳定经济等职能。为完成上述职能，必须通过法定的程序赋予政府一定的事权和财权。所谓事权，就是提供公共产品与服务、逆经济周期相机调控、健全社会保障等；所谓财权，既包括征税权，也包括举债权。

从市场经济多年发展的实践经验看，世界各国几乎无一例外要由中央政府通过举债为基础设施建设、公共事业发展筹措一部分财力，并以公债的发行配合宏观政策来力求熨平经济周期波动、引导结构优化、促进经济社会发展。不仅有中央政府发行的国债，不少国家的地方政府也可依法发行地方债。据有关部门统计，在世界 53 个主要的样本国家中，有 37 个国家允许地方政府举债，如美国、日本、法国、德国等。一些基础设施建设项目，如公路、铁路、市政设施、城市轨道交通，投资量大，投资期长，发挥作用的时间段也长，其效益具有很强的代际转移特点，完全依靠当期财政税费收入难以解决；而债务具有代际偿还的特征，通过适度举债建设，可以兼顾经济社会发展和财政收支的长期均衡，平滑处理公共工程支出负担，有机结合公平与效率，更好地造福于公众。随着经济发展，经济总量增加，政府负债的绝对规模一般也呈增长之势，而公债风险的防控主要看负债率（公债余额与 GDP 之比）等相对数指标，所以从某种意义上讲，连续滚动的公债发行与到期还本付息的周而复始以及公债绝对规模的上升，使得政府“借新债还旧债”成为一种现代经济生活中的常态机制。

我国作为社会主义市场经济国家，自改革开放以来，经济社会快速发展，工业化、城镇化水平不断提升，早已改变了传统体制下标榜的“既无内债，又无外债”方针。适度举债进行基础设施和公共工程建设，熨平经济周期波动，促进城镇化和城乡一体化经济社会发展，是十分正常的，也是很有必要的。当然，由于地方债法规和制度建设一度明显滞后，“潜规则强制替代明规则”形成的地方政府隐性负债数额也已很大，亟须“阳光化”，积极推进相关制度和风险防范机制的构建。这也成为新的挑战与考验，需要各方予以高度重视。按照党的十八届三中全会《关于全面深化改革若干重大问题的决定》精神，《中华人民共和国预算法》的修订对地方政府的举债制度进行了积极完善，体现了在法治轨道上的兴利除弊。

所以，对于政府性债务，我们需要从全局、总体的视角辩证地、历史地、发展地看待，大可不必“谈债色变”，视政府债务为洪水猛兽。有债务不一定意味着存在风险失控问题，低债务也不一定意味着绝对安全，关键是把握好度，抓好相关的制度、机制建设，特别是现代财政制度中应有的公债风险监管、防范、化解的制度体系和机制，充分发挥公共债务的积极作用，将其负面作用控制在最低，将其风险控制在可承受范围内。

2009 年后，正式的“地方债”在中国已登堂入室（尽管还附带有中央政府“代理还本付息”这种隐性担保），但这只是地方负债中的一小部分，大量的地方负债是以隐性举借的方式，在各地方政府操纵下借助地方融资平台等机制形成。事实上，中国地方政府负债产生于经济社会转轨的背景之下，由来已久、为数巨大，近些年在政策扩张期又迅速扩大了规模。从增长幅度看，由于应对亚洲金融危机和世界金融危机的客观需要，地方政府负债于 1998 年和 2009 年两次出现大幅上升，年均增速分别由 1997 年的 24.8% 提升至 1998 年的 48.2%，由 2008 年的 23.5% 骤升至 2009 年的 61.9%。与地方隐性债相比，审计之内的正式“地方债”只占很低比重。眼下，全国 7000 余家融资平台债务正构成大量地方隐性债务风险。

隐性债务的主要弊端在于不透明、不规范，以“潜规则强制替代明规则”的方式运行，不利于防范风险。现阶段，上述弊端已成为隐性债务的最大风险。原因在于，在有效制度供给不足的情况下，虽然地方债曾在多方面产生了积极作用，一定程度上填补了地方税体系贡献不足的空间，但以隐性方式出笼，势必带来风险防范机制的不到位和资金使用低效等问题。一旦风险聚集越过临界点，威胁到经济社会的和谐与安全，则只能以“灭火”的应急方式去平息事态，结果将对政府公信力造成极大损害，并可能需要以极大的代价来换取社会常态的恢复。

（二）地方政府债务的成因分析

我国地方政府债务的存量形成有其深层次的体制性和政策性原因，而且其中的体制性原因还将在较长时期内影响债务增量的发生。在新《中华人民共和国预算法》实施前，尽管法律对地方政府不得在财政运行中开列赤字、不得发行地方债券、不得提供担保等地方财政行为有着明确的规定，但省、市级地方政府早已通过注册成立各种名目的投资公司或建设公司等，搭建融资平台向金融部门借款或向社会发行企业公司债或项目债。表面上看，地方政府负债有许多理由，诸如为了加快城市基础设施建设、兴建大型公益项目、改善市容市貌等，其中有加快一方经济发展的良好用心和现阶段分权框架内的必然性，但也带来了不规范形式下地方实际公共风险的累积。透过现象分析地方政府负债的深层次成因，无外乎两个方面：体制性原因和政策性原因。

1. 体制性原因

体制方面的原因主要包括三个方面：财政体制、投融资体制和行政管理体制。

第一，财政体制。1994 年我国实施了分税制改革，在收入层面相对规范了中央和地方之间的分配关系，初步建立了分税制财政体制。但是，这一体制并没有在财力与事权相匹配方面得到有效的完善，在省以下并未真正得到贯彻，而是演变成为复杂多样、五花八门、一地一率、讨价还价的分成制和包干制。这种不规范的省以下的分成制与包干制，成为地方负债的财政诱因。一方面，中央与地方之间的事权划分并不清楚，农业、交通、水利、教育等诸多重要的支出项目都是由中央和地方共同承担的，地方政府的支出责任总体上仍显模糊，但在具体场合又往往在不断强化，超出其财政能力的支出压力，迫使地方政府不得不负债维持运转。另一方面，省以下四级地方政府间的财政体制较普遍地带来财权重心上移而事权重心下压，在省以下政府间支出责任划分模糊不明的同时，基层县乡政府缺乏稳定可靠的收入来源，其可支配财力明显不足。尽管中央财政近年来加大了对下的转移支付规模，但省以下体制的规范性太弱，省对下均等化的转移支付规模偏小，力度不够，仍然不足以解决问题。这是地方债务形成的重要的体制性原因。

第二，投融资体制。目前我国仍处于向市场经济过渡的转轨阶段，原有的政府投融资体制已经打破，新的适应市场经济要求的政府投融资体制和政策性金融体系都迟迟未能成型。许多地方政府投资范围过宽，不仅涵盖公共产品和服务领域，而且在营利性和竞争性领域并没有实施应有的退出，在许多地方仍然是保运转的“吃饭”财政背景下，大规模的城市基础设施建设和对其他项目的支持也就必然导致地方政府背负巨额债务。地方政府超常规进行城市建设的深层次原因既有“政绩考核”方面的驱使，也因为城市建设和开发可以带来很大的经济利益。一方面，二元经济结构中城市是引领整个经济快速发展的龙头，增加对城市基础设施的投资可以对GDP增长有更加直接的拉动作用，能有效缓解城镇越来越大的就业压力，而且，通过城市固定资产投资可以明显改善投资环境，增加对外来资本的吸引力，促进地方经济发展。另一方面，大规模基础设施投资还可以使城市土地得到大幅度升值，增加地方政府的财力，缓解财政一般预算的紧张状况。在巨大经济利益的驱动下，许多城市发展规划一再扩展，城市规划定位一再提高，城建规模快速膨胀，城建投资也高速增长。尽管财政性资金对城市基础设施建设投入规模不断增加，但仍然满足不了城市大规模建设所带来的庞大资金需求。根据财政部对全国65个大中城市建设的财政性资金来源调查，1997年各种用于城市投资建设的财政性资金来源总量只有190.19亿元，2004年这一数字增长到965.64亿元，共增长4倍多，而同期城市建设负债却以每年50%的增速高速增长，增长了25倍多。

第三，行政管理体制。地方政府负债的另一个深层次原因是相对于经济体制改革，政府的行政管理体制改革进展缓慢，政府职能转换不到位，“越位”与“缺位”问题并存，客观上成为政府投资行为不规范的体制性原因。由于缺乏健全的约束机制，片面的发展观和政绩观直接引致地方债务的膨胀态势，主要有以下几个方面的突出表现：其一，重视 GDP 和财政收入，轻视整体规划和产业布局。由于政绩考核对 GDP 和财政收入的增长的要求，导致地方干部的投资行为更看重能够拉动地方 GDP、创造财政收入的产业和项目，从而忽视了地方经济发展的整体规划与产业布局。其二，重视资金投入，轻视效益评价。由于任职审计等监督措施并没有形成完善的政策体系，一些地方领导急于在任期内表现“政绩”，导致地方政府领导干部行为短期化，热衷于搞“短、平、快”的建设项目，发展规划和项目立项都缺乏科学严谨的论证。急功近利的短期政府行为导致投资效率明显偏低，前期缺乏必要的可行性分析，建成后因条件、环境变化导致开工不足甚至无法进入常规运行状态的现象也不是个案。其三，重视建设标准，轻视负担能力。一些地方发展经济沉溺于“大而全”，超标准建设，既脱离现实需要，又没有偿还保障。政府大量举债投资兴建的一些政绩工程和形象工程大而无当，不切合实际。

总之，机制转换和体制改革的相对滞后，加上地方可用财力不足的压力，不仅使预算法禁止地方财政负债的“明规则”被事实上的普遍负债这一“潜规则”强制替代，也催生了地方干部扭曲的负债观，即借债不怕还钱、自己借别人还、不还钱还能借到钱的错误逻辑，进一步助长了地方政府的盲目举债。

2. 政策性原因

国家的宏观经济政策也与地方政府债务有关，这些政策性原因既有经济转轨过程中政策转型导致的地方政府负债，也有外部经济环境发生变化带来的政策性负担，还有欠发达地区为执行国家统一的公共服务标准而背负的债务。与前面体制性负债不同的是，形成这些债务的原因（宏观政策调整）并不是地方政府的主动行为，完全由地方政府背负政策性负债也不尽合理。

（三）地方政府债务风险总体可控，局部地区风险较高

2013 年 6 月 10 日，审计署公布了 36 个地方政府本级 2011 年以来政府性债务情况的抽查结果。截至 2012 年年底，36 个地方政府债务余额为 38475.81 亿元，比 2010 年增加 4409.81 亿元，增长 12.94%。审计结果显示，地方政府变相举债融资资金合计 2180.87 亿元，占这些地区两年新举借债务总额的 15.82%。而变相举债融资的手段不仅包括信托贷款、融资租赁以及售后回租，还包括发行理财产品、BT（建设—移交）、垫资施工甚至违规集资。这些融资方式隐蔽性强，不易监管，蕴含新的风险隐患。对 36 个地方政府的抽查结果还显示，地方政府性债务过度依赖土地出让收入、融资平台虚假出资、违规取得债务资金等问题依然存在。

截至 2015 年年末，全国政府债务为 26.66 万亿元（其中纳入预算管理的中央政府债务为 10.66 万亿元，地方政府债务为 16 万亿元），占 GDP 的比重为 38.9%。如果考虑地方政府或有债务（即政府负有担保责任的债务和可能承担一定救助责任的债务），并按照 2013 年 6 月审计署匡算的平均代偿率估算，那么 2015 年全国政府债务的负债率将上升到 41.5% 左右。上述债务水平低于欧盟 60% 的警戒线，同时也低于当前主要市场经济国家和新兴市场国家水平，如日本、美国的政府债务负债率分别超过 200% 和 120%，法国、德国、巴西的政府债务负债率分别在 120%、80% 和 100% 左右。如果按债务率（债务余额 ÷ 综合财力）衡量，2015 年年末地方政府债务负债率为 89.2%，低于国际通行的 100% ~120% 警戒线。在努力实施地方政府存量债务置换等措施后，我国 2016 年年末地方政府债务余额为 15.32 万亿元，相当于当年 GDP 初步核算数 74.41 万亿元的 20.59%。同时，地方政府或有债务在法律意义上仅限于为使用外国政府或国际经济组织贷款进行转贷的担保债务，得到了最为严格的控制。

但同时也应注意到，部分地区地方政府债务风险较高。截至 2015 年年底，全国已经有 13 个省份的债务率超过了 100% 的国际警戒线，债务率最高的省份甚至达到了 200% 左右。财政部在对 2014 年和 2015 年地方政府债务进行风险评估预警时，将 97 个市本级、342 个县级列入风险预警名

单，将13个省本级、133个市本级、478个县级列入风险提示名单。

总体判断，我国还处于发展的战略机遇期，未来经济仍将保持中高速增长，经济持续发展会带来财政收入的增加，这为我国政府债务风险防范奠定了重要的基础。除财政收入外，中国地方政府拥有固定资产、土地、自然资源等可变现资产，可通过变现资产增强偿债能力。此外，地方政府性债务中还有很多属于支持具有经营性质的项目产生的债务，这些项目本身也能产生收益偿还债务。因此，从财政能力和地方政府资产角度来看，中国地方政府性债务风险总体可控。

专栏三：地方政府债务管理的国际经验借鉴

美国、日本、法国、德国等发达国家的地方政府融资体系都很发达，地方债已成为政府公债的重要内容。随着市场经济的加速发展，一些新兴的工业化国家和其他发展较快的发展中国家的地方债务规模不断膨胀，对社会经济的影响也不可小觑。本部分对美国、日本等发达国家，新兴工业化国家韩国，具有代表性的发展中国家巴西和哥伦比亚等的地方政府债务管理情况进行梳理分析，进而提出完善我国地方债务管理的有益借鉴和启示。

（一）美国地方政府债务管理情况

美国是一个市场经济制度比较完善而且财政经济实力强大的联邦制国家，州和地方政府拥有自身的财政体制，同时得到联邦政府的大量财力支持。州政府的大部分收入来自于销售税和所得税，地方政府则主要依靠房产税。

（1）地方债的规模和构成。美国地方政府主要通过发行市政债券、银行借款和融资租赁等形式进行债务融资。其中，市政债券是美国地方政府债务融资的最重要形式。美国是发行地方公债较早的国家，也是地方债务规模较大的国家。20世纪60年代以来，美国地方政府债务呈大幅度增长趋势，债务规模与地方政府的经济和财政收入规模一直保持着相对稳定的比例。对地方政府而言，地方市政机构承担的直接债务比例较低，因政府担保而形成的或有债务比例较高。

美国州与地方政府发行的短期债券按其用途可分为预付税款券、预付收入券、城市改造工程债券等。预付税款券和预付收入券这两种债券都是为弥补州和地方政府财政收支不同步所产生的差额而发行的。城市改造工程债券是城市改造机构为城市改造工程筹集短期资金所发行的短期债券，这种债券一般由州和地方政府做担保。州和地方政府公债的绝大部分是一年以上期限的长期债券，典型的有10年、20年甚至30年。从历史上看，长期债务占美国地方政府债务的90%以上。长期债券包括普通责任债券和收入债券。普通责任债券依据发行者的信用，即税收来偿付债务和利息。收入债券依据政府企业某项特定的收入来偿付债务及利息。地方公债几乎全部由居民户、基金机构、商业银行和保险公司购买。

（2）地方债务管理的预算制度体系。加强预算管理和预算约束力，是有效控制地方政府债务规模膨胀的最主要手段。经过长期的探索，美国已经形成了一套比较行之有效的加强地方政府债务管理的预算制度体系。

在美国，几乎各州的宪法或法令都要求实施平衡预算规则，即先由州长递交平衡预算执行议案，在经过州立法机构通过后，由州长签署发布。除印第安纳、得克萨斯、佛蒙特、弗吉尼亚和西弗吉尼亚等5个州外，其他45个州都要求州长每年向立法机关递交平衡预算议案，其中，15个州的宪法和法令对此都有明确要求，其余30个州则只在宪法或法令中做出了规定。第二级次的财政限制体现在州立法机关颁布的平衡预算法案上。目前，美国41个州有此要求，其中，11个州的宪法和法令都有明确要求。倘若预算执行过程中出现财政赤字，州政府可以举债，并将当前赤字转到下一财政年度。由于财政年度末期没有限制性财政约束，这些州在法律上讲允许出现赤字，这是另一类型的“事先规则”，有8个州施行该规则。第三级次的限制是允许州政府年末有赤字，但必须反映在下一财政年度的预算中，并确保能够偿还，这种规则被称为“事后规则”，有10个州施行该规则。平衡预算规则中最严格的限制是立法机关颁布平衡预算法令，要求预算执行中出现的赤字必须在财政年度末期予以消化，并禁止结转到下一年度。政府借债只允许在预算周期中出现。这种“事后规则”对平衡预算有严格的要求，它在美国的35个州中施行。美国平衡预算规则的长期实践表明，缜密的预算规则及其强有力的执行机制有助于规范地方政府财政支出，减少或避免地方政府的过度支出行为，防止地方政府过度负债。

（3）地方财政风险预警与防范机制。美国在处理地方政府财政危机的实践中积累了丰富的经验，形成了较为健全的地方政府债务风险预警和控制机制。譬如，宾夕法尼亚州《一般地方法》第30章（即《地方复兴法案》）就明确提出如何防范地方财政危机。《地方复兴法案》对各相关主体的权力和职责，对地方财政危机的确认、紧急财政援助的启动以及对地方财权和财力的必要整合等方面，都做出了明确规定。如对地方财政稳定状况做评价时应考虑如下标准：地方3年以上出现赤字，并且过去每个财政年度赤字率为1%以上（含1%）；地方支出超过收入达3年之久或更长；地方拖欠债券或票据的本金或利息支出；地方有30天拖欠工资；地方有30天没有按照指定日期支付债权人开支；地方与债权人谈判，要求对超过债务的30%进行调整，但谈判没有成功；连续两个年度地方赤字率累计为5%或者更高；地方没有根据《地方养老金计划筹集标准和复兴法案》的要求，在规定的期限内支付最小范围内的养老金支出，地方可以根据《破产法》第9章的规定对其债务进行调整；地方征收用于一般用途的不动产税收入达到最高要求，而地方服务数量明显减少等。俄亥俄州等也建立了较为健全的风险预警机制模式，《地方财政紧急状态法》中详尽规定了风险预警监控体系、危机化解机制的操作程序。

（4）地方债务信息透明，注重市场监督引导作用。美国通过制定和完善相关法律法规，加强法律约束，提高地方政府发行市政债券的透明度。美国州与地方政府必须遵循政府会计准则委员会在《政府会计、审计和财务报告》（1983）中确立的政府债务报告基本准则，记录和报告政府债务。在市政债券存续期内对于城市财政和法律状况发生的任何重大变化，市政当局都必须及时披露相关信息。1989年，证券交易委员会通过修订《证券法》的有关规则，进一步提高市政债券信息披露的质量和及时性。为了进一步预防市政债券市场的舞弊行为，证交会分别于1990年和1995年采用了新的市场交易披露原则，要求市政债券发行人和使用人及时、定期更新披露信息。这些信息的公开披露大大改善了市政债券信用风险判断所依据的信息状况。此外，在地方债务管理中，注重发挥市场的监督引导作用，如在资本市场筹资时，美国州和地方政府必须接受信用评级机构的监督，评级结果影响政府的债务成本。

（5）美国橘县政府破产事件的案例分析与启示。在市场条件下，地方政府不是无限的政府，一旦财政开支严重不当，举债无度，就会破产。美国曾发生多次地方政府因举债过多，无力清产债务而申请破产的事件，这些事件对我国加强地方政府债务管理不无启示意义。

美国加利福尼亚州南部的橘县曾于1994年12月宣告财政破产。橘县是位于美国加利福尼亚州南部的一个县，全县GDP达1180亿美元，人均收入7万美元。然而，这个富裕县在1994年12月6日却不得不宣布财政破产。导致橘县政府破产的原因在于，主管橘县财政税收和公共存款的司库Robert Citron向各方贷款140亿美元用于对利率波动极为敏感的衍生品进行投资，由于判断失误，结果投资失利，造成橘县财政损失17亿美元，超出了政府财政的承受能力，发生支付危机，橘县政府只好宣布破产。

橘县政府宣布破产后，联邦政府和州政府认为，橘县破产的根本原因是当局对财政管理不善，于是要求橘县政府自己去解决问题。破产后橘县政府采取的整合措施主要有：①宣告破产后，政府改组并成立了危机处理小组。②削减政府雇员，紧缩开支。橘县政府裁员12%，该县17000名公务员被裁减2000余人，以节省工资支出。③压缩固定资产投资和削减公共服务项目。许多重要建设项目不得不推迟，除保障学校等公共事业和警察开支外，其他公共服务项目均被削减或拖延。④通过谈判延长还款期限。新的县政府就新的还款协议与债权人进行谈判，请求延长还债期限，承诺以县政府未来若干年内的地方税收偿还债务。上述各项紧急措施在短期内顺利发挥了作用。8个月后，橘县结束了危机状态，脱离破产，恢复了正常。

2008年，美国阿拉巴马州杰弗逊县政府宣布破产，原因是该县政府公共基础建设开支浩大，且多名官员涉嫌贪污，造成财政积弊深重，总计财政负债高达32亿美元。由于杰弗逊县政府短期内解决危机无望，因此向阿拉巴马州政府提交了破产申请。此外，美国纽约州政府曾多次濒临破产。

美国橘县政府等地的财政破产案例给了我们如下启示：一是要加强地方政府债务管理，严格控制债务风险，建立地方政府的财政风险预警机制，并且要将这种机制和审计与地方人大监督紧密结合起来。二是面对地方政府的财政危机和破产，上级政府以及中央政府要谨慎利用援助手段，首先应要求地方政府以自力更生、自我救助为主。

（二）日本地方政府债务管理情况

日本是实行地方自治制度的单一制国家。1879年，日本确立了“举借地方政府债务必须通过议会决定”的原则，1888—1890年先后颁布《市制及镇村制》《府县制》《郡制》，地方政府债务管理制度不断完善。1940年，日本首次实行地方政府债务年度总额控制，发债主体以大城市为主，发行对象为实力雄厚的大银行及信托投资公司。日本早在明治三十二年(1999年)的法律条文中，就承认了府县一级政府的举债权，但举债的具体事项，如举债额、偿还方式等需经内务大臣和大藏大臣批准。目前，日本地方政府债务的发行主体为都、道、府、县以及市、町、村等，此外，日本地方自治法也赋予了特别地区、地方公共团体联合组织以及地方开发事业等特殊地方公共团体举债权。

（1）地方债的规模和构成。日本的地方政府债务总体规模较小，政府债务主要集中在中央，地方政府借款约占地方政府总收入的9%。日本地方债券分为地方公债与地方公企业债两种基本类型。地方公债是真正的政府债务，表现为地方政府的直接债务；而地方公企业债既具有部分政府债券的性质，也具有部分企业债券的性质，因此，并不构成政府的直接债务，但无疑是政府的或有债务。日本地方公债和地方公企业债的比例大致为5∶1。地方政府债务主要有两种举借方式，即发行债券和借款。发行债券有公募和私募两种方式，1979年前大多数都是以私募方式发行，1979年以后公募方式的使用开始增多；发行对象以金融机构为主；债券面额以1万日元、10万日元、100万日元为主，大多为付息债券，债券利率通常参照同期限的国债利率制定，同时，私募债券利率要略高于公募债券，原则上不可上市流通。1972年7月以来的地方政府债券都是以10年为偿还期，采用抽签方式还本，每半年偿还一次，每次偿还发行额的3%，每年付息两次，享受一定的税收优惠。

（2）地方债的资金来源与用途。日本地方政府债务的资金来源主要包括中央政府、公营企业金融公库、银行和其他资金等。中央政府资金主要包括资金运用部和简易人寿保险资金两类，其中，资金运用部的资金来源为邮政储蓄资金及厚生年金、国民年金等中央事业类特别会计的积累基金和结余资金等；简易人寿保险的资金来源是邮政部门利用邮局网点开展简易人寿保险制度的闲置资金。公营企业金融公库资金是专门针对地方公营企业提供的融资资金。银行资金主要是日本城市银行（都市银行）、地方银行、长期信用银行的贷款资金。其他资金主要包括共济协会、保险公司及其他公司等的资金。从20世纪90年代以来的数据看，日本中央政府资金始终占地方政府债务余额的一半左右，如果加上实际属于财政投融资资金的公营企业金融公库资金，中央政府提供的地方政府债务占65%左右。1999年以来，日本政府开始改革财政投融资计划，受其影响，在地方政府新增债务中，来源于中央政府资金的份额逐年下降，已经从1999年的45.37%下降到2004年的32.03%；如果加上公营企业金融公库资金，中央政府提供的地方政府债务份额则从1999年的55.52%下降到2004年的41.26%。

日本地方政府债务资金主要用于建设性支出，不能用于经常性支出。具体用途包括：交通、煤气、上下水道事业及其他地方公用团体经营的企业所需经费；对地方公营企业提供的资本金和贷款；地方政府债务转期；抗灾应急、灾后恢复以及灾害赈济事业费；公共设施建设事业费或这些设施的用地费用。此外，必要时可以通过制定特例法来决定发行其他事业地方政府债务。近年来，地方借款更多地用于协助财政政策的实施。

（3）地方政府债务管理以行政控制为主。日本政府通过严格的地方政府债务计划与协议审批制度实现地方政府债务精细化管理：①地方政府债务发行实行计划管理。第二次世界大战以后，日本中央政府（主要由大藏省和自治省）每年都编制地方政府债务计划，主要内容包括地方政府债务发行总额、用途、各种发行方式的发债额。地方政府债务计划只作为参考资料提交国会，不属于国会审决议对象，因而没有法律依据，无强制执行的效力。但是，由于它是大藏大臣与自治大臣协商制定，并且规定了中央政府认购地方政府债务的规模及地方政府债务的具体用途，因此，自治大臣在审批各地方政府的发债申请时，以该计划为依据。②对各地方政府举债实行严格的协议审批制度，以控制债务规模，防止地方政府债务膨胀，确保地方财政健康运行；防止资金过分向富裕地区倾斜，确保资金合理分配；统一协调中央、地方政府及民间资金的供求关系等。根据地方自治法规定，地方政府要求发行债券时，要事先向自治省申报，提出所要发展的建设项目、资金来源和需要发债的额度。自治省审查后，将各地的发债计划进行汇总，在同大藏省协商后，统一下达分地区的发债额度。如果发行公募债券，则在得到地方议会及自治大臣的认可后，由大藏省、自治省、受托银行以及证券公司召开会议，联合决定每月发行总额及分地区发行额。自治大臣与大藏大臣审批地方政府借债的重点是确定当年不批准发债或限制发债的地方政府名单。确定依据一般有：对于不按时偿还地方政府债务本金或发现以前通过明显不符事实的申请获准发债的地方政府，不批准发债；债务依存度（债务余额÷一般财政支出）在20%~30%的地方政府不得发行基础设施建设债券，30%以上的地方政府不得发行一般事业债券；规定当年地方税的征税率不足90%或赛马收入较多的地方政府发债；严格限制有财政赤字的地方政府和出现亏损的公营企业发债；等等。

（三）韩国地方政府债务管理情况

韩国是新兴工业化国家，韩国地方财政法规定，地方政府原则上不能举债，但同时又规定：在必要的情况下，对不可避免的地方债可做特殊对待而允许举借。具体规定的借债范围包括：一是具有长期效益的公共工程项目；二是具有充分投资回报且能还本付息的项目；三是抵御自然灾害的项目和灾后重建的项目；四是筹集用于前一轮举债还本付息的资金；五是其他改进居民福利状况的项目。这些具体规定使地方得到了不小的债务筹资空间。具体而言，在地方举债方面的情况如下：

（1）地方债的管理。地方举债必须获得中央政府批准。中央政府每年确定和发布地方举债的基本指导方针，并制订地方筹资中期计划，地方政府提交关于举债筹资的方案报告，其中列明筹建项目和筹资规模。大部分地方债是向中央政府举借，具体形式是：先与管理国家住宅基金、农村发展特别账户、环境保护特别账户的政府部门协商，获部门批准后，再提交中央政府审批。审批中，有些指标必须控制在一定的范围之内，如偿债率（前4年平均还本付息额÷前4年平均财政收入）必须低于20%，收支结余率不能低于10%。中央政府批准地方举债方案后，该方案还要由地方市政当局审批确定具体数额（只可以小于中央批准额）。

（2）地方债的总体构成和规模。根据举债的不同目的，韩国地方债可分为一般账户债、特别账户债和公共企业债。一般账户债所筹资金主要用于道路及桥梁建设、公共设施修缮和救灾项目。特别账户债所筹资金主要用于住宅、供水排水和乡村企业等项目。公共企业债所筹资金主要用于地铁、水厂等项目。2001 年年底韩国地方债余额总规模接近 17.8 万亿韩元，其中一般账户债、特别账户债和公共企业债分别约为 7.5 万亿韩元、5.4 万亿韩元和 4.9 万亿韩元，比重分别为 42.1%、30.3% 和 27.5%。地方债占地方税收和非税收入的比例平均为 70.4%。各地方举债的情况差别甚巨，举债余额与本地财政税费收入总额之比，最高的大丘高达 160.6%，最低的庆州也有 32.0%。

（3）地方债的筹资来源。地方债的筹资来源主要是借款和发债券。借款可向中央政府、地方公共基金、金融机构和国外举借；债券可分为常规债券、义务债券、合同商债券和外国债券。以 2001 年韩国地方债的情况来看，地方债中的大部分为借款，约占 86.1%，其中来自中央政府和地方公共基金的借款分别为 58.6% 和 22.6%。韩国一半以上的地方债券采取了义务（强制）债券形式，如地方发展债、公共道路债和汉城（首尔旧称）的城市铁路债等，由机动车买主、土地开发商等在成交时购买（强制配购）。所谓合同商债券，是地方政府向合同供货商付款时以一部分债券顶替，总规模不大。常规债券仅占地方政府举债总规模的 4.6%，在国外发行的地方债券规模更小，只占地方政府举债总规模的 2.1%。

（四）巴西地方政府债务管理情况

（1）地方债务危机情况。巴西是位于南美洲的发展中大国。20 世纪 80 年代以来，由于联邦政府预算约束软化，巴西经历了由地方政府负债引发的三次大规模债务危机。第一次债务危机发生于 20 世纪 80 年代。当时，为了实行进口替代工业化战略，经济处于起飞阶段的巴西在国际金融市场大量举债。80 年代末，第二次石油危机引发了国际债务危机，急速攀升的利率大大加重了巴西的还本付息压力，各州都被迫停止了对国外债权人的债务偿还。作为担保人，巴西中央政府不得不与国外债权人达成协议，由中央政府接管州政府 190 亿美元的外债（相当于 GDP 的 2%），期限为 20

年。1993年，各州政府纷纷出现无力偿还联邦金融机构债务的违约行为，引发了第二次债务危机。危机发生以后，中央政府与州政府再次达成协议，由联邦财政部偿还部分州政府拖欠联邦金融机构的280亿美元债务，期限为20年。危机初步化解后，中央政府开始采取措施规范各州举债，但并未从根本上建立全面有效的债务风险控制机制。第三次债务危机的爆发源于州政府拒绝履行偿债义务，引发金融市场剧烈震荡。中央政府再一次承诺援助，并授权州政府将其债券兑换为联邦或中央银行的债券。中央政府发行中央债券，重新确认地方政府债务，并成为州及市政府的债权人。27个州中的25个州和183个市（其债务余额占地方债务总额的95%）签订了债务重组协定。

（2）控制地方政府债务的主要措施。在经历了三次地方债务危机后，巴西中央政府从1998年起果断实施财政稳定计划，全面加强地方政府债务管理。采取的措施主要有：

①确立公共财政规则，强化财政及债务管理责任。巴西中央政府从1998年起果断实施财政稳定计划，实施增加公共部门盈余的财政调整政策；加快推进社会保障与行政管理领域的体制改革。2000年5月，巴西政府颁布了《财政责任法》，立法确立公共财政规则，强化财政及债务管理责任。《财政责任法》及其配套法案，建立了三级政府在财政及债务预算、执行和报告制度上的一般框架，制定了操作性极强的规范地方政府举债的量化指标。

②完善法规体系，加强对地方政府债务的直接控制。巴西中央政府研究制定了债务管理的法律法规体系，全面加强地方政府债务管理。危机之后，参议院签署了78号法案。1999年巴西国家金融管理委员会颁布2653号规定，授权中央银行控制国内银行对地方政府的信贷总额并审查地方政府的借款申请，参议院负责借款的法律程序。随后国家发布了《财政责任法》，规定了包括一整套对地方政府借款进行控制的极为严格的措施。其主要规定包括：地方政府供应商与合同承包方不得向地方政府或者其关联实体提供信贷；地方政府对外借款额（除上述的企业和供应商外）必须小于或等于资本性预算的规模；举借新债不得超过经常性净收入的18%，偿债成本不得超过经常性净收入的13%，州政府债务总额必须低于经常性净

收入的200%，市政府债务总额则必须低于经常性净收入的120%；借款政府的财政收入超过非利息支出（保持基本盈余）；曾违约者不允许借款；政府签发的担保余额必须低于经常性净收入的25%；短期收入预借不得超过经常性净收入的8%；除展期以外，禁止发行新的债券；债券到期时至少偿还余额的5%，如果借款政府的偿债支出小于经常项目净收入的13%，则必须在债务到期时偿还10%以上的余额，或者将偿债支出提高到经常性净收入的13%；即使债务规模已控制在上述限额内，地方政府还需满足一定条件，并经参议院决议通过才可举借新债；州及市政府换届前的8个月内不允许举借新债；等等。此外，法律还对银行贷款做出规定，地方政府债务余额与银行净资产之比必须小于45%；对于违规举债、突破赤字上限或者无法偿还联邦政府或任何其他银行借款的州，禁止各银行向其贷款，巴西国有与地方政府所属银行也不能发放政府贷款。

③建立债务定期报告制度，提高透明度。巴西地方政府每年须向联邦政府汇报财政账户收支情况，每4个月须发布由地方行政长官签署的政府债务报告。如果在8个月的宽限期内地方政府未能将债务规模调整到法律规定的限额内，该地方政府将列入财政部公布的黑名单。信息披露主要依靠与所有银行联网的国家信息系统。所有借贷交易情况必须在信息系统中登记，否则将被视为非法交易。信息系统公开透明，任何政府和银行都能查看相关信息。系统自动运行，不能人为调整。

④规定严格的惩罚措施，约束地方政府债务管理。巴西《财政责任法》规定，如不履行规定的义务，对责任人将进行人事处分，严重的将给予革职、禁止在公共部门工作、处以罚金甚至判刑等处罚。

巴西《财政责任法》及其配套措施在控制地方政府债务规模方面取得了一定成效，抑制了地方政府债务继续膨胀。在此之后，巴西经济持续发展，债务水平虽然也有所提高，但所占国内生产总值的比例却有所下降，财政盈余数额以及占国内生产总值的比例都有所增加。

（五）哥伦比亚地方政府债务管理情况

哥伦比亚是美洲地区分权程度最高的国家之一，其政府结构分为中央政府、省政府和市政府三个层级，各级政府均有自己的支出责任和自有财政资源，其地方政府总支出占全国支出的40%左右。哥伦比亚地方债务管理的主要特点有：

（1）地方债务管理行政与法律手段并重。哥伦比亚债务管理以行政控制方式为主，允许地方政府举借内债与外债。根据借债方式的不同，中央政府对地方政府举债的控制程度有所不同。

尽管地方政府发行债券需要得到财政部的批准，但是，其他一些借债方式（诸如商业银行借款）并没有受到严格的限制。此外，哥伦比亚规定地方政府不能通过借款为经常性支出融资。财政部、银行业监管部门和商业银行负责监督这些规定的执行。

哥伦比亚一直禁止中央银行向地方政府贷款。如果地方实体违反了《617号法律》和《358号法律》的规定，或者对政府欠有债务，那么，法律就禁止政府向该地方实体贷款或者为其债务提供担保。另外，财政机构和区域发展机构对地方实体的贷款必须满足《358号法律》《617号法律》和《817号法律》等不同法律规范的限制要求，否则，信用协议就是无效的，所借资金也必须立即偿还，而且没有利息及任何其他费用。

（2）建立地方债务风险预警系统。为了控制和管理地方政府债务，哥伦比亚建立了量化的债务风险预警指标，提高了地方政府债务管理的科学性。在1993—1997年期间，哥伦比亚政府建立了“红绿灯”系统，该系统将各地方政府的债务与其偿付能力联系起来，用流动性和偿付能力两个指标来预警中央政府所要承担的潜在地方债务。1997年的《358号法律》明确了对地方政府债务的具体限制性规定，通过两个指标来约束：一是地方政府的债务利息支出与经常性盈余之比，该比例代表地方政府的资金流动性；二是债务余额与经常性收入之比，该指标用来评估中长期债务的可持续性。2003年的《795号法律》取消了原系统的“黄灯”分类，修改后的法律对地方政府的借款限制更为严格：处于“红灯”区（严重负债）的地方政府被禁止借款，处于“绿灯”区的地方政府被允许自行签订借款合同。2003年的《819号法律》又添加了另外一层规定，在最初的流动性指标和偿付能力指标外，添加了第三项指标，即经常性盈余应大于或等于债务利息。

（3）加强对地方或有负债的管理。由于哥伦比亚地方政府没有自己的银行，费用确认采用权责发生制会计基础，因此，传统上，对或有负债的管理被限制在中央政府层级。《448号法律》《617号法律》和《819号法律》扩展了或有负债的范围框架。《448号法律》要求中央政府、省政府和所有类别的地方实体都包括预算拨款，以便支付或有负债。财政部在对这些负债额的量化管理过程中起到核心作用。法律还设立了一项特殊的基金（地区实体的风险基金），用来支付因地区债务而引起的费用。该债务是根据中央政府担保而签订的协议。根据《617号法律》，必须用非专项收入为地方实体的运行费用提供资助，这些费用不仅包括经常性开支，还包括或有负债和退休金负债以及部分资本投资的资金。《819号法律》规定，每年必须向国会报告任何与特许权、主权债务担保和法律合法性有关的或有债务，以作为中期财政框架的一部分。

（六）对我国地方债务管理的借鉴与启示

随着国家地方债务规模的不断膨胀，各国根据本国国情，分别采取了不同的管理模式和做法，有成功的经验，也有失败的教训。从各国地方债务管理的实践来看，以下几点值得我们参考和借鉴。

（1）市场经济所要求的分税分级财政体制，内含地方适度举债的必要性和合理性。举债权是规范化的分税制体制下各级政府应有的财权，这是实行分税制财政体制的国家长期实践得出的经验。在大多数市场经济国家，中央（联邦）和地方之间实行分级（分税）的财政体制，地方财政独立于中央财政，中央预算和地方预算各自独立编制，独立运行，地方政府发债是一个极其普遍的现象。如在美国、日本、法国、德国、英国等，法律允许地方政府发债，地方政府债券市场已较为成熟和完善，成为地方融资的重要途径和资本市场的有机组成部分，在国家的经济发展尤其是地方经济的发展中发挥着十分重大的作用。由此可见，我国实行分税分级财政体制，赋予地方政府举债权具有合理性和必要性。在划分政府间事权的基础上，赋予地方政府包括举债权在内的应有财权，是进一步深化财政体制改革的重要步骤。赋予地方适度举债权，允许地方政府通过规范的法定程序，在有透明度和受监督的条件下以适当规模举债，筹集必要的建设资金，有利于地方政府在分级预算运行中应对短期内市政建设等方面的高额支出，把支出高峰平滑化分摊到较长时段中，并借力于社会资金和市场机制发挥提供准公共产品的职能，有效弥补地方政府收入的不足。

(2) 完善相关法律，规范地方债务管理。对国外地方政府债务管理实践的考察表明，多数国家对各级政府的事权、财权划分都由宪法和其他法律做出了明确的规定，明确了各级政府的责任，避免了不必要的相互推诿和争取资金的不正当手段的出现。另外，在融资来源、资金管理、投放范围及债务偿还等方面也都有明确的法律规定。我国在加强地方政府性债务的管理中，应当借鉴这方面的经验，完善预算法、转移支付法规，以立法形式明确各级政府的事权、财权，硬化预算约束，规范政府举债和担保行为，加强地方债务的法制化管理。

(3) 加强中央对地方政府的债务监管，建立地方财政风险预警和控制体系。巴西和阿根廷等国家地方债务危机的案例表明，地方政府举债可能带来风险，如果没有合适的财政规则来约束地方政府的过度支出行为，地方政府可能会因过度举债而破产。因此，中央政府必须加强对地方政府债务的管理。我国与巴西同属发展中大国，目前地方政府性债务规模庞大、管理不善，迫切需要中央政府加强管理，制定切实有效的管理措施，防范债务风险。美国、哥伦比亚等国的经验表明，建立可操作性强的地方财政风险预警和控制机制，对于预警和识别地方财政风险，有效防范地方债务危机及至财政危机，具有重要意义。我国应在完善地方债务统计核算体系的基础上，尽快建立地方财政风险预警和控制体系，有效识别、预警和防范地方财政风险。

(4) 推动相关财政改革，综合治理地方债务问题。巴西等国治理债务的实践表明，债务管理的措施是综合性的，不仅动用了包括法律、行政、司法在内的几乎所有强有力的控制手段，而且重构了财政框架，采取相应的财政配套改革措施，进一步完善政府间财政关系、限制支出结构中的人员经费比例等。目前，我国地方政府性债务规模膨胀的原因有很多，解决地方政府性债务问题，应从建立合理的地方举债融资渠道、完善省以下财政管理体制、保障基层政府基本财力需求、推动基本公共服务均等化、缩小地区间横纵向财力差距、增强地方财政可持续性等多方面入手，推动财政改革深化，实行地方债务综合治理。

(5) 提高地方财政及债务信息的透明度，发挥社会公众和市场机制的监督引导作用。完善债券市场机制，提高债务信息透明度，是控制地方政府债务的有效手段。发达国家普遍形成了较为健全的债券市场机制。如在美国，信用评级制度、信息披露制度和私人债券保险制度构成了市政债券市场的三个重要机制，减少了市场的违约风险，有效防范了潜在的债务危机。多数发达国家注重财政信息的透明，特别是地方债务信息的透明，建立了定期、规范的地方债务信息公开披露制度，新西兰等国还建立了或有负债报告制度。巴西解决第三次地方政府债务危机后，财政透明度制度在联邦政府控制地方政府债务规模时发挥了重要作用。目前，我国地方政府性债务管理还缺乏统一的会计核算办法和信息管理系统，地方政府性债务情况难以实时掌握，信息不对称，不利于国家的宏观管理。我国应当借鉴国外的成功经验，在对地方政府性债务进行必要的会计核算和统计基础上，逐步建立全国统一的地方政府性债务管理信息系统，建立健全债务信息报告制度，提高债务管理的透明度，逐步健全债券市场机制，培育防范风险的长效机制。

三、基层财政困难：事权、财权、财力与支出决策的纠结与紊乱

所谓"财政"，可以把它做一个简明的阐述：它是国家政权体系为主体的一种"以政控财，以财行政"的分配体系。国家政权体系要凭借社会统治者、社会管理者的政治权力控制和掌握社会总产品中的一部分，而在现代经济生活中，这一部分必然是以价值形态的财力表现出来的，即"以政控财"。这个政权体系掌握了这一部分财力以后去做什么？那就是要"以财行政"，即要运用财力去履行它应该履行的职能。由此可见财政对于政府履行和转变职能的重要性，也可知财政改革必然成为整体改革的一个重要组成部分。

在 20 世纪 80 年代以后，整个财政体制改革的基本方向和特点，可以用"分权改革"这样一个概念来描述。而财政体制的分权改革，大致可以分成两个阶段。在改革开放之初，宏观层面上，我国启动了"划分收支，

分级包干”的“分灶吃饭”财政体制改革，作为总体改革的一个先行部分。这以后的10余年间，财政的分权可以概括为一种行政性的分权，是把过去传统体制下高度集中的这样一种特征，首先在分配领域里改变，即中央向地方下放自主权，从财政分配开始，使原来的所谓“条条”为主的这样一种运行状态，变成了“块块”为主。但是，在实行“分灶吃饭”的财政包干制的历史阶段，我国财政分配的基本特征仍然是按照行政隶属关系组织财政收入，各级政府凭借自己对于企业的行政主管的身份，即人们平常所说的“婆婆”的身份，通过行政隶属关系组织收入。那么，在具体的一个地方政府辖区之内，不同企业隶属于不同层次的“行政主管婆婆”，在这种条块分割的隶属关系控制之下，企业必然受到不同行政主管的过度干预和过度关照，相互间公平竞争的环境便不能够有效形成。这种行政性的分权越到后来越被人们认识到，必须再做一次比较彻底的改造。经过反复探索，我国在1994年进入了财政分权改革的第二个大的阶段，就是经济性分权，实行了以分税制为基础的分级财政这个新体制。当然，在1994年，这一改革主要是在中央和以省为代表的地方之间，构建好了分税制的框架。

在这种新体制之下，首先从政府和企业的关系来看，所有的企业都改变了原来的地位，不论企业大小，不分行政级别高低，在税法面前一律平等，该交国税交国税，该交地方税交地方税，税后可分配的利润按照产权规范和国家政策环境做自主分配，这就为不同所有制的、大大小小的各种企业真正刷出了一条公平竞争的起跑线，这个意义显然是全局性的。分税制在适应市场经济的要求、正确处理政府和企业关系的同时，又相当规范和稳定地处理了中央和地方之间的分配关系。按照分税制的基本规则，就没有包干制下所谓“三年不变”“五年不变”这种“体制周期”，有利于形成地方政府的长期行为。

很显然，这样的分税分级财政体制和市场经济相配套，在财政这个分配体系里，能够“二位一体”地正确处理政府和企业、中央与地方两大基本经济关系。

1994年进入经济性分权的分税制阶段以后，中国的财政运行和经济运行体现出了一系列正面效应，但随之而来的是，在中国的县乡即被人们称为基层的地方政府底部层级上面，出现了比较明显的财政困难。虽然过去这种困难就有，但是在1994年以后，对于这种困难反映的程度之高，可以说前所未有。在2000年前后，曾经有过这样一个代表性的指标，能够反映那时面临的基层财政困难——在全国2000多个县里，最高峰的时候，有1000多个县欠发单位工资，它是县乡财政困难一个非常直观、非常有代表性的反映，即维持政府体系运行的基本都出现了问题。

面对这样的基层财政困难，就要分析这个困难由何而来。1994年以后，是不是中国整个经济运行的基本面出了什么问题？答案是否定的，我国的国民经济和综合国力在1994年以后不断提升，而且可以说提升得更加稳定，更加受到全世界的瞩目了。是不是在经济基本面很好的同时，我国整个分配方面出现了财政收入占GDP比重下降这样的一个背离呢？实际情况也不是。1994年的改革之后，中国财政收入占GDP的比重一路上升，从最低时的10%多一点，已经逐渐回升到接近20%。那么，是不是在财政收入占GDP比重提升的过程中间，地方财政所得的部分相对萎缩了，造成基层财政困难呢？实际情况也不是这样。有一个基本的统计：1994—2000年，地方财政四级合在一起，预算内收入增长89%，几乎翻了一番。那么，还有一种可能性，是不是我国地方财政的管理一塌糊涂呢？回答也是否定的。应该说，在我国地方财政体系里面，基层县乡两级的财政工作人员里面，有千千万万非常辛苦、努力的工作人员，他们的管理水平也在努力地、不断地提高。我们研究以后得到的基本结论是：1994年分税制实行之后出现的地方政府底部层级的县乡财政困难，必须看作一种体制没有理顺带来的突出矛盾的表现。

如果用学术上的语言来说，我们把它归结为：基层财政困难是在中国经济社会结构转型之中，制度转型的有效支持不足而积累的矛盾在基层政府理财层面的一个集中反映。看起来问题发生在县乡两级，实际上后面的问题，是内在于整个体制运行的。这个问题必须深究它的根源，要找到体制上的原因。

（一）财权划分模式与事权（职责）划分模式不对称

1994 年建立的财政管理体制重新界定了中央、地方政府之间的财权和事权范围，着眼点是增强中央政府的宏观调控能力，明确各级政府的责、权、财。当时尚做不到配套确定省以下政府之间财力分配的框架，原本寄希望于通过逐步深化省以下体制改革，在动态中解决此问题。但当时省以下体制改革的深化并未取得明显进展，财权划分模式与事权划分模式出现了两相背离格局。这在很大程度上加剧了基层政府财政困难。

在实行分税分级财政体制的国家里，中央适当集中财权是普遍的做法，但省以下政府之间的财权划分模式并不尽然，具体格局要依职责划分结构而定。我国实行分税制的主要意图之一是扭转过去中央财政收入占全部财政收入比重过低的局面（到 2000 年，中央财政收入占全部财政收入的比重为 52.2%），这符合分级财政体制正常运行的基本要求。并且客观地说，与较充分发挥中央自上而下转移支付调节功能的要求相比，目前中央财力的集中程度还不够，仍有待逐步提高。然而现在的问题是，这种趋向被盲目推广和延伸，在省、市形成了上级政府都应集中资金的思维逻辑。1994—2000 年，中央的资金集中度实际在下降（从 1994 年的 55.7% 下降到 2000 年的 52.2%），而省级政府的集中程度不断加大，年均提高 2%（从 1994 年的 16.8% 提高到 2000 年的 28.8%）。市一级政府同样在想方设法增加集中程度。2000 年地方财政净结余 134 亿元，而县、乡财政赤字增加。这些情况说明实际上财力在向省、市集中。

省以下政府层层向上集中资金，基本事权却有所下移，特别是县、乡两级政府履行事权所需财力与其可用财力高度不对称，成为突出矛盾。按照事权划分规则，区域性公共物品由地方相应级次的政府提供。在近年我国省级政府向上集中资金的过程中，县、乡两级政府仍一直要提供义务教育、本区域内基础设施、社会治安、环境保护、行政管理等多种地方公共物品，同时还要在一定程度上支持地方经济发展（而且往往尚未有效排除介入一般竞争性投资项目的“政绩”压力与内在冲动），而且县、乡两级政府所要履行的事权，大都刚性强、欠账多，所需支出基数大，增长也快，无法压缩。比如九年制义务教育，该项支出有法律依据，而且由于人口规模扩大较快和相关支出因素价格上升较快，所需资金膨胀更快，主要发生在县、乡两级财政。再比如基础设施建设，县级行政区域内长期以来农村各类基础设施严重不足，欠账累累，而农村工业化、城市化进程又要求配套完善基础设施，对县级政府来说这是非常沉重的负担，即便是经济发达地区也同样如此。又比如财政供养人口，我国有2000多个县级行政区域，如果按每个县财政供养人口为7000人、每人年工资为7000元计算，所需财政支出就达1000亿元规模。事实上，省以下地方政府还要承担一些没有事前界定清楚的事权。比如社会保障，在1994年推出分税制时，该项事权没有界定在多大程度上由省以下政府特别是县级政府来承担，但实际上要求地方政府负责，这对原本就“四面漏风”的县“吃饭财政”来说，又增加了一笔“没米下锅”的“饭债”。

很显然，转轨时期，工业化、城镇化推进和社会进步所需要的大量物质条件和社会条件是要由省以下地方政府来提供的，特别是县、乡两级政府，承担着宽广、具体的政治责任和经济责任。在这种背景条件下，亟须在明确各级政府合理职能分工和建立科学有效的转移支付制度的配套条件下，使基层政权的事权、财权在合理化、法治化框架下协调，职责与财力对称。这本是分税分级财政体制的“精神实质”所在，一旦不能落实，将成为基层财政困难的重要原因。

（二）政府层级过多，大大降低了分税制收入划分的可行性

实行分税制财政管理体制，则要求政府间的财政资金分配安排采用税种划分方法。我国目前有五级政府，是世界上主要国家中政府层级最多的国家。从国际经验看，政府层级多的国家，税种也比较多，这样有利于收入划分。但在任何一个国家里，税种数量都不可能过多，因为税种随意设置的话，势必扰乱市场经济运行并约束社会进步，损害社会效率与公平。而且在市场经济近几十年的发展中，简并税种是主流趋势。也就是说，不论政府层级有多少，税种设置的科学性不能违背。我国现行税种有28种，和其他国家比，数量不算少。然而问题的焦点在于，这28种税要在五级政

府之间划分，是世界上其他国家未曾遇到的难题。

很显然，五级政府与28种税的对比状态，使得中国不可能像国外那样主要是完整地按税种划分收入，而只能走加大共享收入的道路。如果硬要完整地按税种划分收入，势必形成政府间收入分配高度不均衡，这是由各个税种收入的高度不均衡所决定的。然而必须看到，一味扩大共享部分又会反过来影响分税分级财政基本框架的稳定。近年我国税种共享部分的比重一增再增，下一步如把企业所得税和个人所得税也改为共享税，则数得着的大税种已全部共享。这在过渡状态下是一种策略性的选择，但从长远发展着眼作战略性考虑，还是要在将来创造条件把若干共享税分解、融合于国税和地方税之中，进而使分税制得到贯彻并真正加以稳固。

那么从长远考虑，具体而突出的矛盾表现在：设立了五级政府也就是需要把税源切成五个层次，而从税收的属性和各税种的不同特点看，分成三个层次相对容易，分成五个层次很困难。依美国的经验，三级政府财源支柱的概况是：个人所得税和工薪税归联邦（中央）；销售税和公司所得税归州（相当于我国省级）；财产税归地方（基层政府）。这样的划分符合各税种的具体特点，也符合分税分级财政的内在要求。如以联邦为主掌握个人所得税，符合使劳动力在全国统一市场内自由流动、不出现地区阻碍的要求，也符合使该税成为经济“稳定器”的宏观调控要求；地方掌握财产税，既具有信息和管理优势，又符合使地方政府以关注和改善本地投资环境为重点的职能定位。但是很难设想，在我国以一个“地方政府”概念囊括省以下四级政府的特殊情况下，这些税种该怎么切分？不论怎样设计，看来都无法把“分税种形成不同层级政府收入”的分税制基本规定性，贯彻到一个五级政府的架构内去。换言之，这一架构使分税制在收入划分方面看不到最低限度的可行性。我国省以下体制的现状是五花八门，各地不一，有的安排了复杂易变的分享，有的则对县乡干脆实行包干制，总体而言，“讨价还价”色彩浓重，与分税制的距离还相当大，并且看不清缩小这种距离的前景与具体路径。与此同时，大环境中市场的发育和政府职能与管理规则的转变也未步调一致，这使各层次财源不对位，财力分配紊乱、低效，矛盾不断积累。这样看来，五级政府架构与分税分级财政的逐渐到位之间存在不相容性，近年地方财政困难的加剧，在一定程度上正是由于这种不相容性日渐明朗和突出所致。

（三）财政支出标准决策权过度集中与规则紊乱并存

作为一个行政管理规则确定权高度集中的国家，中央对财政支出标准的决策，无疑会有较大程度的集中控制，但在分税分级体制建立过程中，集中程度需要随体制的逐步到位而适当调低，给地方各级一定的“因地制宜”的弹性空间。事实上，多年来我国某些统一的支出控制标准（如公职人员差旅费）近乎一纸空文，形似集中，实则紊乱。根据实际的制度安排，财政支出标准很多不是由财政部门来决定的，中央政府级次确定支出标准，有些已经具体化为中央各部门随机地确定支出标准和要求。因此，下级政府的财政支出，往往要实行多个上级部门提出来的支出标准和要求。在形成了实际的紊乱情况的同时，我国现存的突出矛盾是，基层政府事权重、收入筹措功能弱、区域差异悬殊，却又被要求实行上级政府规定为一律却由上级部门多头下达的财政支出标准。如此情况之下，经济相对发达地区的基层政府尚可维持，经济落后地区的基层政府就常常无法度日。转轨期间，县、乡两级公职人员工资欠发问题长期得不到解决，原因很多且复杂，但其中之一就是由于工资标准按统一安排不断提高，加大了基层财政支出压力。后来，调升工资时中央加大了专项转移支付，使欠发工资情况得到了缓解。但由工资推及其他事项，说明类似问题除中央应提供必要的转移支付之外，普遍的具体事务需区别对待，不宜包揽过多，有必要给地方留出支出标准上的一定弹性空间。

专栏四：政府间职责、财权划分和财力分配的国际经验

（一）政府间职责划分的国际经验

在政府间的各种关系中，首要的是职责划分。

（1）三条基本原则。

①受益范围原则。根据各级政府所提供的公共产品和公共服务的受益

范围划分政府职责范围。《欧洲地方自治宪章》[①] 明确采用“受益范围原则”作为职责划分的主要指导方针。

②能力和效率原则。美国财政学家马斯格雷夫提出国际公认的财政三大职能，即稳定经济、调节收入分配和资源配置。从政府履职能力和效率角度看，中央政府宜承担稳定经济和调节收入分配的职能，地方政府宜承担资源配置的职能。

③规模经济原则。某些职责由地方政府承担可能无法发挥规模经济效应，而交由中央政府承担则可以发挥节约成本的作用。

（2）三种技术方法。

①中央列举法。由宪法等法律单独列举中央政府的职责，地方政府承担列举范围之外的职责。代表国家如美国、日本。

②共同列举法。法律同时列举中央承担的职责与地方承担的职责，如有未列举的职责发生时，依据职责的受益范围属性确定其归属。代表国家如加拿大。

③中央推定法。法律列举地方承担的职责，而未列举的职责由中央承担。代表国家如南非。

（3）三个政府层级。

多数大国国家采取三级政府形式，即中央（或联邦）、省（或州、郡）、市（县）。相应地，政府职责在三个层级间进行划分。履行职责的受益范围与承担职责的政府层级相对应。

（4）四类职责划分。

①中央政府负责全国性和国际性（跨国）公共服务。由中央政府的垂直管理机构直接履行职责。一是全国范围的公共服务，包括国防与国内安全、立法、司法、外交等。二是具有稳定经济和再分配性质的公共服务，包括全国及跨国基础设施建设、发展规划、经济社会政策、基本养老保险、基本医疗保险等。三是具有均等化意义的公共服务，包括扶贫、医

---

① 1985年由欧盟理事会通过，其中对地方自治进行了定义：地方政府在法律规定的范围内，确定并管理属于其各自职责内的，以本区域内居民利益为目的的重要公共事务的权力和能力。

疗、教育等。四是维护国内统一市场的职责。五是参与国际组织协调提供的全球性公共服务，例如全球货币稳定、全球气候变化应对、海啸预警等。

②中央政府将部分职责委托省和市县执行。出于效率原则考虑，中央确定目标、标准并出资，委托省和市县具体执行。例如，有些国家的小学教育职责属于中央政府，但是地方政府更了解本地区居民对于小学教育的需求，那么中央政府出资，将该职责委托给地方政府来执行。

③省级政府负责省域内公共服务。包括省内公共安全、省级立法和司法；省级及跨市县基础设施建设、市场秩序、社会保障；大学教育；医院；省级发展规划和经济社会政策；省内就业和民生服务；省内资源开发和环境治理；等等。

④市县级政府承担的职责主要是辖区内公共服务。如治安、市域和县域规划、市政公用设施、县域基础设施、环境治理、初级和中级教育、公共卫生、社区服务、消防等。

（5）典型案例——德国。

在所研究的国家中，美国、德国、英国、法国、日本等国在政府间的职责划分方面都比较明晰，尤以德国最为突出。

德国政府间职责由《德国基本法》（现行宪法）规定。该法对各级政府国内行政事务与社会公共事业的管辖范围及管理权限做出了明确的界定，对各级政府的支出责任和财权匹配做出了清晰的规定，对税收收入的分配做了具体的划分（见表3-3）。

表3-3 德国政府间职责划分

联邦政府	国家安全与防卫，外交事务与国际组织机构，基本社会保障，造币与货币发行管理，海关与边境管理，国家级科研项目开发，基础性科研项目资助，全国性交通运输基础设施建设与管理（包括铁路、水运、航空、邮电、高速公路、远程公路等），跨区域综合经济协作与开发（包括资源性开发），农业补贴及经济结构调整等政策性支出，国有企业与国有资产的经常性支出，联邦一级政府机构行政事务性支出等

（续表）

联邦政府	国家安全与防卫，外交事务与国际组织机构，基本社会保障，造币与货币发行管理，海关与边境管理，国家级科研项目开发，基础性科研项目资助，全国性交通运输基础设施建设与管理（包括铁路、水运、航空、邮电、高速公路、远程公路等），跨区域综合经济协作与开发（包括资源性开发），农业补贴及经济结构调整等政策性支出，国有企业与国有资产的经常性支出，联邦一级政府机构行政事务性支出等
州政府	社会保障，高等教育，专业中等教育，治安警务与司法管理，文化体育事业，卫生防疫与环境卫生，健康医疗体系建设，住房保障，科学研究与技术开发应用，州级公路建设与维护，区域经济结构与农业结构调整及改善，河湖海岸养护与管理，州级政府机构行政事务与管理，承担法定的联邦政府委托的基础经济建设项目（如能源开发利用、交通基础设施建设等）
地方政府	本区域基础设施建设，区域内治安保护，社会救济与社会援助，幼儿园与小学教育，地市级公路建设，区域内公共交通网络建设与运营，公用事业建设与发展（包括供水、供电、供煤、能源利用、垃圾与污水处理等），公共福利，文化设施，成人教育，社区服务，地市一级政府机构行政事务与管理，承担法定的联邦以及州政府委托的具体工作项目（如人口普查、突发事件处理等）

资料来源：《德国基本法》，由财政部财政科学研究所张东明翻译、整理并提供。

（二）政府间财权划分的国际经验

在政府职责确定的基础上确定政府各项权力，其中财权处于较核心的位置，是确定职责正常履行的基础要素，应与职责相对应。政府间财权划分指的是不同层级政府间的财权分配。国外政府间财权划分的核心是税权划分，也包括经常性政府收费权。

(1) 政府间税种划分的基本原则和通行做法。

世界主要发达国家政府间税种划分的做法和经验，可以概括为以下四个原则：

①效率原则。税基流动性较大的税种划为中央税，从而避免地方政府利用税收设置壁垒。

②公平原则。具有累进特征的再分配性税收一般划为中央税，同时，保留地方政府对本地居民收入征收附加税和地方性收费的权力。

③征管便利原则。税权划分应当便于征收管理。例如，地方政府对不动产的位置、价值较为了解，故房地产税、土地税等不动产税划归地方税。

④收入充足原则。中央和地方各自的税收收入应尽可能满足本级政府的支出需要，并具有稳定性，避免税收收入增长波动较大。

中央政府税种主要是税基流动性大、具有宏观经济稳定和再分配作用、国际贸易类的税收，包括个人所得税、企业所得税、增值税、消费税、社会保障税、关税。省级政府税种主要是零售税、营业税、机动车牌照费、机动车交易税、彩票税等。市县政府税收主要是土地等不动产税和行为税。

世界各国税权在三级政府间划分的一般情况见表3－4。

表3－4　政府间税权划分

<table>
<tr><th colspan="2">税种</th><th>税基确定</th><th>税率确定</th><th>征收与管理</th><th>说明</th></tr>
<tr><td colspan="2">关税</td><td>央</td><td>央</td><td>央，私人</td><td>国际交易税收</td></tr>
<tr><td colspan="2">企业所得税</td><td>央，国际</td><td>央，国际</td><td>央，国际</td><td>税基具有流动性，稳定工具</td></tr>
<tr><td rowspan="3">资源税</td><td>资源租金税</td><td>央</td><td>央</td><td>央</td><td>税基高度分布不均</td></tr>
<tr><td>资源收费</td><td>省，市县</td><td>省，市县</td><td>省，市县，私人</td><td>州和地方服务的收益性税费</td></tr>
<tr><td>保护收费</td><td>省，市县</td><td>省，市县</td><td>省，市县，私人</td><td>用于保护地方环境</td></tr>
<tr><td colspan="2">个人所得税</td><td>央</td><td>央，省，市县</td><td>央</td><td>再分配功能，税基具有流动性，稳定工具</td></tr>
</table>

（续表）

税种		税基确定	税率确定	征收与管理	说明
财富税（对资产、财富、财富转移、遗产和赠与征收）		央	央，省	央	再分配功能
工薪税		央，省	央，省	央，省	收益性收费，例如社会保障
增值税		央	央，省	央，省	联邦分配规则下具有更广的税收调整可能性
零售税或销售税	模式 1	省	省，市县	省，市县	较高的执行成本
	模式 2	央	省	央	较低的执行成本
特种行为税	烟酒行为税	央，省	央，省	央，省，私人	承担一部分公共卫生职能
	赌博税	省，市县	省，市县	省，市县，私人	州和地方职责
	彩票税	省，市县	省，市县	省，市县，私人	州和地方职责
	赛马税	省，市县	省，市县	省，市县，私人	州和地方职责

（续表）

税种		税基确定	税率确定	征收与管理	说明
抑制性税收	碳税	央，国际	央，国际	央，国际	用于应对全球/全国污染
	能源消费税	央，省，市县	央，省，市县	央，省，市县，私人	污染影响可能涉及国家、州和地区
	汽油税	央，省，市县	央，省，市县	央，省，市县，私人	对联邦级、省级和地方级公路收费
	排污费	央，省，市县	央，省，市县	央，省，市县，私人	用于应对地区间污染
	拥堵费	央，省，市县	央，省，市县	央，省，市县，私人	对联邦级、省级和地方级公路收费
	停车费	市县	市县	市县，私人	控制地方拥堵
	牌照费、交易税、年费	省	省	省	州政府职责
	驾驶员费	省	省	省	州政府职责
营业税 、		省	省	省	受益税
行为税		省，市县	省，市县	省，市县	对当地居民的税收
不动产税		省	市县	市县	税基不可流动，受益税
土地税		省	市县	市县	税基不可流动，受益税
空地税、改良税		省，市县	市县	市县	用于弥补成本

（续表）

税种	税基确定	税率确定	征收与管理	说明
人头税	央，省，市县	央，省，市县	央，省，市县	对服务的收费
使用费	央，省，市县	央，省，市县	央，省，市县，私人	对服务的收费

（注：政府层级包括：国际＝国际组织及国际协定；央＝中央政府；省＝州或省政府；市县＝州或省以下的地方政府；私人＝私人部门。）

资料来源：沙安文主编，《比较视角下的财政联邦制实践》，由北大－林肯研究中心对相关表格进行内容翻译并提供。

（2）专享税与共享税的概念和通行做法。

关于专享税与共享税的概念，国际上的解释有所不同。我们认为根据税收立法权归属和税基是否同一，可将专享税与共享税定义为三类概念："硬专享税""软专享税（软共享税）"和"硬共享税"。"硬专享税"是指中央统一立法或各级分别立法，各自征收税基不同的税种，税收收入归各级政府所有。"软专享税（软共享税）"是指统一立法中授予地方政府一定范围的税收开征权和税率调整权，税收收入归各级政府所有。"硬共享税"是指中央统一立法，统一的税基和税率的税种，采用收入分成的共享方式。

各级分别立法，但对同一税基由中央和地方分别征税的税种，如美国个人所得税，是否属于共享税存在争议，在此我们暂将其划为"软专享税（软共享税）"。

在所研究的发达国家中，税收划分大多采用"硬专享税"和"软专享税（软共享税）"的方式，较少采用"硬共享税"。单一制的英国和日本采用"硬专享税"，所有税收立法权统归中央，具体税种分别划归三级政府各自专享，不设共享税。1982年法国在维持中央统一税收立法权的前提下，在部分税种上授予地方政府一定的开征与否和税率高低的选择权，收入分别归中央和地方，向"软专享税（软共享税）"迈出了一步。联邦制的美国和加拿大采用"硬专享税"与"软专享税"结合的方式，联邦与州都有立法权，州可以自主开征不动产税等税种，还可在联邦税税基上附加一定的州税率（如个人所得税），收入分别归联邦和州。联邦制的德国比较特殊，增值税和所得税等大税种采用总收入分成的“硬共享税”。（中国的共享税应属于“硬共享税”。）

（3）典型案例。

①德国。

德国联邦和州享有独立的税收立法权。但州的立法权范围受联邦政府的约束，税基和税率由州和联邦政府共同确定。德国是“硬共享税”的典型国家，增值税和所得税等主要税种均采用税收分成的方式共享。联邦和州各自的收入主体均来自共享税。德国政府间税种税收划分见表3－5。

表3－5　德国政府间税种税收划分

<table>
<tr><th>政府级次</th><th>税　种</th><th colspan="2">本级税收收入占全国税收收入的比重（2012年）</th></tr>
<tr><td>联邦政府</td><td>增值税（联邦53.9%）、公司所得税（联邦50%）、个人所得税（联邦42.5%）、利息税与清偿债务及出售转让税费（联邦44%）、能源税、电税、烟草税、咖啡税、烧酒红酒税、保险税、大型运输卡车税、团结统一税</td><td colspan="2">36.9%</td></tr>
<tr><td>州</td><td>增值税（州44.1%）、公司所得税（州50%）、个人所得税（州42.5%）、利息税与清偿债务及出售转让税费（州44%）、遗产赠与税、土地购置税、啤酒税、赌马彩票税、赌场税、消防保护税</td><td>38.3%</td><td rowspan="2">63.1%</td></tr>
<tr><td>市县</td><td>增值税（市县2%）、个人所得税（市县15%）、利息税与清偿债务及出售转让税费（市县12%）、营业许可税、工商税、土地税、娱乐税、狗税、第二居所税、自动赌博游戏机税、饮料税</td><td>24.8%</td></tr>
</table>

资料来源：《德国基本法》，由财政部财政科学研究所张东明翻译、整理并提供。

②美国。

美国联邦和州都享有各自的税收立法权和管理权，采用“硬专享税”和“软专享税”相结合的形式。一些税收由各级政府分别立法，独自征收；另一些税收（如所得税）由联邦和州分别立法，大多数州与联邦采用同一税基不同税率，收入分别归联邦和州。美国政府间税种税收划分见表3-6。

表3-6　美国政府间税种税收划分

<table>
<tr><th>政府级次</th><th>税　种</th><th colspan="2">本级税收收入占全国税收收入的比重（2003年）</th></tr>
<tr><td>联邦政府</td><td>联邦个人所得税（税率15%～39.6%）、联邦企业所得税（税率15%～35%）、联邦工资税、行为税（如联邦燃油税）</td><td colspan="2">56%</td></tr>
<tr><td>州</td><td>州个人所得税（1%至11%）、州企业所得税（税率1%～16%）、销售税、州工资税、行为税（如州燃油税）、财产税、车辆牌照税、烟酒税、使用费</td><td>24%</td><td rowspan="2">44%</td></tr>
<tr><td>市县</td><td>不动产税、地方销售税、地方个人所得税、车辆牌照税、行为税、使用费</td><td>20%</td></tr>
</table>

资料来源：沙安文主编，《比较视角下的财政联邦制实践》，满燕云和康宇雄主编，《转型中的中国地方公共财政》。

③法国。

法国是“软专享税（软共享税）”的典型国家。法国税收立法权和管理权高度集中于中央政府，同时将某些地方税收税率调整权、税收减免权以及必要税收开征权下放给地方政府。法国实行中央和地方彻底分税制，不设立共享税。法国政府间税种税收划分见表3-7。

表 3 -7　法国政府间税种税收划分

政府级次	税　种	本级税收收入占全国税收收入的比重（2011 年）
中央政府	个人所得税、公司所得税、增值税、关税、遗产税、交易税	86%（含社保）
政府级次	税　种	本级税收收入占全国税收收入的比重（2011 年）
地方政府	居住税、土地财产税、建筑物财产税、企业地产税、采矿权使用费、非农业企业税、工商会费税、专业协会会费税等、市政财产和公共事业等服务性收费	14%

资料来源：新华社部分驻外分社收集整理并提供。

④日本。

日本是"硬专享税"的典型国家。税收立法权归中央政府所有，地方政府只享有部分地方税的解释或者减免权限。税收征管方面，国税和地税互相独立，分别由财务省和总务省负责征管。中央和地方的税源按层级纵向分配，建立独立的地方税收体系，不设共享税。日本政府间税种税收划分见表 3 -8。

表 3 -8　日本政府间税种税收划分

政府级次	税　种	本级税收收入占全国税收收入的比重（2010 年）
中央政府	所得税、法人税、地方法人特别税、继承税、赠与税、印花税、注册执照税、消费税、酒税、烟草税、挥发油税、地方道路税、石油气税、飞机燃油税、石油煤炭税、汽车重量税、电源开发促进税、关税	55%

（续表）

<table>
<tr><th>政府级次</th><th>税　种</th><th colspan="2">本级税收收入占全国税收收入的比重（2010 年）</th></tr>
<tr><td>都道府县</td><td>都道府县民税、都道府县民税利息分配、都道府县民税股利分配、事业税、不动产取得税、都道府县水利地益税、地方消费税、都道府县烟草税、高尔夫球场利用税、汽车税、矿区税、汽车取得税、轻油交易税、狩猎税</td><td>18%</td><td rowspan="2">45%</td></tr>
<tr><td>市町村</td><td>市町村民税、固定资产税、城市规划税、事业税、市町村水利地益税、共同设施税、地皮开发税、国民健康保险税、市町村烟草税、小型汽车税、矿产税、入汤税</td><td>27%</td></tr>
</table>

资料来源：楼继伟，《中国政府间财政关系再思考》，日本财务省税务局，《日本税收综合手册 2010》。

（三）政府间转移支付的国际经验

在职责确定后，财权与之相应是难以完全做到的，特别是对于地区间资源禀赋和财政收入差异巨大的国家来说。必须在职责和财权划分的基础上给予额外的财力调配，使其与所承担的职责相匹配。主要的国际经验有以下几点。

（1）目标明确，方法适当。政府间转移支付的目标主要包括三个：一是弥补财政缺口，二是减少地区间财力差异，三是体现上级政府意志，引导和调节下级政府行为。为了弥补下级政府财政缺口并减少地区间财政差异，各国政府通常采用平衡性纵向一般转移支付或横向转移支付来实现该目标。为了体现上级政府意志，引导和调节下级政府行为，各国政府通常采用专项转移支付的方式，例如基本公共服务（教育、医疗）以及战略性新兴产业和高科技产业的专项转移支付。

（2）科学的分析技术和完整充分的基础数据。在采用一般性转移支付的国家，通常建立复杂的公式，综合各地区经济、财力、人口、社会、支出责任等各方面因素确定转移支付数额。此外，转移支付制度比较成熟的国家均有比较完善的国家经济、财政、社会数据库及系统。

（3）公开透明和严格的监督管理制度。各国一般性转移支付的计算方法和最终规模都是公开透明的，有利于转移支付的公平，有利于各级政府制定预算。在专项转移支付管理方面，各国通常采用公开透明和严格的监督管理制度，对专项转移支付的目标、数量、资金用途以及项目实施效果进行公示和严格的监督管理。

（4）好的转移支付制度和效果一定是建立在科学细化的职责和收入划分基础上的。

表 3－9 是沙安文对转移支付国际经验的综合分析。

表 3－9　转移支付设计的目标与方法

目标	方法	范例	不足的例子
减小财政缺口	政府职责再分配，税收返还，税基共享	加拿大：税收返还与税基共享	中国：根据赤字的转移支付，工资转移支付，按税种共享
减少地区间财政差异	一般性财力平衡转移支付	加拿大、丹麦和德国：用复杂的财政平衡公式计算转移支付总额和分配比例	巴西和印度：多因素一般性收入共享 中国和澳大利亚：固定数额财政平衡转移支付（非因素和公式法）
补偿公共服务溢出	一般性配套转移支付（配套比例与溢出效应相匹配）	南非：教学性医院的拨款	专项配套转移支付

（续表）

目标	方法	范例	不足的例子
设置国家最低标准	非配套专项转移支付，要求符合相应的服务标准	印度尼西亚2000年以前：公路维护和基础教育转移支付 巴西、智利和哥伦比亚：教育转移支付 巴西和加拿大：医疗转移支付	很多国家：只对支出加以限制的专项转移支付 美国：分肥拨款（议员为选民所争取得到的地方建设经费）
	专项配套转移支付（配套比例与地方财力相匹配）	印度尼西亚2000年以前：学校建设拨款 美国：向各州的高速公路建设拨款	无条件且无后续使用要求的转移支付
影响地方公共服务优先性，特别是对于国家设为优先但地方设为非优先的公共服务	一般性转移支付（理想情况为配套比例与地方财力相匹配）	加拿大2004年以前：社会补助转移支付	特别转移支付
保证稳定以及克服基础设施资金赤字	财力转移支付，提供可能的维护	配套比例与地方财力相匹配的专项转移支付	稳定目的的拨款，且无后续使用要求

资料来源：沙安文主编，《比较视角下的财政联邦制实践》，由北大－林肯研究中心翻译并提供。

第四章

深化财税体制改革的“公共财政—现代财政”思路

党的十八届三中全会提出："财政是国家治理的基础和重要支柱，科学的财税体制是优化资源配置、维护市场统一、促进社会公平、实现国家长治久安的制度保障。必须完善立法、明确事权、改革税制、稳定税负、透明预算、提高效率，建立现代财政制度，发挥中央和地方两个积极性。"这些要求包含丰富的内容，也与一系列我国改革中的攻坚克难与协调配套相关联，是服务于实现国家治理的现代化、让统一市场对资源配置优化发挥决定性作用、促进社会公平和实现国家长治久安的制度建设的，是服务和支撑改革全局的。在此之前，我国财税改革伴随着社会主义市场经济体制的建立与完善，历经30多年推进、深化，建立了初步成型的公共财政体制，特别是1994年的分税制改革和1998年开始建立公共财政制度的探索和公共财政体制的不断完善，有力支撑了经济社会全面协调可持续发展，但一些深层次矛盾也逐渐显现。比如，中央和地方事权与支出责任划分不清晰、不合理、不规范；转移支付制度不尽完善，项目过多、规模过大，资金分散难以形成合力，也造成财政资金效率降低，不利于推进基本公共服务均等化。在解决产能过剩、调节收入分配、促进资源节约和生态环境保护方面，现行税收制度的功能较弱，有待在未来的改革中继续完善。如果说1994年财税体制改革的目标是建立"与社会主义市场经济体制相适应"的体制框架，那么，新一轮财税体制改革就是要建立"与国家治理体系和治理能力现代化相适应"的制度基础。从"公共财政"到对接"现代财政"，是这一升级演变过程的基本思路和制度供给优化轨迹。

一、公共财政的提出与其要领

（一）公共财政的提出背景

中国"公共财政"的概念是在经济、社会转轨中就财政转型而提出的。在传统体制向社会主义市场经济体制转变过程中，客观地需要形成一个财政职能和财政形态调整的基本导向——在经过10余年的探索之后，这个导向被概括为公共财政的导向，于 1998 年被财政部门的领导同志和国务院领导同志明确提出。其后，关于建立公共财政框架的要求，写进了中共中央全会的文件和国家发展计划文件。从原来的供给型财政、生产建设型财政、转轨过程中探索的“振兴财政”，一步一步转变而提出来的公共财政，是适应时代要求、能够与新时期社会主义市场经济新体制和总体经济社会发展要求相适应、相匹配的财政形态。

（二）公共财政的基本特征

顾名思义，公共财政关键的内在导向是强调财政的公共性，由此，公共财政所应具备的基本特征，至少体现在如下四个方面：

第一个基本特征：要以满足社会公共需要作为财政分配的主要目标和工作重心。这方面的核心问题，是怎样正确处理公共性和阶级性的关系。简言之，20 世纪 80 年代改革开放之后，中国所发生的历史性转变的基点，就是如实承认我们必须以经济建设为中心而不是“以阶级斗争为纲”。现在进一步提升到科学发展观，即由以经济建设为中心、发展是硬道理这样一种正确认识，进一步提升到经济、社会、自然全面协调的科学发展是硬道理。这个大思路、大方向，决定着我们整个国家的命运，也必然要求我们摒弃阶级斗争思维，理直气壮地以财政分配去追求社会和谐、全面小康、共同富裕。

第二个基本特征：财政应以提供市场不能有效提供的公共产品和公共服务作为满足社会公共需要的基本方式。这个基本特征所包含的实质性问题，是合理把握政府和市场的分工合作关系。市场应是资源配置的基础机制，但它也存在失灵的领域，需要政府相应的干预、调节，其中非常重要的就是要提供那些市场不能有效提供的公共产品和公共服务。只有这样，政府和市场形成合理的相辅相成的分工互补关系，才能有利于生产力的充分解放、资源配置的全面优化与社会总体效益和总体福利的最大化。

第三个基本特征：要以公民权利平等、政治权力制衡为前提的规范的公共选择作为财政分配（亦即公共资源配置）的决策与监督机制。这个基本特征的实质内容，就是以理财的民主化、法治化、宪政化，保障决策的科学化以及公共需要满足的最大化。规范的公共选择也是政治文明建设的一个基本路径。公共财政和我们原来没有进入到这个状态的财政相比以及新旧状态下财政的相关决策机制相比，将会有本质性的改进，可归结为在公共事务民主化和政治文明互动的提升过程中，真正建立一套权力制衡的规范公共选择的制度框架。在中国经济社会急剧转轨、“黄金发展期”和“矛盾凸显期”一并到来的阶段，各种矛盾错综复杂地交织在一起，需要我们从制度角度积极考虑怎样运用政治文明发展方向上的制度空间，缓解矛盾，处理好公共事务，尽量全面地体现公众意愿，争取相对顺利而避免比较大的社会代价，来完成现代化过程。

第四个基本特征：公共财政在管理运行上要以现代意义的具有公开性、透明度、完整性、事前确定、严格执行的预算作为基本管理制度。这里的“公开性”仍和公共财政表述有直接的呼应，以其为逻辑开端、具备完整性与规范性的现代意义的预算，将成为公共财政所有理念、原则、目标和制度要素的实现载体。这个特征的实质内容，是以力求周密、完善的理财制度，防范公共权力的扭曲，规范政府行为，贯彻公众意愿和追求公众利益最大化。

（三）构建和发展公共财政框架的主导因素

1. 在政府和财政的基本职能中收缩生产建设职能

按照公共财政发展的要求，在政府和财政的基本职能中，需要继续收缩生产建设职能。从长期目标看，地方政府和财政应该逐步退出一般竞争性的投资领域，而中央政府则可有限介入竞争性领域，即一些长周期、跨地区、特大型，对于生产力布局优化、产业结构升级和长远发展有战略性意义的重大项目（如宝钢、三峡、京九等）。如果中央政府有限参与，地方政府退出一般竞争性领域以后，财政体制问题中的事权纠葛在最重要、最棘手的“投资权”上就可以基本理清。在此基础上，可由粗到细逐步形成中央和地方各级较详尽的事权明细单，分清哪些事权由哪级政府独立承担，哪些事权由哪几级政府共同承担以及如何共同承担，进而可寻求使公共财政中的财权配置与事权配置较好地呼应、各级财力能够与事权相匹配的制度安排。

2. 合理掌握财政分配顺序和轻重缓急

财政分配所面临的需要与可能之间的矛盾是永恒的，任何情况下，包括财力充足时，仍需处理轻重缓急、排序、优先保证、“有保有压”等具体问题。在公共财政的框架下合理掌握财政分配顺序，首先应是保证国家机器在效能前提下的正常运转（在转轨过程中要结合精简机构等基本问题逐步解决效能问题），其次应是满足公共需要即公共产品和服务的提供，如生态环境保护、国土整治、反周期调控、社会保障体系等（纯粹公共产品的提供又应排在准公共产品之前，因为其需要完全依靠政府财力）。公共产品和服务提供到位了，社会的投资条件、生存环境的水准就能提高，会反过来促使微观市场主体的活力不断增强，以及经济发展的可持续与社会生活的和谐。然后，才是政策倾斜方面和重点建设方面的事项。

3. 逐步形成规范的公共选择机制和体制

财力分配和政策安排如何把握轻重缓急，做出合理决策，不能只由少数政府官员决定，必须越来越多地依靠法治化的程序、规范的公共选择机制来形成决策方案，提高决策水平，体现法治化、民主化和科学化。这些机制的具体化又必须依托于一个能够与社会主义市场经济通盘模式相契合的体制，而这个体制只能是以分税制为基础的分级财政体制。

4. 形成理财系统为公众服务的意识和规范

政府各个部门特别是财政部门、税收部门，要形成理财系统为公众服务的意识和制度规范。意识是从思想教育和观念转变的角度而言，而制度规范则要进一步稳定地落实在一些有约束力的规则和典章之上，并体现在以现代信息技术为支撑的“金财工程”“金税工程”等操作和运行上，使整个财税业务管理流程越来越细化，减少非规范因素的干扰。制度规范和为公众服务的意识综合在一起，会使公共权力所应追求的目标被扭曲的可能性越来越小。

5. 转变和创新理财的方式

在体现产业政策、加强国有资产管理等这些中国的公共财政回避不了事项的处理上，要寻求一系列新的方式。比如政策倾斜，要努力发展“四两拨千斤”的政策工具（如税式支出、贴息、信用担保等）以及合理运用政府特许权拉动、引致民间资金的BOT、TOT和参股等方式。另外，要对实行政策倾斜的项目形成严格的专家可行性论证、集体决策制度和有效的多重审计监督体系，把政策倾斜中通过“设租寻租”徇私的可能性压到最小限度。

6. 形成协调配套的规范化复式预算体系

形成一个以公共收支预算、国有经营性资本预算、社会保障预算、政府基金预算等复式预算形式（或称为一个预算体系）来协调、配套的公共财政管理体系。即必须以一个系统工程的形式使一般的公共收支、经营性的国有资产（资本）、社会保障收支、政府基金收支等能够相对独立地各行其道，在预算上做出相对独立的反映和管理。同时，又在公共财政框架下，通过预算体系内部的协调配套相互衔接，统筹协调，以制度形式来实现管理的科学化、精细化，追求和贯彻公共财政的社会公共目标。

二、公共财政制度建设的管理体制依托和管理改革事项简况

1998年提出在中国建设公共财政框架，是与邓小平1992年南方视察后确立社会主义市场经济目标模式，1994年顺势推出分税制重大改革一脉相承而来的。市场经济所客观要求的宏观“间接调控”框架，合乎逻辑地引出了我国财政体制从“分灶吃饭（地方包干）”的行政性分权转为分税分级形式的“经济性分权”的里程碑式的改革。在1994年建立的分税制框架下，政府企业关系终于跳出了行政隶属关系控制范式，政府不再按照企业的行政隶属关系组织财政收入，而是所有企业不论大小、不分行政级别、不问经济性质（国有或非国有），一律依法向不同层级政府缴纳国税与地方税，相互之间真正“在一条起跑线上”公平竞争。同时，中央与地方之间，也不再存在所谓的“体制周期”，形成了前所未有的稳定、规范的以“分税制”为基础的分级财政。这个改革成果，成为进一步展开公共财政改革的体制依托。

自1998年提出建立公共财政框架以来，在中国的财政体系内，积极推

进了一系列改革措施，以求实施公共财政所要求的制度创新和管理创新、技术创新。其主要内容有：

（1）实行部门预算（综合预算）改革。

部门预算的核心要求是各部门在编报预算时，要把其所掌握的所有政府性财力，包括预算内资金和预算外资金，毫无遗漏地全部编入，实现和保证预算的完整性。1999 年开始着手这一改革，数年间，与社会主义市场经济体制相适应的部门预算框架已基本构成。改革还向纵深拓展，推进了项目预算滚动管理等。部门预算改革使政府预算编制逐步向完整、透明、规范、公平、高效的方向发展，明显改变了我国预算编制方法陈旧、透明度不高、约束力较差的状况，为建设公共财政提供了最首要、最基础的制度保障。

（2）实行单一账户的国库集中收付改革，建立了有利于对财政资金实行全程监督、追求高效运作的国库集中收付制度。

2001 年 8 月从中央部门开始实施这一改革，到 2008 年已全面推行，在所有中央部门及所属 1 万多个基层预算单位实施；中央级一般预算资金、政府性基金及国有资本经营预算资金全部实行国库集中支付，并将改革逐步扩大到部分中央补助地方专项转移支付资金；绝大多数中央预算部门在本级推行了公务卡改革试点，进一步规范和减少现金支出。地方层面的这项改革也取得长足进展。

（3）推行“收支两条线”改革。

近年，“收支两条线”改革的基本内容，是行使公权单位的各项收费和罚没收入等，不再与本单位支出、福利待遇挂钩，而是进入财政专户和归为预算统筹，执收单位的支出另由预算规范地做出安排。在这一改革中，规范收费基金管理，清理到期政府性基金项目，还在治理教育乱收费、减轻农民负担等方面取得进展。总体上，要将行政事业性收费、政府性基金、国有资源（资产）有偿使用收入、国有资本经营收益、彩票公益金、罚没收入等政府非税收入都纳入“收支两条线”管理范围。

（4）推行以招投标集中采购为代表形式的政府采购制度改革。

我国于 1999 年开始在中央单位部门预算中增加了政府集中采购内容，现已在各级国家机关、事业单位和团体组织中，全面推行政府采购制度改革，并在《2005年中央单位政府集中采购目录及标准》中明确了部分政府集中采购项目的适用范围，扩大了部门集中采购项目，增强了可操作性。现行的对政府大宗采购事项采取公开招投标的方式使政府采购行为得到了与市场机制兼容的约束和优化，提高了资金的使用效率，明显地抑止了腐败行为，提高了调控水平。全国政府采购规模从2000年的328亿元，增加到2008年的5990.9亿元和2010年的约8000亿元，资金节约率达11%左右。

（5）积极推进财政转移支付制度改革。

我国财政转移支付制度在1994年分税制改革后实现了重大的进步，并在其后建设公共财政框架的过程中进一步改进完善。近年来，我国财政转移支付体系不断完善，尤其是财力性转移支付的确立和完善，改变了分税制财政管理体制改革前中央财政与地方财政“一对一”谈判、“讨价还价”的财政管理体制模式，增强了财政管理体制的系统性、合理性，减少了地方补助数额确定过程中的随意性。转移支付规模不断扩大，支持了中西部经济欠发达地区行政运转和社会事业发展，促进了地区间基本公共服务均等化。同时，以专项转移支付重点支持经济社会发展的薄弱环节，新增的专项转移支付资金主要用于支农、教科文卫、社会保障等事关民生领域的支出，体现了公共财政的要求。

（6）实施与国际通行标准接轨的政府收支分类改革。

2007年1月1日我国实施的政府收支分类改革，使预算收支的分类和科目体系与国际通行标准接轨，也是公共财政体系框架的一项基础建设，其内容包括对政府收入进行统一分类、建立新的政府支出功能分类体系和新型支出经济分类体系等。财政部门将按照新的政府收支科目编制预算。2007年11月，财政部和中国人民银行结合国有资本经营预算改革对2008年政府收支分类科目进行了调整。此后，根据改革需要，不断对政府收支分类科目进行修订。下一步，将继续深化政府收支分类改革，建立统一规范、各级财政共同执行的政府收支科目体系。

（7）研讨和探索财政绩效评估制度方法和绩效预算的逐步构建。

注重绩效是预算改革深化的必然要求，意在切实提高政府管理效能和财政资金有效性。近年财政部门积极研究制定规范的绩效评价管理办法，力求明确绩效评价的范围、对象和内容，争取初步建立绩效评估体系，逐步将绩效预算的理念和方法引入我国的财政支出管理中。目前中央财政和不少地方都已经选择若干项目开始进行预算绩效评价的试点，在总结各部门预算绩效评价工作经验的基础上，将适当扩大试点范围，尝试将绩效评价的结果与部门预算编制相结合，改变以往预算资金安排中“重分配，轻管理”的现象。

（8）积极实施“金财工程（政府财政管理信息系统）”。

中国财政部门正在组织实施“金财工程”即“政府财政管理信息系统（GFMIS）”的建设，旨在建立一个全面反映政府财力，支撑公共财政科学决策的财政管理和财政监督的信息平台，以实现从中央到地方部门预算编审系统的修改完善、技术支持和应用服务。“金财工程”的规划和实施是财政管理体制改革中的一项重大工程，其全面推广可以使各级财政管理部门提高预算收支管理水平，以客观的、制度性的规范来消除主观的、利益驱动或人为失误带来的制度扭曲和公共资金效益损失，显著提高公共财政运行的绩效。

三、财政支出结构在强化“公共性”导向上的变化

自 1998 年我国把建设公共财政作为财政适应社会主义市场经济体制的转型目标以来，“公共性”“公共服务均等化”等与建设社会主义市场经济体制、实现社会经济全面协调可持续发展和构建和谐社会相呼应的理念愈益明确，在公共收入体系经税费改革得到发展、健全的同时，财政支出结构也发生了显著的调整变化。

（一）基本民生保障成为财政支出的重点

1998 年以来，在公共财政导向下，财政支出重点倾斜于弥补市场失灵的领域，即非盈利、非竞争领域，逐步矫正政府的“越位”与“缺位”，不断加强和改善民生。特别是党的十六大后，伴随“以人为本”“五个统

筹”“构建和谐社会”等执政、施政理念的确立，解决人民群众最关心、最直接、最现实的一些利益问题，已经成为政府的工作重点。财政领域陆续出台和积极探索了一系列以保障人民群众生活需要和提高人民综合福利水平为目标的财税政策措施，关注民生成为支出结构调整的重点。如加大财政普惠农民的力度，提高教育、卫生领域的公共保障支出，坚持公共教育，卫生资源向农村、中西部地区、贫困地区、边疆地区、民族地区倾斜，贯彻基本公共服务均等化原则；大力支持社会保障体系建设，推动最低生活保障制度与就业再就业政策的合理衔接，制定并落实就业和再就业的财税优惠政策，调整提高企业离退休人员养老金水平，将“低保”制度在农村区域推开，扩大农村新型合作医疗覆盖面并提高政府投入标准，2009 年启动覆盖全民的医疗卫生体系改革；等等。如在支持教育事业发展方面，全国财政教育支出从 2003 年的 3352 亿元逐年上升为 2008 年的 9010 亿元，6 年间增长了约 1.7 倍，2010 年又上升为 10438 亿元，比 2008 年增长 15.8%，其中，中央财政教育支出 1981.4 亿元，增长 23.6%。又如在支持医疗卫生事业发展方面，全国财政医疗卫生支出从 2003 年的 831 亿元逐年上升为 2008 年的 2757 亿元，增长 2 倍以上，2010 年又再次跃升为 3994 亿元，年度增长率达 44.9%。同时，从中央财政基本建设支出的方向来看，向民生领域集中投入的趋势也十分明显，如改善农村生产生活条件项目、农村水利等重大基础设施项目和涉及广大群众切身利益、需要抓紧解决的建设项目等。党的十七届五中全会通过的《中共中央关于制定国民经济和社会发展第十二个五年规划的建议》又明确提出了基本公共服务在“十二五”期间形成体系的要求。

（二）促进社会经济协调可持续发展

随着改革开放的推进，针对我国经济社会发展中面临的一些深层次矛盾，如区域间发展失衡、城乡差距明显、经济发展方式落后粗放等，在财政分配中着力加大了投入力度，贯彻缓解矛盾、促进协调的对策措施。在区域协调方面，2010 年中央对地方转移支付预算安排达到 25606.6 亿元，其中一般性转移支付资金规模从 1995 年的 21 亿元增加到 2010 年的

12295.7亿元，上升了585倍。总体的中央转移支付对地方标准收支缺口的补助水平，已从2000年的9.6%迅速上升到2007年的81%。在支农支出方面，从2003年起，中央财政用于“三农”的投入首次超过2000亿元，达到2144亿元。2003—2007年中央财政累计对“三农”的投入为21536.7亿元。2008—2010年，随积极财政政策的再次启动，中央财政的“三农”投入再创新高，2009年的支出安排升幅在20%以上，达7160多亿元，2010年农林水事务支出再创新高，增长19.8%。在转变经济发展方式方面，2003—2008年，中央财政用于科技的投入达到4570亿元，大力支持自主创新、节能减排。此外，还大力支持生态建设和环境保护。在天然林保护、退耕还林还草、防沙治沙等重点生态工程取得一定成效的基础上，继续加大财政投入力度，积极推进退耕还林后续政策调整，建立森林生态效益补偿基金制度，支持国有林场管理体制和国有林权制度改革试点。

（三）支持市场经济主体的培育

财政分配积极服务于建设社会主义市场经济体制的大局，加大培养市场主体的投入力度，对不同所有制企业采取支持措施。在支持国有企业方面，于中央企业剥离办社会职能、国有企业主辅分离和辅业改制、垄断行业体制改革等方面投入较大。2004—2007年，除农垦、森工企业外，中央企业分离办社会职能全面完成，中央财政为此累计核定经费补助基数96.8亿元，共移交机构2640个，移交资产总额47.66亿元；2004年国务院决定按照“先试点，再推开”的原则，逐步解决东北地区厂办大集体问题，中央财政设立专项补助资金积极支持改革试点；从2003年至2007年年底，共有76家中央企业的主辅分离改制分流总体方案及实施方案得到批复和财政支持，涉及解除劳动合同的职工有67.51万人，支付经济补偿金295.4亿元。

在支持非国有经济方面，财政支出的重点主要是中小企业。根据中小企业发展特点，财政根据国家宏观经济目标和产业发展规划，逐步建立面向各类非公有制中小企业的财政资金政策。“十五”期间，中央财政累计安排各类支持中小企业的专项资金 85 亿元，促进非公有制中小企业快速发展，并注重发挥引导作用，带动地方财政及各类社会资金共同支持中小企业发展。据统计，截至 2007 年，全国 30 多个省级财政部门共设立了约 160 项支持中小企业发展的专项资金。此外，通过加大中小企业环境建设的投入力度，鼓励中小企业服务机构、担保机构、创业投资企业等，积极为非公有制中小企业提供共用技术、信息、融资担保等服务，引导社会资本向初创期中小企业投资，为中小企业发展创造有利条件。

四、转型中面临的主要困难与问题

（一）政府职能转变的困难

财政是“以政控财，以财行政”的分配系统，即为政府实现其职能服务的理财系统。财政职能的定位与调整从根本上说取决于政府职能的定位与调整。党的十六大将社会主义市场经济条件下我国的政府职能定位为“经济调节，市场监管，社会管理和公共服务”，这也是财政逐步向公共财政转型的一项基本依据。但现实生活中，政府职能转变是一个重大而复杂的问题。建设服务型政府，需要实施政府自身职能和机构的演变，而且涉及包括政府功能与市场功能的界定、政府的行政运行机制、政府行为的规范乃至行政权力的约束与监督等复杂的方面，其中深层次矛盾的解决需要得到经济体制改革之外的行政体制、政治体制改革的配套，无法一蹴而就，但政府职能转变的迟滞，直接影响到公共财政体制的建设。比如，公共财政强调政府应该退出一般竞争性领域，将职能定位在公共服务、满足社会公共需求上，但是，在收缩生产建设职能方面，地方政府领导面临“为官一任造福一方”的压力，出于以 GDP 为代表性指标做出“政绩”的动机，往往把兴奋点放在以预算外资金、集资、融资等各种方法把钱凑在一起办企业上面，这在一定阶段上还很难完全避免，特别是在中西部。所以客观地讲，使更多的政府领导者的行为方式和地方政府职能真正转到退出生产建设职能的定位上来，只能是一个渐进过程。

（二）财力的约束

提出建立公共财政框架以来，虽然随着经济的快速增长，我国的财政收入保持了持续快速增长，但是在支付各项改革成本、实现统筹城乡经济社会协调发展、加大民生导向的基本公共服务支出、解决“三农”问题等方面，仍感到所需要的强大财力支撑与实际情况间存在明显距离，社会公众随经济社会发展进入“中等收入阶段”而迅速提高的对于政府公共服务与社会福利的更多期待，明显高于可用财政资金的增长。在近年财政收入/GDP 比重实现恢复性增长的情况下，财政分配面临关于“政府减税”和“政府增支”的双重压力，依然形成连年赤字。特别是公共服务具有较强刚性，一旦设立就需要持续提供，需要政府有足够财力保障长期供给。如何在有限财力下，充分发挥公共财政职能、优化支出结构、降低行政成本、重点保障基本民生支出、提高财政资金使用效益，是公共财政体制建设所面临的挑战和亟须解决的现实问题。

（三）政策优化、绩效提升所需的有效体制、机制支撑不足

当前我国尚未全面建立一套法制健全、权力制衡、程序严密、民众广泛参与的规范的公共选择机制，在公共政策的制定上还缺乏有效的体制机制支撑，影响到在理财上尚难以真正实现公共财政所要求的较全面的法治化、民主化、科学化。比如，市场经济发达国家中的预算编制，大到中央政府，小到地方上的一个自治镇，在审批、通过前都有必经的听证会等程序，听取公众需求和意愿，实行公众对政府职能与预算安排的监督。我国还缺乏类似的制约、监督机制。1994 年搭成框架的以分税制为基础的分级财政，在其后由于种种原因，共享税越搞越多，省以下的四个层级间，迟迟不能真正进入分税制状态，过渡安排演变成为五花八门、复杂易变、“讨价还价”色彩浓厚的分成制与包干制，总体的财力分配出现财权重心上移而事权重心下移的状态，造成基层财政困难局面。广受诟病的地方

“土地财政”现象及相关的短期行为等，也与省以下分税制迟迟不能实质性到位有内在的相关性。

五、公共财政为建立现代财政制度奠定良好基础

财政制度安排体现政府与市场、政府与社会、中央与地方关系，涉及经济、政治、文化、社会、生态文明等各方面。1994 年分税制改革以提高“两个比重”为基础调整了中央与地方政府的财政关系，强调发挥中央与地方两个积极性，形成了我国现有财政制度的基本框架，成为 20 世纪我国市场经济体制改革的重要突破口，奠定了我国 30 年来社会经济高速发展的基础；同步推进的税收制度改革则进一步规范了政府与市场的关系，释放了微观市场主体的活力，有效促进市场经济体制运行，提高了政府调控经济的能力。1998 年开始的建立公共财政制度的探索将重点放在支出制度的完善和支出结构的调整上，财政支出的重点从经济建设领域转向民生领域。1999 年启动了预算制度改革，通过部门预算、国库集中收付和政府采购等制度的引入，初步构建了现代预算体系框架，预算的公开性、民主化程度显著提高。公共财政体制的建设与完善，较好地规范了中央与地方、国家与企业、政府与市场间的关系，为构建现代财政制度奠定了良好基础。

不同于 1998 年以来所强调的公共财政，现代财政制度的内涵更加丰富。现代财政制度是对传统财政制度的继承和发展。市场经济的兴起与传统财政制度有着内在的冲突。市场、资本与政府之间因为收入与支出之间的矛盾越发冲突，亟待构建一套能够约束政府收支行为的新型财政制度。现代政府预算制度就是在这样的背景下建立起来的。现代财政制度自身也在不断地演变之中，并越发凸显国家治理理念。党的十八届三中全会通过的《中共中央关于全面深化改革若干重大问题的决定》，首次从国家治理高度，明确了财政是国家治理的基础和重要支柱，并将建立现代财政制度作为重要的战略取向。并从三个方面提出构建现代财政制度的重点：建立完整、规范、透明、高效的现代政府预算管理制度；建设有利于科学发

展、社会公平、市场统一的税收制度体系；建立事权与支出责任相适应的制度。由此可见，现代财政制度的特征表现为，现代财政制度是与国家现代化建设相适应的制度、适应动态财政治理需要的民主法治化财政制度。

六、打造现代财政制度，服务和支撑改革全局

中国经济迈入新常态，2015 年全面深化改革开始进入顶层设计制定后的落实阶段，是“攻坚期中的攻坚期”，动力与阻力并存。“十二五”规划已收官，“十三五”规划正扎实有序推进，把握策略并适时调整方向是全面深化改革的突破之道。财政体制改革将是全面深化改革中的关键之举。

现代财政制度的建立，是匹配于我国建设现代国家、现代社会的伟大民族复兴宏伟蓝图的，我们急需结合党的十八届三中全会后的整体改革设计思路，把财政服务经济社会发展全局的深化改革任务，落实到一套以现代性为取向的路线图与时间表的状态。

按照中央、省、市县三层级框架深化分税制改革、重构和优化中央—地方财税关系的基本原则与要领，必须以合理界定各级政府职能即“事权与支出责任相适应”为始发环节，构建“一级政权，有一级合理事权，呼应一级合理财权，配置一级合理税基，进而形成一级规范、完整、透明的现代意义的预算，并配之以一级产权和一级举债权”的三级分税分级、上下贯通的财政体制，加上中央、省两级自上而下的以因素法为主的转移支付和必要的生态补偿式的地区间横向转移支付。应大力强化和优化中央、省两级自上而下的转移支付，提高一般转移支付比重，整合专项转移支付并取消“地方配套”附带条件。在民生支出方面继续加大力度的同时，需要更加注重伴随机制创新与合理激励形成财政可持续性。

在党的十八届三中全会之前，我国财税改革已在历经 30 多年推进、深化的基础上做出了新一轮改革的重要铺垫：扩大了“营改增”改革的试点范围，并在 2013 年 8 月 1 日之后按上海“1 +6”方案框架覆盖全国并将适时扩大行业覆盖面，已形成“倒逼”通盘财税体制安排的深化改革与利益关系格局重构之势。

由“营改增”而来的直接现实问题是：把原归地方掌握的财源中唯一大宗财源营业税改为按现体制75%要归中央（每年增量中的70%归中央）的增值税，地方政府今后的主力财源是什么——依靠哪些主要的财力过日子？怎样贯彻实施党的十八大明确提出的“构建地方税体系”和“加快改革财税体制”的任务？处理这一重大现实问题牵一发而动全身，势必归结为在党的十八届三中全会公报和顶层规划指导文件公布后实质性推进新一轮旨在建立现代财政制度的财政改革与全局改革的方案设计与操作问题。

显然，现代财政制度的建立，是匹配于我国建设现代国家、现代社会的伟大民族复兴宏伟蓝图的，我们急需结合党的十八届三中全会后的整体改革设计思路，把财政服务经济社会发展全局的深化改革任务，落实到一套以现代性为取向的路线图与时间表的状态上。相关的要点参见本书第二章中的“现代财政制度的关键要点”部分。

专栏五：财政是“五位一体”现代化国家治理的基础和重要支柱[1]

理论源于实践，并高于实践。已有的财政理论是对已有人类社会相关实践活动的高度凝结，取得了丰硕成果，并指导了现实工作。但是，随着社会的演变、形势的变化，实际工作有了新任务、新要求，理论也迫切需要与时俱进地创新和突破，使理论与实践相互促进、相互适应。党的十八大和十八届三中、四中全会提出全面深化改革、全面依法治国的总目标，新一轮呼唤理论创新的客观需要正在生成，已有的财政理论需以其创新发展，在国家治理现代化的角度来指导财政实践，并促进财政工作的现代化；需要紧密结合现实生活解释财政与国家治理的确切关系，从理论上说明财政到底应在国家治理中扮演什么样的角色、处于什么样的地位、应起什么样的作用。对财政职能的认知决不能只停留在经济领域和直观的“收支平管”业务，需要满足政治、经济、社会、文化、生态“五位一体”全

① 节选自《财政全域国家治理：现代财政制度构建的基本理论框架》，贾康、龙小燕，《地方财政研究》，2015年第7期。

方位国家治理的全域视野。

（一）“五位一体”总体布局的治理要求

从改革开放之初拨乱反正明确“以经济建设为中心”，到1986年党的十二届六中全会提出“以经济建设为中心，坚定不移地进行经济体制改革，坚定不移地进行政治体制改革，坚定不移地加强精神文明建设”的“三位一体”发展布局，再到2006年党的十六届六中全会提出构建社会主义和谐社会的重大任务，“三位一体”扩展为经济、政治、文化、社会“四位一体”发展布局，再到2012年党的十八大报告提出经济、政治、文化、社会、生态“五位一体”总体布局，是我们党不断总结社会主义建设经验，面对发展中存在的问题和矛盾，不断深化对中国特色社会主义建设规律的认识，适应我国发展阶段变化、顺应人民群众万众期待、丰富治国理政理念的重大理论创新，也是不断提高驾驭全局谋求全面发展能力，不断提高国家治理的能力和现代化水平，优化推进社会主义现代化事业的实践创新。从经济、政治、文化再到社会和生态文明建设，财政这一国家政权“以政控财、以财行政”的分配体系都责无旁贷，需发挥重要的支撑和基础作用。

（二）财政是实现国家治理全方位目标和塑造现代国家的基础机制

熊彼特曾提出：财政不只是简单的技术或工具，而是塑造现代国家的利器，有什么样的财政就有什么样的国家。财政塑造着现代经济、行政体制、社会文化与价值、国家与社会的关系以及这个国家的人民。在我国沿着中国特色社会主义道路进行现代化建设过程中，党的十八大和党的十八届三中全会指出要加快发展社会主义市场经济、民主政治、先进文化、和谐社会、生态文明，在各领域全方位发展。这其中的每一领域都离不开财政的参与和支持，财政发挥着重要的治理基础和支柱的作用。

（1）经济领域的财政治理机制。在经济领域中，坚持发展和完善社会主义市场经济，把握经济增长速度、提高经济发展质量和优化经济结构等，都离不开财政的积极参与和大力支持。如把握好一定的经济增长速度服务、加快发展方式转变、打造经济“升级版”，尤其是在经济步入新常态的阶段，更是要稳字当头，稳中求进，就必须在财政分配中掌握好“稳增长、优结构、促改革、护生态、防风险、惠民生”的“统筹全局、突出重点、兼顾一般”的全套政策要领。在资源配置中要发挥市场总体上的决定性作用，还要更好发挥政府作用，包括以财政资金和税收杠杆促进产业发展、大众创业、万众创新，做大经济蛋糕，优化产业结构、区域结构和城乡结构，促进支持、引导、调节、激励经济升级版的打造。

（2）政治领域的财政治理机制。在政治领域中，注重维护国家安全、实现政治文明、促进民主法治、走向共和、长治久安，财政是坚实的基础和制度机制的先导因素。

首先，维护国家政权体系正常运转，保障坚强的军事、国防力量，是安全和稳定的基本要求。没有财政资金投入军队、国防等建设，这些便无从谈起。其次，实现全面依法治国的民主法治政治文明、最终走向共和，要从制度上、机制上理顺和平衡各方利益关系，政治诉求，借鉴美国“进步时代”（1880—1920年）的启示，以公众必然关切的公共资源配置机制的税收、预算和意愿表达、多重监督制度建设入手，把权力关进“制度的笼子”里，从源头上预防与减少腐败，维护公平正义、减少社会矛盾和纠纷，通过建立现代财政制度来增加政府透明度和公信力、提高执政绩效水平。

（3）文化领域的财政治理机制。在文化领域中，要实现中华民族的伟大复兴，必须构建社会主义核心价值观体系和提高国家“软实力”，这离不开财政的重要支持。文化的发展、进步与繁荣是综合性的多元互动的系统工程。财政要在保障资金投入、实行税收优惠、完善制度机制等方面，把文化科技教育的创新发展摆在国家发展全局的核心位置，深化文化科技教育体制改革。

中国的文化底蕴深厚，但现代化进程中亦遇到严峻的挑战和复杂的“去粗取精、去伪存真、推陈出新、弘扬光大”的客观需要，这一进程，关联思想的解放，社会各界、各阶层的良性互动及其与国际社会的广泛交流和启发促进，财政要以多种手段助益于政府和非政府的多元主体、国际社会的合作、交流和包容式发展。

（4）社会领域的财政治理机制。在社会领域中，构建和谐社会、维护民族团结、保障社会稳定，防灾减灾，发展基层自治机制和发挥“第三部门”社会团体的作用，也都离不开财政的鼎力支持。财政在解决就业、养老、医疗、住房等民生问题中必然从“托底”和“雪中送炭”层面发挥重要的支撑作用，对于调节收入差距、促进社会公平、缓解社会矛盾、维护社会稳定和谐，起着无可替代、举足轻重的作用。此外，在积极促进发展基层自治机制和发挥“第三部门”民间组织、社会团体、公益慈善和志愿者机构的作用，填补社会服务发展的一些薄弱领域，诸如环境保护、消除贫困、落后地区的教育等，以财政引导、激励、合作机制来实现创新、融合与完善，也是不可或缺的制度安排。

（5）生态文明领域的财政治理机制。在生态文明领域中，为有效防治大气、土壤、水、噪声、光等污染，保护自然环境和资源，努力建设美丽中国，十分需要财政的支持与贡献。生态文明建设是经济社会可持续健康发展的保障，正如习近平同志指出，建设生态文明，关系人民福祉，关乎民族未来。通过增加财政资金投入、完善转移支付制度和激励、引导手段，并通过资源税、环境税等税收制度的完善，可以强化重点生态建设项目、优化比价关系和节能降耗、绿色发展、低碳发展机制，建立健全资源有偿使用制度；在生态文明领域发挥财政支持生态文明建设的重要作用。这些也密切关联于促进产业升级、优化经济结构和转变经济增长方式、发挥非政府组织作用等方面，都会直接、间接地对生态保护与优化发挥重要的作用。

（6）财政全域参与国家治理的重要作用以及理论认识上的应有反映。上述这些领域之间相互影响，相互作用，也凸显了作为国家治理基础和重要支柱的财政，“牵一发而动全身”地链接各领域的重要作用和地位。经济领域的逐步强大，正在铸就我国在国际政治中的强大实力和地位，为我国参与全球治理、提高话语权、改善国际政治经济秩序和格局奠定坚实基础；政治稳定为经济发展和社会稳定提供环境；经济发展和政治稳定有利于促进各方关注和追求先进文化建设，以及社会“自组织”取向下的渐进成熟，以及生态文明建设水平的提高。这种全方位的系统化联系，在理论上的应有反映和框架化的清晰认知，便是如实地和鲜明地形成财政全域参与国家治理、全面渗透和优化经济社会生活的概念和分析框架。

（三）现代财政制度是国家治理体系的重要内容，其重要性在中国完成转轨中尤表现为全面改革的支撑

财政全域参加国家治理的认识，还有必要紧密联系其对于全面改革的支撑作用来加以理解。国家治理体系是一整套管理国家的制度安排，而中国正在经历历史性的制度转轨即全面改革，现代财政制度既是其中重要的组成部分，又是对于全面改革的引领、配套和支撑。美国“进步时代”给予了我们重要的启示。美国建国近100年时（1880—1920年）经历了“进步时代”，堪称二次建国，这是美国历史上制度演进最为重要的时期之一。正是在这一时期，美国建立了现代国家的一系列制度基础，特别是建立了现代财政制度。在收入方面，引入了个人所得税和公司所得税；在支出方面，建立了现代预算制度。从收入和支出两方面改革，确立了调节收入分配的法定机制，同时把“看不见的政府”变为“看得见的政府”，大大增加了政府活动的透明度，有效地遏制了腐败行为，改善了政府与民众的关系，缓解了社会矛盾，优化了提高国家能力的制度条件。实践证明，现代财政制度是国家政治体制中最重要的组成部分，其重要性不亚于、并匹配于选举制度、政党政治、议会制度和舆论监督制度。改革财政制度其实是政治改革的最佳切入口，因为它是低调的，不会过分提高人们的期望值；也是具体的，比抽象谈论“政治民主”更容易操作；更是务实的，可以在不太长的时间里产生看得见的变化。美国的“进步时代”实际上解决了不被表述为“政治体制改革”的相应政治改革历史任务及全面改革“大局奠定”的重大问题。

当前在我国推进国家治理体系和治理能力现代化的过程中，深化政治体制改革和实质性推进全面改革的难度有目共睹，但在渐进改革“路径依赖”制约下，也并非没有加以推进的空间，如果清晰认识，现代财政制度是国家治理体系的重要组成内容，把建立科学合理的现代财政制度放在突出的重要位置，从依法治国原则下建立现代意义的税制和预算制度入手，势必实质性地涉及从经济改革到政治改革、社会改革的一系列“冲破利益固化藩篱”的配套改革，引出全面改革的命题与一系列相关推进步骤，同时，也会在财政分配中一并处理支持改革的公共资金“成本垫付”，从而达到建设国家治理体系、提高国家治理能力的效果，使全面深化改革得到十分重要的全面支撑。

（四）财政是国家治理的重要经济手段和经济

发展的助推器要实现国家治理的目标，主要应该采取什么样的手段呢？在坚持和完善社会主义市场经济的道路上，决不能以行政手段为主，而应更多采取经济手段、法律手段，这样才有利于理顺政府与市场的关系，使市场在资源配置中起决定性作用。国家政权运用政治权力，拥有法定征税权和以非税方式取得收入的权利，进而运用所收入的财力履行国家治理职能，这一过程中可通过财政投向、税收杠杆等经济手段，体现国家治理的各种意图和政府活动的范围、方向、重点与政策要领，维护市场统一，弥补市场失灵，优化资源配置，促进社会公平，实现国家长治久安。运用财政政策工具中与市场兼容的重要经济手段，在体现国家意图过程中还可以起到引导企业和社会主体参与的作用，放大财政投入绩效。这样通过经济手段来治理市场经济，既维护了市场的公平统一，又在体现国家治理意图时通过财税杠杆起到“四两拨千斤”的乘数效应和放大效应对经济发展起到助推器、促进器的作用。

（五）依法治税、依法理财体现国家治理能力的现代化水平

在完善立法、科学制定税收法律和非税收入制度，以及建立和完善现代预算制度之后，合乎逻辑地可以在依法治税、依法理财方面体现国家治理应具有的现代化水平和能力。包括在以财政为重要配套条件的公私合作——政府与社会资本合作机制（PPP）的发展中，如没有依法治国、依法理财的理念与制度，将寸步难行，PPP 机制创新将带来法治建设和融资、管理、治理模式“全面法治化”的积极催化作用。在日常财政收支管理的运行中，“钱从哪里来，用到哪里去”，客观地要求法律规范、公众监督，进而以“依法理财、民主理财、科学理财”的机制提高财政资金运行绩效，追求公共利益最大化。不仅一般收支预算如此，国有资本经营预算、社会保障预算和基金预算，莫不内在要求这样的法治与规范。因此，构建依法治税、理财的现代财政制度的过程，也就是推进国家治理体系与能力现代化的过程。

（六）行政运转、社会管理、生态保护都要求财政后盾支持

行政运转是保障国家治理、履行政府职能的重要基础。确保行政运转

正常、政令畅通，财政是重要基础和坚强后盾。同时，财政还以其管理监督功能规范行政事业单位财务行为，促使行政事业单位提高资金使用效益，支持和保障行政事业单位完成其各项工作任务。

社会管理是政府和社会组织对社会系统的组成部分、社会生活的不同领域以及社会发展的各个环节进行组织、协调、监督和控制的过程。在现代国家治理框架下，我国迫切需要发展和创新社会管理组织与模式，改进社会治理方式，提高社会治理水平，促使人民安居乐业、社会安定和谐有序。要在党的领导下鼓励和支持社会各方面对于社会生活相关问题的充分沟通和积极参与，激发社会组织活力，实现政府调控和社会自我调节、居民自治良性互动，财政须发挥扶持、引导的重要作用。

加强生态保护既是我国粗放式发展中矛盾凸显带来的反思与改进，也是国际社会应对气候变化和资源环境危机因素的重要对策，事关局部与全局、当前与长远、人与自然和社会的共同发展。保护生态环境，财政要以财力为后盾，支持促进环保产业发展，建立和完善环境税收体系，发展健全生态补偿机制、资源有偿使用制度，并配合产业结构调整、低碳绿色和循环经济发展等，积极优化相关财政政策。

总之，以上理论分析从各个角度综合地表明：财政与整个国家治理全面对接，财政的理论其实就是治国理论，财政学其实就是治国之学，财政运行必须全域地介入于、渗透于和服务于国家治理。

第五章

深化财税体制改革的战略取向

财政是经济的重要组成部分，直接服务于转方式、调结构；财政也是行政和政治的组成部分，将制约或推动行政和政治体制改革；同时，财政又是社会、文化、生态各领域的重要支撑，牵一发而动全身。因此，在国家治理体系现代化进程中，建立现代财政制度、深化财税体制改革要从服务全局出发，要在全面服务于经济、政治、社会、文化、生态各领域改革的基础上，在合理界定政府职能、理顺政府间财政关系、改革税收制度、优化支出结构、强化预算管理、规范政府债务、健全信息系统等方面深入推进。同时，要完善财经法律体系，加强财税改革与价格、土地、金融、对外开放等项改革的配套联动。

一、推行“扁平化”改革

（一）实行“扁平化”改革，减少财政层级

财政体制改革要着力创新财政体制，积极探索和推进财政“扁平化”改革，增强分税制财税体制的稳定性和内在协调性，特别是使之在省以下能够得到实质性的贯彻。所以，基本导向是需要按照三级的基本架构和“一级政权、一级事权、一级财权、一级税基、一级预算、一级产权、一级举债权”的原则，力求实现省以下财政层级的减少即扁平化，塑造上下贯通、可有序运行的与市场经济相契合的分税分级财政体制。根据国家管理和经济社会发展的需要，同时考虑到简化政府级次难度较大，宜着眼于精简效能和减轻负担的要求，在一段时期还不得不保留五级政府架构的基础上，首先减少财政层次，通过推行“省直管县”“乡财县管”与“乡镇综合改革”等改革措施，形成中央、省、市县的三级财政架构。财政部门早已有工作要求上的时间概念：在 2012 年，“省直管县”要在除民族地区之外的各地全面覆盖。这一意图虽未按时间表完全实现，但已在各地至少启动了试点，搭成了框架。财政层级逐步达成“扁平化”，也可望进而拉

动“减少行政层级”的综合配套改革，有效降低行政成本，并促使各级政府在事权合理化、清晰化方面取得实质性进展，构建与事权相匹配的分级财税体制，提高行政体系运行的绩效水平。

（二）“扁平化”改革的框架和步骤

近年来，以部分地区“省直管县”和“乡财县管”改革试点为切入点，财政“扁平化”改革取得较大进展，截至2013年年底，全国共有28个省（自治区），1080个县（市）实行了“省直管县”财政管理体制。当前开展的“省直管县”财政改革也为行政上的“省直管县”体制和“减少行政层级”的改革奠定了基础、创造了条件。随着经济和社会的发展，“省直管县”必将在有条件的地方向“减少行政层级”的行政体制改革深化。同时，行政层级的精简将有利于政府职能的转变，有利于进一步明确各级政府的职能范围和支出责任，实现与市场经济体制相适应的服务型政府转型。这一改革的全局意义和可扩展性是相当明显的。今后应继续推进“乡财县管”和“省直管县”两个层面的“扁平化”改革，把财政的实体层次减少到三级，从而推进省以下分税制改革深化与落实，促进1994年以后始终不能贯彻落实的省以下分税制的实际施行。如前所述，原来省以下的分税，实际上没能“过渡”到位，变成了五花八门、复杂易变、讨价还价、弊病明显的分成制和包干制，而一旦分税制可以在省以下贯彻，其他的配套改革都可以有实质性的推进，现在人们所抨击的很多地方政府的短期行为与其合理职能相悖的表现，伴随制度条件的改变应都可以得到改造。

总体来看，我国的“省直管县”改革可分三步走：第一步是像目前各省的改革试点搞的那样，省主要对直管县的财政进行直管，并适当下放经济管理权，但仍维持市对县的行政领导地位；第二步是市和县分治，统一由省直管，重新定位市和县的功能，某些市毗连的县可改为市辖区；第三步是市改革，在合理扩大市辖区范围的同时，合理调整机构和人员，总的方向应当是撤销传统意义上的管县的地级市（级别可保留，人员逐渐调整），全面落实市县分置而同级，省直管县。在上述过程中，还可大力推进乡镇财政体制改革，对经济欠发达、财政收入规模小的乡镇，试行由县财政统一管理其财政收支的办法，对一般乡镇实行“乡财县管”方式，在保持乡镇资金所有权和使用权、财务审批权不变的前提下，完善和巩固“预算共编、账户统设、集中收付、采购统办、票据统管”的管理模式。

二、理清政府事权和职责

理清中央、省和市县各级政府的事权范围，明确各级政府的基本公共服务供给责任。从国际经验来看，全国性公共产品、与国家经济社会发展关系重大的事务由中央政府负责，区域性和地方性较强的公共产品主要由各级地方政府负责，跨区域的公共产品由中央和地方各级政府共同承担。对一些责任应由中央政府或全部层级政府负担，但效率要求县级政府具体承担的事权，需要各级政府将资金划拨到承担具体事务的地方政府。

（一）明晰政府与市场的角色定位

政府与市场、社会之间关系的正确处理决定政府职能的合理化，政府职能、职责及履责权限决定政府的支出责任。因此，行政体制和财税体制改革的核心是正确处理政府与市场、社会的关系，划清政府与市场、社会的边界；尊重市场规律，充分发挥市场在资源配置中的基础性作用，充分发挥人民群众和社会力量在经济发展和社会进步中的基础性作用，以公众利益最大化和维护社会正义为基点，恰当、适度地发挥政府作用。

党的十八大报告提出：“经济体制改革的核心问题是处理好政府和市场的关系，必须更加尊重市场规律，更好发挥政府作用。”在发挥市场在资源配置中的基础作用的前提下，政府必须充分考虑所处的经济社会发展阶段，既要避免弱化政府促进发展和保障民生的功能，也要防止超越历史阶段设定过高的发展目标和公共服务标准。应遵循“市场、社会优先”的原则，凡市场、社会能做好的就交由市场和社会去做；凡市场、社会能做但做不到位的，由政府发挥辅助作用；凡市场、社会做不到的，由政府牵头承担或组织相关资源配置。创新政府履行职能方式，充分引入市场机制。

在社会主义市场经济条件下，我国的政府职能应定位在“国家安全、民生保障、公共服务、运行有序、国有资产”方面，具体包括以下五大类：

第一类：国家主权和政权运转。一是维护国家独立、主权和领土完整；二是维持国家机器运转、维护社会秩序、保障人民群众正常生产生活和权益。

第二类：民生保障和公共事业。一是广义概念，包括教育、公共卫生、医疗、文化、科技、社会保障等；二是狭义概念，指上述公共事业的基本下限标准，包括基础教育、基本公共卫生、基本医疗、基本文化、基础科技、基本养老、失业保险和低保。

第三类：公共设施和市政工程。一是事关国计民生的能源、交通、水利等基础设施；二是城镇市政工程设施。

第四类：市场监管和经济调节。一是建立市场规则，维护市场秩序，对于外部性、垄断、信息不对称的治理；二是宏观调节，调节经济周期、经济结构、收入分配，协调地区发展。

第五类：国有资产和公共资源。一是经营性国有资产；二是行政事业单位国有资产；三是国有土地、矿产等自然资源。

由上述五大政府职能派生出以下十五项政府基本职责：

第一类：国家主权和政权运转

（1）国际合作、国际组织、国际事务和国际关系。

（2）服务国家主权的职责。

（3）国家立法、司法、行政。

（4）维护社会秩序的职责。

第二类：民生保障和公共事业

（5）人民群众基本生存条件。

（6）基本民生保障。

（7）一般公共服务。

第三类：公共设施和市政工程

（8）提供电力、油气等基础产业，以及铁路、公路、航空、水运、通信、邮电、水利等基础设施。

（9）提供城镇给水、排水、供气、供热、城市道路、公共交通、供电、环境卫生、垃圾处理、园林绿化等市政公用设施。

第四类：市场监管和经济调节

（10）建立市场规则，规范微观行为，维护市场秩序，保证微观主体运行的市场环境。

（11）调节经济周期波动、调节产业结构、充分就业、稳定物价、国际收支平衡、促进经济增长。

（12）调节国民收入分配格局中的国家、企业、个人分配占比结构及三部门内部的分配关系。

第五类：国有资产和公共资源

（13）经营性国有资产：包括国有金融企业和非金融企业。

（14）行政事业单位国有资产。

（15）国有土地、矿产、水源、森林、草原、滩涂、大气、空域等自然资源。

（二）理顺政府间职责和财政关系

在形成中央、省、市县三级财政架构的基础上，应按照法律规定、受益范围、成本效率等原则，进一步理清政府事权和职责，并逐步将其法规化。“十三五”时期，进一步理清各级政府事权和支出责任，重点是应解决以下几个方面的问题。

（1）应在中央政府有限介入为数不多的大型、长周期、跨地区重点建设项目的同时，原则上使地方政府从一般竞争性生产建设项目的投资领域退出，收缩到公益性公共工程和公共服务的领域内，从而理清多年来中央、地方在投资权上的纠葛，进而由粗到细形成各级政府间的事权分工并逐步将其法规化。

（2）要对现阶段各级政府事权划分标准进行统一。在公共财政框架下，应基本按照公共产品的属性来划分各级政府的事权。全国性公共物品如国防等一般属于中央政府的事务，地方性公共物品属于地方各级政府的事务，某些跨区域的公共产品应由中央和地方政府共同承担责任。

（3）对各级政府在基本公共服务领域交叉或重叠的事权争取尽可能进行明确的细分和形成共担方案。为保持公共服务的质量和稳定、高效提供，需要根据公共产品与服务的层次性对各级政府的职责尽可能进行细分，即便是那些不能直接明确、需要不同层级政府共担的领域，也要尽量细化以便明确共同分担与负责的方案。尽量减少交叉和重叠有利于提高服务效率和质量。

（4）以法律或法规形式明确规范各级政府事权。近期可以考虑以国务院行政法规形式对各级政府的职责进行具体而详细地划分，长远来看，则有必要制定专门的法律或对宪法的条款加以必要的规定，以明确界定各级政府的事权和职能分工。

（5）编制中央、省、市县财政事权一览表。十八届三中全会已经对事权和支出责任的划分做出了较为清晰的界定。下一步需要进一步细化各级政府的事权清单，将本应由中央政府承担的部分事权收归中央负责。在理顺中央、地方财政体制的深化改革中，应尽早编制中央、省、市县财政事权一览表。

一是要合理设定各级财政事权，必须具体化到一览表的形式上。政府职能的合理设定，需要具体化到各级财政的事权与支出责任设计上，并且必须进而细化到事权一览表和与之对应的支出责任明细单的形式上，才能具有实际工作中的可操作性。二是我国各级财政事权的一览表应当按照中央、省、市县三级来编制。当前，我国需要继续推进以“乡财县管”和“省直管县”为操作途径的“扁平化”改革，将财政实体层级调整为中央、省和市县三级架构，从而使省以下分税制由无解变有解。与此改革大方向与内在基本逻辑相适应，编制我国各级财政事权的一览表，宜按照中央、省、市县三级来设计掌握。三是三级财政事权一览表的编制，可由粗到细动态优化。建议按照尽职事务的外溢性、信息复杂程度和激励相容等原则和匹配适宜的地方税种等客观要求，由粗到细地在一个较长时期内动态优化。此外，建议起始阶段由管理部门牵头设计一个哪怕是相对粗线条的方案，再于实践中总结其管理运行经验，做出细化改进，争取尽快把三级事权的一览表对接到以预算支出科目为技术性支撑条件的三级支出责任明细单之上。以后动态优化的处理，将可望趋于更为从容。

根据有关部署，2017—2018 年，中央和地方事权和支出责任划分改革要争取在教育、医疗卫生、环境保护、交通运输等基本公共服务领域取得突破性进展。这不仅仅涉及财政部门，还会涉及教育、卫生、环保、交通运输等专业部门。部门之间的协调以及中央和地方之间的协调问题交织在一起，更是增添了政府间财政关系改革的难度。

三、建立财权与事权相顺应、财力与事权相匹配、落实于支出责任的财政体系

（一）科学划分政府间事权与支出责任，形成一览表、明细单

理顺政府间财政关系的目标是在“扁平化”框架下建立中央、省、市县三级政府间职责与财权的划分体系。按照职责的承担主体标准，可将政府职责分成四类：独立承担职责、共同承担职责、上级政府委托性职责和上级政府引导性职责。从国际政府间财政关系的借鉴来看，人类智慧的结晶和典型经验是：在各级政府间，“拿自己的财办自己的事，效率最高；拿别人的财办自己的事，效率其次；拿别人的财办别人的事，效率最低”。因此，处理政府间财政关系的总体原则是：减少职责共担，尽可能减少共

享税。赋予各级政府相应的财权，以满足其承担职责的需要。

1. **改革要点**

第一，细化职责类型，尽可能做到各级政府明确拥有大部分独立承担职责，减少共同承担职责，辅之以少量上级委托性职责和引导性职责。

第二，将部分现有地方政府承担的职责上收至中央政府，包括司法、民兵、边境、边防、海关、国税等中央执法机构的工作设施费用。

第三，中央政府本级独立承担的职责力争做到自己完成，少用共同承担的方式，按照区域或者省市两级建立自己的垂直派出机构，负责直接支出和委托支出的监督。

第四，按照国际通用的三级政府的行政架构来划分职责。中央政府负责兜底，中央和省两级自上而下转移支付支持，使政府体系（包括边远、欠发达区域的地方政府）承担好提供基本公共服务的职责。例如，基础教育（中小学）、基本医疗、基本养老、基本住房、基本失业、基本公共卫生、基本就业、城乡居民最低生活保障。同时，做实市县级政府，明确其功能，定位于提供改善性公共服务、市域基础设施、当地治安。

2. **划分方案**

借鉴国际经验，按照受益范围、能力、效率、规模经济、外部性、信息充分性和激励相容的基本原则，各级政府的职责尽可能由本级政府承担，尽量减少职责共担，逐步改变中央下指令、地方执行的状况。中央政府单独承担的职责，由中央自身的机构完成；中央自身机构能力不足的，首先应加强中央自身能力建设。职责划分尽可能细化、可执行。中央政府着重抓大事、抓影响全局的事，地方政府能履行的职责尽量交给地方。加快深化中央、省及省以下行政管理体制改革、行政区划调整和财政体制改革，相应进行立法保障，提高政府间职责和事权划分的稳定性（见表5-1）。

表 5－1　政府间职责和支出责任的界定

中央政府独立承担职责	国家主权与政权运转	（1）国际合作、国际组织、国际事务和国际关系：加入国际组织，多边与全球性谈判，国际卫生、教育、科技、文化合作 （2）服务国家主权的职责：外交、国防（军队）、国家安全、边防、海关、反恐 （3）国家立法、司法、行政：全国人民代表大会、全国政治协商会议、执政党、中央政府、法院、检察院 （4）维护社会秩序的职责：公安、消防、武警
	民生保障和公共事业	（5）人民群众基本生存条件：饮水、空气、食物的安全性 （6）基本民生保障：基本公共事业的基本下限标准，包括基础教育（如幼教、中小学、特殊教育）、基本公共卫生（如传染病、精神疾病防治）、基本医疗（如综合性和专科医院、社区医院、乡镇卫生院）、基本文化（群众文化、非物质文化遗产）、基本社会保障（基本养老保险、基本医疗保险、基本住房） （7）一般公共服务：国家级重点高等教育；国家级疾病防控、国家级医院（三级甲等医院）、重大公共卫生突发性事件；国家级和基础性科研项目（例如高能物理、航天、数学、力学等）；国家级自然保护区；跨区域环境保护（例如三江源保护、三北防护林建设、荒漠化治理等）
	公共设施和市政工程	（8）基础产业和基础设施：全国性和跨地区基础设施建设（全国性和跨地区跨流域水利设施、全国性电网、主干邮电通信网络、高速铁路和主干线普通铁路、国家级港口、全国性和区域性航空枢纽）；跨区域资源保护与开发；全国性战略物资储备（例如原油、稀土、粮食等）

（续表）

中央政府独立承担职责	市场监管和经济调节	(9) 市场规则：规范微观行为，维护市场秩序，保证微观主体运行的市场环境 (10) 宏观经济调节：调节经济周期、保持经济增长、调节产业结构、充分就业、稳定物价、国际收支平衡；国家经济和社会发展规划、全国性经济结构调整、财政与货币政策、金融监管、经济运行秩序及稳定；国家级农业开发（例如农业经济结构调整、土地整理、粮食收购、国家级扶贫）；全国范围内的基础数据统计；跨区域综合经济开发协作；其他跨区域合作事项 (11) 调节收入分配：调节国家、企业、个人分配占比结构及三部门内部的分配关系，调节政府层级间、产业行业间、个人间以及城乡间、地区间分配关系
	国有资产和公共资源	(12) 经营性国有资产：中央级金融企业和非金融企业 (13) 行政事业单位国有资产：中央级 (14) 自然资源：全国性和跨地区的自然资源，包括国有土地、矿产、水源、森林、草原、滩涂、大气、空域
	委托省/市县政府执行的职责	(15) 中央政府出资支持，省/市县政府负责协调推动和操作实施。包括：城乡居民最低生活保障；小学和初中教育及校车；社区医院和乡镇卫生院；大灾大难救助和灾后重建；社会救济社会优抚；经济建设项目；人口普查
省级政府独立承担与执行	国家主权与政权运转	(16) 国际合作、国际组织、国际事务和国际关系：省级国际合作 (17) 国家立法、司法、行政：省人民代表大会、省政治协商会议、省委、省政府、省级法院、省级检察院 (18) 维护社会秩序的职责：省级公共安全（含警察）

（续表）

省级政府独立承担与执行	民生保障和公共事业	（19）一般公共服务：在国家基本公共事业的下限标准之上，根据本省的财力状况，适当增加的基本公共事业标准；省级高等和专业中等教育；省级疾病防控与环境卫生、健康医疗体系建设、省级医院、省级公共卫生突发性事件；科学研究与技术研发应用、省级科研项目；省级自然保护区；省域内和跨市县环境保护（包括省内湖泊、河流、大气污染防治等）；基本住房保障
	公共设施和市政工程	（20）基础产业和基础设施：省域性和跨市县的基础设施建设与维护（包括水利设施、支线电力设施、支线邮电通信网络、国道及省道公路、支线普通铁路、港口、省级航空枢纽）；省域资源保护与利用；省域重要物资储备（粮、棉、食用油等）
	市场监管和经济调节	（21）市场规则：省域市场秩序稳定、省级金融监管（省域内非公众、非存款类金融机构监管及民间金融引导） （22）宏观经济调节：省级发展规划、省域经济结构调整；省级农业开发（包括省内山区、流域开发、省内扶贫）；全省范围内的数据统计；跨市县合作项目 （23）调节收入分配：省域收入分配调整和就业促进
	国有资产和公共资源	（24）经营性国有资产：省级金融企业和非金融企业 （25）行政事业单位国有资产：省级 （26）自然资源：跨市县的自然资源
	委托市县政府执行的职责	（27）省级政府出资，市县政府负责协调推动和操作实施。包括：基本住房保障；经济建设项目

（续表）

市县政府独立承担与执行	国家主权与政权运转	（28）国家立法、司法、行政：市县人民代表大会、市县政治协商会议、市县委、市县政府、市县级法院、市县级检察院 （29）维护社会秩序的职责：辖区内治安和社会稳定
	民生保障和公共事业	（30）一般公共服务：在国家基本公共事业的下限标准之上，根据本市县的财力状况，适当增加的基本公共事业标准；二级医院；市县级文化体育设施；幼儿园教育、中小学教育、成人教育；人口和户籍管理；社区服务
	公共设施和市政工程	（31）市政公用设施：地市县级基础设施建设（省道、市县级公路建设）；城市道路；辖区内公共交通网络建设与运营；城市和县域规划；市政公用事业（包括给水、排水、供电、供气、供热、公共交通、能源利用、园林绿化）、垃圾与污水治理、环境卫生、环境保护与污染治理
	市场监管和经济调节	（32）市场规则：市县辖区内市场秩序稳定 （33）宏观经济调节：市县级发展规划、市县经济结构调整；市县范围内的数据统计 （34）调节收入分配：市县辖区内就业促进
	国有资产和公共资源	（35）经营性国有资产：市县级金融企业和非金融企业 （36）行政事业单位国有资产：市县级 （37）自然资源：市县辖区内的自然资源

（注：此外，还有一些引导性职责。它是指中央政府鼓励省/市县政府，或者省级政府鼓励市县政府承担某些职责。这种情况下，上级政府拿出一部分资金，下级政府配套一部分资金，但引导性职责本身还是下级政府的职责。包括：战略性新兴产业发展；具有地方特色的产业发展。）

第一，中央政府的职责。一是国家主权和政权运转。包括：加入国际组织，多边与全球性谈判，国际合作；外交、国防（军队）、国家安全、边防、海关、反恐；全国人民代表大会、全国政治协商会议、执政党、中央政府、法院、检察院；公安、消防、武警。二是民生保障和公共事业。保证饮水、空气、食物的安全性等人民群众基本生存条件；提供教育、公共卫生、医疗、文化、科技、社会保障的基本下限标准；国家级重点高等教育；国家级疾病防控、国家级三级甲等医院、重大公共卫生突发性事件；高能物理、航天、数学、力学等国家级和基础性科研项目；国家级自然保护区；三江源保护、三北防护林建设、荒漠化治理等跨区域环境保护。三是公共设施和市政工程。全国性和跨地区跨流域水利设施、全国性电网、主干邮电通信网络、高速铁路和主干线普通铁路、国家级港口、全国性和区域性航空枢纽；跨区域资源保护与开发；原油、稀土、粮食等全国性战略物资储备。四是市场监管和经济调节。规范微观行为，维护市场秩序，保证微观主体运行的市场环境；调节经济周期、保持经济增长、调节产业结构、充分就业、稳定物价、国际收支平衡；国家经济和社会发展规划、全国性经济结构调整、财政与货币政策、金融监管、经济运行秩序及稳定；国家级农业开发；跨区域综合经济开发协作；调节国家、企业、个人分配占比结构及三部门内部的分配关系，调节政府层级间、产业行业间、个人间以及城乡间、地区间分配关系。五是国有资产和公共资源。中央级金融企业和非金融企业国有资产；中央级行政事业单位国有资产；全国性和跨地区的自然资源，包括国有土地、矿产、水源、森林、草原、滩涂、大气、空域。

第二，省级政府的职责。一是国家主权和政权运转。包括：省级国际合作；省人民代表大会、省政治协商会议、省委、省政府、省级法院、省级检察院；省级公共安全（含警察）。二是民生保障和公共事业。在国家基本公共事业的下限标准之上，根据本省的财力状况，适当增加的基本公共事业标准；省级高等和专业中等教育；省级疾病防控与环境卫生、健康医疗体系建设、省级医院、省级公共卫生突发性事件；科学研究与技术研发应用、省级科研项目；省级自然保护区；省域内和跨市县环境保护；基本住房保障。三是公共设施和市政工程。省域性和跨市县的基础设施建设与维护（包括水利设施、支线电力设施、支线邮电通信网络、国道及省道公路、支线普通铁路、港口、省级航空枢纽）；省域资源保护与利用；省域重要物资储备（粮、棉、食用油等）。四是市场监管和经济调节。省域市场秩序稳定、省级金融监管（省域内非公众、非存款类金融机构监管及民间金融引导）；省级发展规划、省域经济结构调整；省级农业开发（包括省内山区、流域开发、省内扶贫）；全省范围内的数据统计；省域收入分配调整和就业促进。五是国有资产和公共资源。省级金融企业和非金融企业国有资产；省级行政事业单位国有资产；跨市县的自然资源。

第三，市县级政府的职责。一是国家主权和政权运转。包括：市县人民代表大会、市县政治协商会议、市县委、市县政府、市县级法院、市县级检察院；辖区内治安和社会稳定。二是民生保障和公共事业。在国家基本公共事业的下限标准之上，根据本市县的财力状况，适当增加的基本公共事业标准；二级医院；市县级文化体育设施；幼儿园教育、中小学教育、成人教育；人口和户籍管理；社区服务。三是公共设施和市政工程。地市县级基础设施建设（省道、市县级公路建设）；城市道路；辖区内公共交通网络建设与运营；城市和县域规划；市政公用事业（包括给水、排水、供电、供气、供热、公共交通、能源利用、园林绿化）、垃圾与污水治理、环境卫生、环境保护与污染治理。四是市场监管和经济调节。市县辖区内市场秩序稳定；市县级发展规划、市县经济结构调整；市县范围内的数据统计；市县辖区内就业促进。五是国有资产和公共资源。市县级金融企业和非金融企业国有资产；市县级行政事业单位国有资产；市县辖区内的自然资源。

第四，委托性职责与引导性职责。这部分职责较少，仅发挥辅助性作用。一是委托性职责。中央政府出资，省/市县政府负责协调推动和操作实施。包括：城乡居民最低生活保障；小学和初中教育及校车；社区医院和乡镇卫生院；大灾大难救助和灾后重建；社会救济社会优抚；经济建设项目；人口普查。省级政府出资，市县政府负责协调推动和操作实施。包括：基本住房保障；经济建设项目。二是引导性职责。上级政府拿出一部分资金，下级政府配套一部分资金，以鼓励引导下级政府承担某些职责。包括：战略性新兴产业发展；具有地方特色的产业发展。

这样的一套初步设计，应尽快落实到由粗到细动态优化的事权一览表、支出责任明细单的形态上，以便按实际工作。

专栏六：2017 年贾康委员提案之《关于在深化财政改革中编制中央、省、市县三级事权一览表的提案》

（送交单位：财政部　国家发改委）

中国共产党十八届三中全会形成关于全面改革的顶层规划式指导文件之后，中央政治局首先审批通过了关于财税改革的方案，确定预算管理改革、税制改革和理顺中央、地方体制关系三大方面的改革任务，并提出了时间表的要求。2016 年，国务院印发了《关于推进中央与地方财政事权和支出责任划分改革的指导意见》，即国发〔2016〕49 号文件。为贯彻落实财税改革方案与 49 号文件提出的改革要求，在理顺中央、地方财政体制的深化改革中，亟应尽早编制中央、省、市县财政事权一览表，并对应到三级财政支出责任明细单。特以本提案简述建议如下：

一、合理设定各级财政事权必须具体化到一览表的形式上

财政作为国家政权“以政控财、以财行政”的分配体系，是为政府履行其应有职能服务的国家治理基础与重要支柱；政府职能的合理设定，需要具体化到各级财政的事权与支出责任设计上，并且必须进而细化到事权一览表和与之对应的支出责任明细单的形式上，才能具有实际工作中的可操作性。多年来，关于政府职能转变和与之匹配的财政事权合理化的问题，各方一直在讨论，并多次得到决策层的强调，但也一直主要停留于某些原则性表述上，尚无法对接实际工作部门的具体操作，于是方向、原则与实践始终脱节。这种改革任务悬于半空的状态，不宜再继续下去了。

二、我国各级财政事权的一览表应当按照中央、省、市县三级来编制

我国政府与财政的层级，是相当独特的中央、省、地市、县、乡镇五级架构，这使得 1994 年财税配套改革形成的分税制体制框架，在深化改革中遇到了“五级分税无解”的难题，以致省以下的分税制迟迟不能够真正落实，实际上在“过渡”中却僵化为较普遍的省以下分成制甚至是市以下包干制，衍生出基层财政困难、隐形负债和“土地财政”等方面的不良问题。为完善社会主义市场经济和与之相匹配的分税分级财政体制，我国需要继续推进以“乡财县管”和“省直管县”为操作途径的“扁平化”改革，将财政实体层级调整为中央、省和市县三级架构，从而使省以下分税制由无解变有解。与此改革大方向与内在基本逻辑相适应，编制我国各级财政事权的一览表，宜按照中央、省、市县三级来设计掌握。

三、三级财政事权一览表的编制，可由粗到细、动态优化

考虑到中国的经济社会转轨还在攻坚克难的“进行时”，政府职能、财政事权的演变还有一个从较大幅、频繁的调整演变到逐步稳定成熟的过程，故三级事权一览表的编制，可按照尽职事务的外溢性、信息复杂程度和激励相容等原则和匹配适宜的地方税种等客观要求，由粗到细地在一个较长时期内动态优化。建议起始阶段，参照已有的相关课题研究成果（包括有关这一专题的中央层级国经中心智库报告和河北省辖区内的专题方案设计等），由管理部门牵头设计一个哪怕是相对粗线条的方案，再于实践中总结其管理运行经验，做出细化改进，争取尽快把三级事权的一览表对接到以预算支出科目为技术性支撑条件的三级支出责任明细单之上。以后动态优化的处理，将可望趋于更为从容。

（二）进一步深化财政支出管理改革

构建财权与事权相顺应、财力与事权相匹配的财税体制，是推进基本公共服务均等化的体制保障，也是完善社会主义市场经济体制的题中应有之义和重大事项。财政体制中的财权配置是保证各级政府有效履行职能的重要制度安排。

1. 优化财政支出结构

科学合理的公共支出结构是国家实现经济社会协同发展的重要杠杆。根据马斯格雷夫的经济发展“三阶段说”，一国不同的经济发展阶段会直接影响到公共支出的增长及其结构的变化。在经济发展的早期阶段，公共支出的重点集中在基础设施、基础产业方面，而在经济发展的成熟阶段，财政支出则主要向教育、医疗卫生、社会保障、环境保护等民生项目倾斜。此外，公共支出结构的转换与经济增长密切相关，当经济发展到一定的阶段，就必然会出现相应的财政支出结构，而财政支出结构的良性变动与科学调整则能够进一步推进经济发展到一个新的阶段。因此，公共财政支出结构的调整必须与所处的经济发展阶段相适应，使支出结构充分适应该阶段经济社会发展的特征和要求。当前中国整体经济实力已经达到较高的水平，因而财政支出应重点投向事关社会公众整体福利的民生性项目。

（1）优化政府投资支出的结构。

从产业战略布局来看，第一产业应在稳定中逐步转向“集约经营”，第二产业应该注重产业升级与结构优化，具备更多吸纳就业潜力、与人民群众福利提升紧密相关的第三产业应该受到大力扶持。从成本—效益角度来看，压缩高能耗、高污染、低效率的产业投资，投资性支出重点转向产业升级以及具有更高科技含量与效益前景的产业。从经济内生增长的前景来看，除特定时期外（如经济萧条需要政府直接扩大投资），财政应主要担当政策引导功能，投资拉动应更多依靠社会资本力量形成的“自发增长”效应。

（2）强化民生及公共服务领域的财政支持力度。

教育、卫生、医疗、社会保障、住房、城乡社区事务等公共领域，是中国现阶段社会矛盾焦点较为集中的领域，财政支出结构在布局方面的改革应向民生领域倾斜，向中西部欠发达地区倾斜，向有利于经济长远发展、平衡发展的方向倾斜。

（3）优化财政转移支付功能，调节社会收入分配与地域的平衡发展。

中国收入分配与经济社会发展不均衡主要表现在不同收入群体之间的差异、地域之间的不平衡、城乡二元结构的矛盾、垄断性行业与非垄断性行业的差异等方面。这些问题的解决除了直接的中央财政支出的扩张支持外，可以更多通过转移支出安排对弱势一方进行扶持，财政支出在战略层面应该进行合理、统一、有序、规范的安排。

（4）压缩行政刚性支出膨胀需求，树立“过紧日子”思想和节约意识。

再多的财政资金都难以承担浪费的代价，更何况未来财政高速增长时代将结束。政府部门花钱要树立“过紧日子”思想和节约意识，更加强调结果导向，对行政经费等一般性支出进行严格控制，努力降低行政成本，确保把有限的钱用在刀刃上。在过去十余年财政收入高速增长的过程中，不少人已经习惯于以支出买政绩，更有人已经形成了年年瓜分“超收”、岁岁改善福利的思维定式和行为模式。当前，随着财政收入高增长时代的结束，对于这些长期存在于中国经济社会运行过程中的体制性“顽疾”，应当有清醒的认识并加强治理。政府“过紧日子”决不能停留于喊口号，更不能止步于短期操作，而须将其作为一种长期战略，融入财政和经济的运行过程中。

总之，考虑到人员经费上涨、社会保障支出负担较重的现实和趋势，财政支出规模应力求保持行政成本基本稳定，并结合配套改革寻求使其有所下降。支出的主要方向应该定位于加强基本民生保障和一般公共服务、公共基础设施等。

加快发展健全规范的中央、省两级自上而下的财政转移支付制度以及必要的“对口支援”等横向转移支付，发挥其作为有效的财政均衡制度的功能。“十三五”时期，完善政府间转移支付制度应突出三项内容：一是继续扩大一般性转移支付资金规模，对一些名不副实的专项资金进行撤并。二是清理整合专项转移支付项目，尽可能减少项目支出的交叉、重复，严格控制新设项目，必须设定的项目要做到资金安排和制度建设同步进行。同时，进一步完善“三奖一补”政策，调动地方克服县乡财政困难的潜力，强化基层政府服务“三农”的能力。三是完善现行的因素法转移支付，尽量采用客观的量化公式和能够反映各地客观实际的统计指标，针对各地区不同的主体功能，把对于农业区域、生态区域的转移支付支持，进一步制度化、规范化。

2. 优化财政支出方式，完善支出定额标准体系

减少采用专项补贴支持产业、行业发展的方式，审慎、合理地采用税收优惠方式，并探索以“税式支出”的形式将减免税纳入预算管理。公共服务供给要充分将政府与市场结合。中央政府负责提供下限标准的基本公共服务，地方政府根据本身情况在下限基础上提供改善性的基本公共服务，市场提供更高档次的服务。

支出标准体系是为保证财政预算资金分配的规范性、科学性、合理性而建立的审核部门预算支出的政策依据和测算标准。基本支出定额是政府运作过程中人员经费、日常公用经费的安排标准，是预算编制和执行的重要基础之一。完善中国支出标准体系应从以下几个方面着手：一要加强宏观经济形势分析，把握经济建设和社会发展的实际需要，科学预测国内外经济走势和GDP增长率、物价指数等核心经济指标，明确支出保障范围和保障重点，在财力可能的前提下，统筹平衡机构运转和事业发展需要。二要建立健全成本核算系统，充分运用信息化手段，客观、全面地反映和分析政府运作成本，在此基础上，深入研究各部门的业务特点和事业发展趋势，通过保障范围和标准的动态调整和优化，不断提升定额体系的针对性和有效性。三要实施总额拨款和大类管理，在以量化或可说明的方式明确各部门工作目标的前提下，归并减少各定额分项，逐步形成基本支出综合定额，在人员经费中加大绩效工资比重，在日常公用经费使用中体现部门特色，允许各部门在核定的预算盘子内根据业务开展需要统筹各分项支出，必要时可以突破人员经费与日常公用经费的边界。

加快研究建立生态补偿的横向转移支付制度。可以考虑结合主体功能区建设，建立基于生态补偿的横向转移支付制度。即在经济和生态关系密切的同级政府间建立区际生态转移支付基金，通过辖区政府之间的相互协作，实现生态成本在区域间的有效交换与分担。区际生态转移支付基金由特定区域内生态环境受益区和提供区政府间的财政资金拨付形成，拨付比例应在综合考虑人口规模、财力状况、GDP总值、生态效益外溢程度等因素的基础上来确定。生态基金必须用于绿色项目。如果实行区际生态基金的区域内有国家级的生态保护工程，中央政府也应在生态基金中拨付一定的财政资金作为管护费用的补偿。此外，在特定流域的上、下游之间，生活用水的水源地和使用地之间，还可通过上级协调、专家参与谈判，建立“一对一”的横向生态补偿制度。

3. 加强财政支出绩效考评

我国对财政支出绩效考评进行了一些实践和探索，但还存在着绩效评价法规制度滞后、评价方式“重脚轻头，重局部轻整体”、评价范围窄、评价指标体系不科学、评价结果运用不够充分等问题，需要进一步改革完善。

（1）完善财政支出绩效评价的标准和方法体系，建立健全绩效评价制度。

财政支出绩效评价中最核心的部分是公共财政支出绩效评价的评价标准和评价方法。由于财政支出范围广泛，既包括直接的、有形的、现实的支出，也包括间接的、无形的、预期的效益，还要涵盖社会效益和生态效益；不仅要考虑局部效益还要兼顾整体效益；不仅要能够评价短期效益，更重要的是能够评估长远效益，做到这几者的有机结合。完善财政支出绩效评价标准和方法体系，首先应解决以下问题：一是科学规范的评价标准体系的构建；二是确定指标的权重；三是合理实用的评价计分方法的选取。绩效财政的评价指标体系要包括共性与个性相结合、定性与定量相结合的评价指标、适合的评价标准及正确的评价方法。总之，运用科学、规范、细致的绩效评价方法，对财政支出绩效目标的实现程度及效果进行考核评价，将绩效评价结果与下一年度预算资金直接挂钩，倒逼各部门切实提高财政资金的使用效益。要建立起“以成本效益分析为核心，推行年度滚动预算”的考核机制，确保部门预算和财政资金的效益不断提高。

（2）扩大绩效评价的对象和内容，推动财政支出绩效评价向全方位、多层次发展。

根据开展财政支出绩效评价工作的主体和客体的不同，可将财政支出绩效评价工作分四类：财政支出项目绩效评价、单位财政支出绩效评价、部门财政支出绩效评价和财政支出综合绩效评价。当前，应该从项目绩效评价入手，通过对大类项目的评价反映部门支出绩效，通过强化结果应用约束部门管理行为，按照“逐步扩面、有序推进”的原则，逐步将评价范围拓展到预算编制、预算执行和项目安排环节，充分考虑具体项目或部门的特点与环境等综合因素，并结合经济和社会发展实际，推动部门支出绩效评价向全方位、多层次方向拓展，最终实现对部门支出管理绩效的系统评价。

（3）规范评价主体，探索引入第三方评价机制。

建立有效的监督和问责机制。建立独立的预算审查队伍。审查工作做深、做细，迈向实质性审查，加强对预算超收收入安排使用和预算外资金管理的监督。财政支出项目绩效评价主要由政府主导，政府制定绩效评价规则，同时政府又参与绩效评价工作的考核，政府甚至为不同项目制定了共性指标、评分标准、统一的评价报表格式。政府作为项目经费下拨方，希望通过绩效评价这种新方法，提高财政资金使用效益的初衷无可厚非。但是，无论是拨款的政府部门，还是实施项目的单位，都存在许多共同利益，难保主导绩效评价及其考核的政府部门与项目实施单位不合谋，从而使绩效评价成为一种修饰。政府过度参与绩效评价并不利于绩效评价工作公开、公平、公正的开展。鉴于此，在建立健全绩效考评体系、完善绩效评价的基础上，探索引入第三方评价主体，强化绩效审计，加强绩效问责，使有限的财政资金发挥最大的使用效益。

（4）加强绩效评价结果的反馈和应用。

首先，汇总各类财政支出绩效评价的结果，并将其作为第二年度财政分配与部门预算的重要依据，依此建立一整套有关财政支出绩效的激励机制与约束机制。绩效考评优良的，在下年度的财政分配和部门预算时给予优先考虑；绩效较差的，要通报处理甚至在下年度财政预算中予以扣减。其次，在执行预算的中期过程中，可以根据评价报告查阅、对比资金的使用安排及其绩效，进一步了解部门预算的执行情况，及时发现预算资金使用、安排中的问题。

（5）增强预算透明度，尤其是市县一级政府的财政透明度，是提高财政资金使用效率的关键环节。

加快推进财政的预算公开，打造“阳光财政”。财政部门要将提交给人大会议审议的财政预算和执行情况的报告大幅度细化，目前的子项目过粗、过大，大多数的人大代表看不懂，看不到更细的子科目，更不用提普通百姓了。此外，财政资金的取得、使用，甚至财政决策的种种议事程序、信息传送等，必须符合规则，并且逐步做到公布。借鉴资本市场的经验，不仅公布年度报告，而且公布半年度甚至季度预算执行情况的报告。目前，贵州等一些省级部门和单位公开了全部预算表格并细化公开到款级科目，其中有关教育、医疗卫生、社会保障和就业、农林水事务、住房保障等支出细化公开到了项级科目，公开“三公”经费并进行解释说明，还公开了单位编制人数、车辆购置数量及保有量有关情况等。在总结并继续完善省级预算公开的基础上，积极推动市县级预算公开。

4. **完善政府采购制度，积极推进政府购买公共服务**

政府购买公共服务在我国属于政府提供公共服务的一种新理念、新机制和新方法，是发挥市场在公共服务资源配置中的作用、转变政府职能和创新经济社会治理体系的重要内容，也是推进政社合作互动的重要途径。党的十八届三中全会通过的《中共中央关于全面深化改革若干重大问题的决定》明确提出，“加大政府购买公共服务力度，……推广政府购买服务，凡属事务性管理服务，原则上都要引入竞争机制，通过合同、委托等方式向社会购买”。政府购买公共服务正被越来越多地区应用于各个领域。2013 年，国务院发布《国务院办公厅关于政府向社会力量购买服务的指导意见》（国办发〔2013〕96 号），对政府购买服务提出指导性意见。2014 年 1 月 16 日，财政部召开全国政府购买服务工作会议，对政府购买服务提出了具体要求。

公共服务购买，本质上是政府与社会组织签订合同，使用财政资金，由社会组织承包服务，实现特定的公共服务目标。其核心意义是公共服务提供的契约化，政府与社会组织之间构成平等、独立的契约双方。其重要的效应包括促进政府职能转变，培育服务市场，提高财政资金支出效率，等等。加快制度建设，健全政府购买公共服务管理体制机制。主要包括以下几点：第一，完善法规，制定政府购买公共服务制度规范；第二，理顺购买公共服务中政府部门之间的职责关系；第三，完善购买服务的预算管理；第四，规范政府购买公共服务的管理程序；第五，健全政府购买公共服务有效监管和风险防范机制；第六，加快公共服务供给市场的培育，重塑政府与社会组织的关系，促进有序竞争。

四、完善预算管理制度，健全政府预算管理体系

现代政府预算制度是现代财政制度的基础。预算编制科学完整、预算执行规范有效、预算监督公开透明，三者有机衔接、相互制衡，是现代预算管理制度的核心内容。中国有统一的预算制度，旨在按照统一的规定，对所有政府部门预算工作进行单一窗口指导。然而，应该看到，经过多年

改革，政府预算体系仍缺乏综合性，这在一定程度上削弱了预算的约束、管控作用。政府预算体系除了不够完备之外，还只按年度来编制预算，使得无法把政府的发展规划和预算联系起来。同时，在预算方法上采用的是收付实现制的分项预算，提供关于当前收入和支出的相关数据。然而，这些数据并不能完全说明资本融资和资本支出，也不能体现公共服务提供的相关信息。基于这些原因，政府预算绩效的评价和报告制度也同样急需进一步完备。建立适应现代财政制度的预算管理体系的重点主要包括以下几方面：以推进预算公开为核心，建立透明预算制度；完善政府预算体系，研究清理规范重点支出同财政收支增幅或生产总值挂钩事项；改进年度预算控制方式，建立跨年度预算平衡机制；完善国库收付制度；加强预算执行管理，全面推进预算绩效管理。

（一）建立全口径预算和预算制衡体系

1. 建立全口径预算

全口径预算管理改革的最终目标是构建以公共财政预算为基本，政府性基金预算、国有资本经营预算与社会保险基金预算等为辅助的全口径政府预算体系，实现作为立法机构的各级人大对同级政府所有政府性收支行为的立法控制。这意味着，所有政府收支都应当取得立法机构的授权，只有取得授权，政府的活动及其相应的收支才具备合法性。

全口径预算管理改革的主要内容包括：

第一，构筑全口径预算管理的基础：财政部门统揽政府全部收支。全口径预算管理的基础是形成财政部门统揽政府收支、相关预算单位积极配合的预算管理体系。所有政府收支活动都应纳入财政部门的管理监督视野，各种政府收支都应在全口径预算体系的平台上进行分配，以全局利益消除局部利益，预算单位只能通过全口径预算体系的平台安排收支，切断预算单位行政履职与其经费拨款之间的直接关联，从而真正形成财政部门统揽政府收支，政府资金分配必须经由预算安排的完整的政府收支管理体系。

第二，建立各项预算之间的统筹与审批机制。进一步探索公共财政预算、政府性基金预算、国有资本经营预算与社会保险基金预算之间的有机衔接制度。对于收入较稳定的政府性基金，可逐步纳入公共财政预算管理；国有资本经营预算应将更多的收入转入公共财政预算，与社会保险基金预算的资金联系只能通过公共财政预算。从预算的完整性出发，各子预算应统一在政府预算这个大盘子中，形成具体细分而又总量有数的政府预算，让人大、政府（财政）与社会成员真正了解各子预算的具体情况，保证财政资金的真正统筹使用，推动人大预算总量控制。此外，还应进一步探索中国特色的国有企业经营收益预算制度。

第三，进一步完善政府收支分类科目。在全口径预算管理体系下调整各项预算的具体收支科目，使之能够通过彼此关联的相关科目，形成各项预算之间的有机衔接，实现各项预算在收支方面互通互联。

第四，推动实现政府内部的财政统一。按照市场经济的基本规则和国际通行规范，逐步将有关政府收支的所有事项归于财政部门统一管理，严禁其他政府部门直接向企业、居民实施财政性分配活动。

第五，不断完善政府债务、财政赤字管理制度。完善国债运行管理及国债余额管理制度；进一步明确债务规模和期限管理的具体办法；有序推进国债余额管理改革，创造条件实施预算差额与国债限额相结合的管理制度；积极发挥国债在协调财政与货币政策、稳定市场预期方面的基础性作用，最终构建起满足国家借贷需要与有利债务风险管控的治理框架。构建风险可控的财政赤字管理模式，优化财政盈余使用办法，优化中央预算稳定调节基金管理使用办法，将其作为预算调节基金和财政储备基金。

第六，继续深化国库集中收付制度改革。进一步完善国库集中支付制度，加强对包括专项转移支付在内的所有财政性资金实施支出控制。进一步完善国库现金管理制度，设立国库现金收支基础数据库，探索准确预测国库现金收支流量和国库现金余额的技术方法，确定最低国库现金余额。进一步逐步完善中央国库现金管理制度，鼓励探索地方国库现金管理制度建设。探索国库现金管理与国债管理配合机制，同时加强中央国库短期投融资工具的灵活使用与管理，完善国债回购和逆回购投资工具的使用，增加发行短期国库券等融资方式。

第七，加强政府预算公开透明化制度建设，兼顾绩效管理。推进政府会计改革，逐步建立政府财务报告制度；进一步提高政府经常性预算的透明度；加强部门项目预算管理，全面公开项目支出资金使用情况。此外，还应进一步探索建立项目预算绩效管理制度，将绩效理念引入项目预算编制、执行、审查全过程，倒逼部门关注项目管理与资金使用绩效。

全口径预算管理改革涉及国家最基本的权力分配格局，而这种权力分配格局的最终状况不仅与政体有很大的关系，同时也受到历史、传统的很大影响。中国是一个具有中央集权传统的单一制国家，并且是一个正处于转轨过程的发展中大国，全口径预算管理改革要根据上述国情，按照先易后难、分阶段推进的原则进行。改革路径可分为三个阶段：

第一阶段：在行政控制层面，将政府各部门各类收支通过编制部门预算的方式全部纳入财政部门监督管理范围，实现政府收支的全口径预算管理并报送同级人大审议。

第二阶段：根据不同级次政府的实际情况，进一步完善国有资本经营预算和社会保险基金预算，并在各子预算之间建立以公共财政预算为主导的规范、明确、透明的资金往来关系。这一目标的实现，很大程度上取决于社会保险基金预算统筹层次的调整。国有资本经营预算则取决于其覆盖范围与国有资本收益分配制度是否最终确立。

第三阶段：在条件成熟时，由全国人大负责全面审查中央部门和单位的各项政府性基金和行政事业性收费，归并缩小基金及收费项目，减少基金与收费数量，适合实行费改税的要转变为税收，最终目标是废止中央部委设立基金和行政事业性收费项目的权力。同时，应由省级人民代表大会负责全面审查省级人民政府批准设立的行政事业性收费项目，将地方政府的收费设立权收归地方立法机关。

2. 建立预算制衡体系

据对 OECD 国家预算管理流程的研究，预算的确定大体分为五个步骤：一是行政部门编制预算草案并提交立法机构；二是国会讨论、修订、通过预算草案，交由立法部门批准，以法律形式授予行政部门获得收入的权力，明确固定支出项目；三是行政部门负责预算执行，中央预算办公室（通常下设在财政部或类似机构）监督预算执行并定期撰写预算执行报告；四是国会参考行政部门提交的预算报告，控制预算过程和结果，特别是在财政年度结束时；五是由独立的审计办公室对财政账目进行审计。无论在哪个政府层级，预算过程均由立法、行政、司法和监督四个部门实施。借鉴国际经验，结合中国国情，建议构建如下预算制衡体系：

第一，国务院成立国家预算编制委员会，下设办公室负责预算编制，统一行使预算编制权。预算编制必须是囊括所有政府收支的“全口径预算”。将现行财政部预算编制职能及其他部委的部分预算编制职能统一，组建国家预算编制委员会，直接对国务院总理负责；各部委制定本部门支出预算，提交国家预算编制委员会；财政部向国家预算编制委员会提供历年预算收支执行信息，为预算编制提供工作基础，以保证其准确、精细。国家预算编制委员会汇总部门收支预算后形成国家预算。

第二，全国人民代表大会对国家预算行使审批权，全国政协行使对预算审批进行讨论、监督的职责。审批前，全国人大实行总预算审查和专业审查相结合的工作机制。全国人大设立预算审查委员会，在各专业委员会下设立专业审查委员会。预算审查委员会负责预算的总体审查，例如财政收支总规模、财政赤字水平、国债发生额和余额以及各部门的财政支出限额等。同时，专业审查委员会负责不同类型部门的预算审查，再汇总到预算审查委员会。预算审查委员会和专业审查委员会需吸纳大量财政专家和行业专家参与，以提供专业支撑。

第三，财政部门行使预算执行权。为保证全局利益，预算单位只能通过全口径预算体系的平台安排收支，切断预算单位行政履职与经费拨款之间的直接关联，真正形成财政部门统揽政府收支、政府资金分配必须经由预算安排的、完整的政府收支管理体系，严禁其他政府部门直接向企业、居民收费。

在推进构建预算制衡体系时，需要遵循渐进式改革的思路，统筹兼顾，逐步完善现有预算管理制度。

第一，以构建预算制衡体系为目标，深入研究、重新梳理预算管理流程。由中央财经领导小组办公室牵头，各相关主管部门参与，吸收财政、管理、法律等领域的专家，形成分工协调的研究队伍，借鉴各国尤其是发达国家预算制衡的经验，总结我国预算管理的特点和运行规律，形成一套预算制衡的完整方案。

第二，整合现有预算管理机构和人员编制，充分调动各方积极性。由中央机构编制委员会办公室牵头，对拟设定的国家预算编制委员会，全国人大预算审查委员会以及专业审查委员会，确定“主要职责、内设机构和人员编制”等“三定”方案，有效整合现有预算编制、审批、执行、监督部门的人员和机构，盘活存量，尽量不增加新人、新机构。

第三，修订相关法律规章制度调整顺序。根据预算制衡体系编制、审批、执行、监督“四分离”的要求，重构行使上述职责各主体之间的法律关系。以《中华人民共和国预算法》为例，需要强化全国人大对于全口径预算审批的制度，并对预算制衡体系的基本原则、基本程序、管理主体给予明确的法律界定。此外，还要对《中华人民共和国国务院组织法》《中华人民共和国全国人民代表大会组织法》等法律进行相应修订。

第四，进一步推进全口径预算管理改革。全口径预算管理是构建预算制衡体系的基础。降低各项预算之间的分割程度，提高预算的统筹程度。要探索建立公共财政预算、政府性基金预算、国有资本经营预算与社会保险基金预算之间有机衔接的制度：对于收入较稳定的政府性基金，可逐步纳入公共财政预算管理；国有资本经营预算要将更多收入转入公共财政预算；与社会保险基金预算的资金联系也要通过公共财政预算。各项预算应统一在政府预算这个大盘子中，使社会成员了解各项预算的具体情况，推动全国人大控制预算总量。

第五，不断完善预算程序，强化人大代表对预算的监督。在各项预算提交全国人大审批时，人大代表可以随时查询预算编制项目的所有相关文件资料。全国人大需要为人大代表配备各个领域的专业队伍，辅助他们理解预算编制的所有细节。

第六，进一步改革政府会计制度，调整各项预算的具体收支科目，通过彼此关联的科目形成各项预算之间的有机衔接。

（二）改进年度预算控制方式，建立跨年度预算平衡机制

建立跨年度预算是较科学的编制模式，有利于瞻前顾后，综合平衡，统筹协调，其实质是建立动态预算要求的一种体现。我国现在编的预算都

是一年预算（即从当年 1 月 1 日到 12 月 31 日的预算），但有的支出是跨年度的、滚动的，所以，为了更好地体现管理要求，编制滚动预算、中长期预算或跨年度预算，能够使得支出的安排更长远和更有系统性，也可避免一下子安排的支出用不掉或在预算之外追加预算等不足。

跨年度预算平衡机制的建立是预算编制方面的一个重要改进，既是防控财政风险的重要手段，也能使得财政收支更好和政府规划进行衔接。目前，中国的政府规划是五年制，财政预算应该与其衔接。要通过财政跨年度预算平衡机制来优化政府规划编制，就是说，政府规划要建立在对收入预测的基础上，要根据收入状况来规划。

跨年度预算平衡机制改善和加强了财政政策对宏观经济稳定的作用。在年度预算里，财政政策对经济的影响不能完全展示出来。宏观调控要求财政政策要有灵活性，有时候可以有赤字，但在一个周期内要平衡。

建立跨年度预算平衡机制，年度预算审核的重点由收支平衡转到支出政策上，收入预算从任务改为预期，预算确定的收支平衡状态在执行中有可能被打破。为确保财政的可持续，就要建立跨年度预算平衡机制。一方面，建立跨年度弥补超预算赤字的机制；另一方面，建立中长期重大事项科学论证的机制，对一些重大项目不能一年一定政策，要有长远考虑，通过实行中期财政规划管理，强化其对年度预算的约束性，增强财政政策的前瞻性和财政可持续性。

一些地区已经先行试水跨年度预算平衡机制。据悉，目前河北省省本级和河南省焦作市，已经采取了中期滚动预算。鉴于实际情况，当前可以采用一个较为简化的版本，比如期限可以是三年期，项目上可先尝试投资项目预算、社会保障项目预算以及或有负债项目预算。在这基础上，未来可考虑延长滚动期限和扩大项目范围。循序渐进的思路也可体现在推广范围上，比如可先从某一个部门开始做起，或从某一个地区开始做起，逐步扩大，进行渐进式推进。

（三）大力推进预算公开，建立透明预算制度

预算公开是公共财政的本质要求，是政府信息公开的一项重要内容。

预算公开本质上是政府行为的透明，是建设阳光政府、责任政府的需要，也是依法行政、防范财政风险的需要。推进预算公开，是确保人民群众知情权、参与权和监督权的重要举措，有利于调动人民参与社会管理的积极性，有利于加强反腐倡廉建设，有利于提升政府的公信力和执行力。借鉴国际经验，从中国实际情况出发，按照党的十八大报告中“完善党务公开、政务公开、司法公开”的要求，注重顶层设计，明确实施步骤，积极稳妥推进预算公开。逐步扩大公开范围，细化公开内容，不断完善预算公开工作机制，强化对预算公开的监督检查，逐步实施全面规范的预算公开制度。新修订的《中华人民共和国预算法》首次对“预算公开”做出全面规定，第十四条对公开的范围、主体、时限等提出明确具体的要求，对转移支付、政府债务、机关运行经费等社会高度关注事项要求公开做出说明，并在第九十二条中规定了违反预算公开规范的法律责任。进一步做好做实预算公开工作：一是进一步细化预算编制，增强预算编制的准确性、科学性，严格预算执行，完善预算支出标准体系，大力推进绩效考评，为预算公开奠定坚实基础。二是进一步提高政府经常性预算的透明度，加强部门项目预算管理，全面公开项目支出资金使用情况。按照部门预算公开的主体原则，积极推动部门预算公开。凡是《中华人民共和国政府信息公开条例》规定应该公开、能够公开的事项，都应及时、主动公开。进一步细化政府预决算公开内容，扩大部门预决算公开范围和内容，除涉密信息外，中央和地方所有使用财政资金的部门均应公开本部门预决算。三是督促省级财政部门进一步做好预算信息主动公开工作，全面完整公开本级财政预算信息，并加强对下级财政部门预算公开工作的指导。四是密切跟踪各地财政和部门预算公开工作进展，积极研究预算公开中的新问题新情况，注意收集社会反应，做好舆论引导工作，进一步改进预算公开工作。五是推进政府会计改革，逐步建立政府财务报告制度。根据十八届三中全会决定关于“建立权责发生制的政府财务报告制度”的要求，新预算法在附则中对各级政府提出了按年度编制以权责发生制为基础的政府综合财务报告的明确要求。政府财务报告作为全面反映政府财务状况、运行情况和财政中长期可持续的综合性年度报告，是反映政府财务情况的存量“家底”，将和预算报告相互协调，共同反映政府履行各项职能和资金绩效的情况。新预算法的原则性规定为未来各级政府全面建立政府综合财务报告制度指明了方向。

（四）清理规范挂钩机制，优化财政资金配置结构

目前，我国与财政收支增幅或 GDP 挂钩的重点支出涉及 7 类（教育、科技、农业、文化、医疗卫生、社保、计划生育等）、15 项规定，2013 年该类资金占全国财政支出的 47.4%。如《中华人民共和国农业法》规定，农业投入占当年财政支出的比重不能低于上年，并逐步达到 15% 以上；《中华人民共和国教育法》规定，教育投入要高于经常性收入增长比例，后来又规定财政教育性经费支出要达到 GDP 的 4%。

支出挂钩机制在特定发展阶段为促进上述领域事业发展发挥了积极作用，但也不可避免地导致财政支出结构固化僵化，肢解了各级政府预算安排，加大了政府统筹安排财力的难度，而且不符合社会事业发展规律，容易引发攀比，甚至导致部分领域出现了财政投入与事业发展“两张皮”“钱等项目”“敞口花钱”等问题。这也是造成专项转移支付过多、预算管理无法全面公开、资金投入重复低效的重要原因。

十八届三中全会通过的《中共中央关于全面深化改革若干重大问题的决定》明确规定：“清理规范重点支出同财政收支增幅或生产总值挂钩事项，一般不采取挂钩方式。”新修订的《中华人民共和国预算法》删除了预算审查和执行中涉及法定支出的规定，同时强调各级一般公共预算支出的编制中，国家确定的各项重点支出，应当在统筹兼顾的原则下，在保证基本公共服务合理需要的前提下，予以优先安排。

通过清理规范挂钩机制，在继续坚持相关领域优先安排、重点保障的基础上，避免形成财政支出僵化固化机制，提高财政预算统筹能力，增强财政投入的针对性、有效性和可持续性。

（五）进一步完善国库支付制度和国库现金管理制度

继续完善国库集中支付制度，理顺国库管理制度，探索形成国库现金

管理与国债管理相配合的机制。2001 年，开始实施财政国库管理制度改革并向地方推行，核心是推行国库集中收付管理制度改革。国库集中收付改革的首要目标是，革除传统国库存在的资金分散收付、运行效率和使用效益较低、透明度不高等弊端，使所有尚未支付的财政资金保留在国库单一账户中，统一归于国库管理，实现财政部门对政府现金流的有效控制。至今已经基本建立起以国库单一账户体系为基础，资金缴拨以国库集中收付为基础的现代财政国库管理制度。未来应继续深化国库集中收付制度改革，加强对包括专项转移支付在内的所有财政性资金实施支出控制，把单一账户国库集中收付制发展为“横向到边、纵向到底”。通过实施这种标准的国库单一账户制度，不仅能减少政府资金收支环节，简化业务流程，便于账务核算及核对，还能有效规避资金风险，提高资金运转效率。

随着单一账户国库集中收付制改革的大力推进，高库存的国库资金为国库现金管理提供了巨大的操作空间，但是在实际运营中必须循序渐进，既要保证财政支付需要和国库资金安全，又必须正视国库现金管理可能带来的政策扰动。进一步完善国库现金管理制度，设立国库现金收支基础数据库，探索准确预测国库现金收支流量和国库现金余额的技术方法，确定最低国库现金余额。进一步逐步完善中央国库现金管理制度，鼓励在 6 省市试点基础上总结深化地方国库现金管理制度建设。探索国库现金管理与国债管理配合机制，同时加强中央国库短期投融资工具的灵活使用与管理，完善国债回购和逆回购投资工具的使用，增加发行短期国库券等融资方式。

（六）加强预算执行管理，积极推进预算绩效管理

财政资金是政府履职的物质基础和体制保障，但受传统预算管理方式的影响，我国预算管理中“重投入、轻管理，重使用、轻绩效”的问题还在很大程度上存在。绩效预算是预算制度发展的新趋势，它能有效地提高政府预算资金的使用效率，提高预算的公开化和透明度，目前世界上很多国家都已融入绩效预算的改革浪潮中。实现“中国梦”是中国未来发展的美好愿景，而预算领域的“中国梦”就是建立一个公开透明、科学高效的

预算管理模式。为了实现这一目标，推行绩效预算改革将是一个总体方向。

目前我国正在不断推进预算绩效管理改革，在一些领域和部门进行了实践探索和尝试，取得了一定的成效，初步树立了绩效管理的思想理念，逐步建立了预算改革的相关制度，并且在技术上进行了考评指标的改进和信息系统的完善。但是，这距离绩效预算的要求还有不小的差距，当前我国绩效预算改革面临着预算的编制制度不合理、绩效考核指标体系不健全、绩效改革信息化手段落后和监督机制不完善等现实问题。

党的十八届三中全会提出了加强政府绩效管理的要求。到2020年，要全面推进预算绩效管理，大幅提升财政管理水平。为此，一是建立预算绩效管理机制。树立“用钱需问效，无效要问责”的绩效理念，建立“预算编制有目标、预算执行有监控、预算完成有评价、评价结果有反馈、反馈结果有应用”的全过程预算绩效管理机制。二是完善预算绩效管理制度。加强预算绩效管理法律、法规建设，建立涵盖绩效目标、绩效监控、绩效评价、结果应用各环节的管理制度，完善预算单位决算报表、资产配置标准、部门项目支出标准等体系建设，健全绩效管理工作流程和操作细则，明确绩效管理工作职责和质量要求，规范预算绩效管理工作开展。三是推进预算绩效管理试点。强化绩效目标管理，加大绩效监控管理，加强绩效信息的采集和分析，推进绩效评价管理，完善评价结果应用管理，建立完善绩效报告机制、反馈整改机制以及与预算安排有机结合机制，推进绩效信息公开，逐步建立绩效问责机制。近期应将民生项目和具有较大经济社会影响的重大项目作为绩效评价的重点。四是强化预算绩效管理基础。加强绩效评价指标体系研究，进一步提高指标设置的科学性、合理性，加快预算绩效管理信息系统研究，健全专家库、中介库以及指标库、标准库等各类数据库的建设，加大培训力度，提高综合素质。

另外，积极推进权责发生制政府会计制度改革。政府会计是预算管理的基础。政府会计不仅记录和反映预算资金的收支情况，提供政府预算资金运行的现状和历史信息；而且应该提供政府财务状况信息，包括当年预算资金的流量信息，以及政府的资产和负债等存量信息。实行权责发生制基础的政府会计改革，能够为预算管理提供更为全面、丰富的预算会计、财务会计信息，全面反映政府资产、负债、收入、费用等相关信息，为科学测算政府未来运行成本，准确编制中期财政规划以及未来的中期预算提供翔实的基础信息，加快绩效预算管理进程。

（七）加快财政收支信息化系统建设

建立财政信息化建设是建立规范有序的现代财政制度的客观要求，是全面深化财税体制改革、加强财税管理的重要技术保障。自2002年初，中国决定将财政部规划建立的“政府财政管理信息系统”定名为“金财工程”以来，“金财工程”就成为中国财政行业信息化建设的主要目标。“金财工程”是利用先进的信息网络技术，支撑预算管理、国库集中收付和财政经济景气预测等核心业务的政府财政综合管理信息系统。

但是，由于各方面的原因，财政内部、外部已经形成了若干个相互独立、各自封闭、各自为政的信息应用系统，存在信息化建设“碎片化”问题。各个掌握信息的主体，还是倾向于把信息控制在“孤岛状态”，谁都不愿意与其他部门分享，以求表现自己的“独特价值”。其实，只有信息共享才能做出科学合理的决策。比如不动产信息，现在还没有实现联网和全面反映，信息呈碎片化状态，谈何房地产调控科学决策和国家治理现代化？现在中央明确国土资源部牵头九部委协同，2018年全国的不动产要形成全面信息联网，城镇区域要更靠前完成。不动产联网是不是和现在房地产税加快立法及其后的制度运行有联系呢？显然是这么一套关联。要形成公共事务科学设计政策、做出决策的信息支撑平台，必须打破所有部门单位的信息壁垒，形成更有效率、更加侧重绩效追求的政府统一调控管理局面。

首先，要加快建立财政、国税、地税三家统一的财政收支系统，实现三家信息联网。其次，在此基础上，建立全国统一通用的个人、企业、政府、社会机构等社会经济主体的标准化唯一代码制度，各部门采集与其职责相关的与上述主体相对应的地、房、股、债、税等客体的基础性原始信息，建立本部门全国大集中、全覆盖的专业信息系统；进一步形成全国性、综合性多边法定信息互通共享平台，既互通信息，又有限度、受约束、可控制。

五、充实地方收入，建立健全地方税体系和地方国有资产管理体系

（一）建立健全地方税体系

在社会主义市场经济体制下，完善地方税体系的目的应该是提高资源配置效率、促进经济增长，实现中央与地方的双赢。在逐步完善税制过程中，应充实地方税体系，适当壮大地方税收收入，提高地方公共服务的保障能力。地方税主体税种税基应较广、收入稳定、规模较大、具有非流动性且税负不能转嫁，使本地的税负落实到本地居民身上，把地方公共物品的成本和效应较好地联系起来。而这种结果或者目标实现的关键问题是中央与地方之间财政关系的规范化和稳定化。

地方税体系完善的重点是如何改革和完善分税制，并在此基础上考虑地方税体系的建设，而不是孤立地考虑地方税税种问题。因此，我国地方税体系的完善就不能将着眼点局限在这些属于地方税的税种上，而应在中央与地方合理划分税种的基础上，从更广义的角度来考察地方税体系。从广义角度来理解地方税体系，在营改增改革全面实施后，各种共享税，包括收入规模扩大的增值税、企业所得税和个人所得税，都应该视为地方税体系的重要组成部分。具体而言，可以从以下几方面改革措施入手，从近到远、多方位地充实地方税收收入，完善地方税体系。

需要按照贯彻落实科学发展观、推进和谐社会建设的要求，考虑税种属性，兼顾各地区间利益分配关系，理顺中央与地方收入划分，促进经济发展方式转变与统一市场形成。从总体上看，应努力使税基划分合理化，酌情减少共享税，将容易造成税源转移和跨地区间分配不公，有利于收入分配调节、推动经济发展方式转变、促进资源永续利用以及统一市场形成的税种，确定为中央固定收入。具体而言，中央政府为履行宏观调控职能，应当掌握有利于维护统一市场、流动性强、不宜分隔、具有收入再分

配和宏观经济“稳定器”功能的税种如个人所得税，有利于贯彻产业政策的税种如消费税，以及与国家主权相关联的税种如关税。地方政府为履行提供区域性公共产品和优化辖区投资环境的职能，应当掌握流动性弱、具有信息优势和征管优势、能与履行职能形成良性循环的税种如不动产税等。2011 年年初已在重庆、上海启动的“房产税”改革试点，将具有多方面的、长远的正面效应，其中之一是可望以此为起点来逐步打造中国地方税体系中作为主体税种、财源支柱的房地产税制度框架。

1. **进一步深化省以下财政体制改革**

中国目前还是一个拥有五级政府的大国，规范政府间财政关系不能仅仅停留在中央与省这一层面，必须深入到省以下各级政府。作为单一制国家，省以下财政体制应当由中央统一做出原则规定，明确收入分享的比例、省以下纵向和横向均衡的要求、中央的鼓励措施等。以此进一步调整和完善省以下财政管理体制，均衡区域内纵向和横向财力，增强基层保障能力，优化区域内财力分配，促进公共服务均等化。应重点开展以下几个方面的工作：一是要强化省级政府责任，省级政府要合理把握省级政府收入占全省收入的比重，加大区域内财力调节力度，逐步缩小省以下地方政府财力差距。二是划清省以下各级政府的事权与支出责任，要按照外部性、信息复杂性和激励相容的原则划分省以下支出责任，并组建省级相关机构，结合省以下收入划分情况，建立省以下转移支付体系。三是统一省以下收入划分，明确省以下各级政府的主体税种，减少地区间收入划分对企业公平竞争产生的消极影响。坚决禁止对企业的税收进行减免，促进生产要素合理流动和企业良性竞争。四是要进一步健全县级基本财力保障机制，根据政策变化调整保障水平，不断完善奖补办法，加大对各地区的指导和帮助力度。五是继续推进“省直管县”财政管理方式改革，不断充实、完善改革的内容和方式，强化乡镇财政管理，充分发挥乡镇财政的职能作用。此外，在配套改革中积极、渐进推进省以下分税制的贯彻落实，还应通过“省直管县”“乡财县管”和“乡镇综合配套”改革，在大面上将我国原来的五个政府层级“扁平化”为中央、省、市县三个层级（不同地区可有先有后）。

2. **打造主体税种，加强税基建设**

（1）完善流转税（货物和劳务税）制。

第一，全面完成“营改增”改革。

①在全国范围推营业税改增值税改革，扩大服务业实施增值税的范围，实行完全出口退税制度。加快重构地方税体系的步伐，通过开征房产税、促进资源税的改革完善，确定地方税的新的主体税种，以为地方提供稳定的收入来源。

②适度降低增值税税负。在现行试点实施的 11%、6% 两档低税率的基础上，建议取消原 13% 档低税率，其适用的主要项目改按 11% 低税率征税；同时，为减轻增值税的累退性，建议对生活必需品等实行 6% 的低税率或免税。

③定期调整增值税的起征点，达到降低小微企业税收负担的目的。

④进一步完善增值税出口退税制度。除高能耗、高污染产品以及国家明确规定不鼓励出口的产品以外，对所有货物和劳务的出口，原则上都应实行零税率，予以彻底退税。

第二，调整完善消费税制度。

①合理调整消费税征税范围。总体上，应建立消费税课税范围的动态调整机制，将社会上新出现的属于超前消费的高档消费品和消费行为适时纳入课税范围，将已经成为大众化消费的消费品“剔除”出课税范围。

②合理调整消费税税率。根据应税产品对环境的污染程度以及对资源（或能源）的消耗量，采取差别税率。对高能耗、高污染、资源利用率低的产品、非生产性消费品的税率，以及卷烟、鞭炮等危害身体健康和环境的消费品的税率实行高税率；对清洁能源和环境友好的产品实行低税率或零税率。

③合理调整消费税在中央与地方的分配关系，选择部分品目的消费税收入实行中央与地方共享，一些收入少、地域特点明显、以调节为主的应税品目（如今后可能纳入征收范围的高档商品、消费娱乐项目等）全部归地方财政，以部分对冲营改增全面铺开后地方税收减少的影响。

④进一步考虑将具有消费税性质的车辆购置税合并到消费税的机动车（小汽车、摩托车）征收，以简化税制，并将其划归为地方税。

第三，研究开征地方零售税。除房产税和资源税以外，按照国际经验，可考虑研究开征地方零售税（或称地方销售税），以加强地方政府税基建设。零售税是商品由零售商转至最终消费者的环节征收的终端的间接税，其税基可考虑由中央政府决定，税率由省政府决定，征收与管理则由市县政府执行，税收收入由省级政府和市县政府共享，用于地方政府管辖范围内公共服务和公用设施建设等，且可通过多种方式和途径对税收用途及数额进行公开。

第四，研究扩大城市维护建设税，将其计税依据改变和课税范围扩大，方向是适当提高其在地方财政收入中的比重，适应城镇化过程和经济社会发展，成为地方税体系中的主体税种之一。

（2）完善所得税制。

第一，完善企业所得税。“十三五”时期，企业所得税改革的基本方向应是：研究进一步降低税率的可能性，关注国际税收动态，健全国际税源管理制度，进一步完善反避税措施，加强国际合作与协调。

①研究进一步降低税率的可能性。在实际操作中，税负的调整应该为企业的转型和发展留有一定空间，这样既可提高我国企业所得税的竞争力，也可在保证企业转型发展的基础上保证企业所得税收入的稳步提高。

②进一步完善反避税措施，加强国际合作与协调。需要关注国际税收动态，健全国际税源管理制度，进一步完善反避税措施，持续加强国际合作与协调。

③完善企业所得税税源总分制度，破除制度壁垒。实行法人所得税制度是新的企业所得税法的重要内容，为了有效解决法人所得税制度下税源跨省市转移问题，财政部等部门制定了《跨省市总分机构企业所得税分配及预算管理暂行办法》（财预［2008］10号）等文件，规定跨区企业的总分机构当期应纳税额，地方分享部分分成三块：25%由总机构所在地分享，50%由各分支机构所在地分享，25%按一定比例在各地间进行分配。跨省市企业总分机构实行“统一计算、分级管理、就地预缴、汇总清算、财政调库”的纳税方式，该方式在一定程度上促进了地区间税收公平，但造成了总机构与分支机构主管税务机关的不一致，进而引发跨区总分机构的企业所得税归属和征管权之争。今后应当从平衡两套征管系统和地区之

间利益博弈角度进一步改革税源总分制度，将收入任务、管理事项等相关责权利进行合理配置，调动分支机构主管税务机关的管理积极性并追求更为合理的利益均衡。

第二，以整体化设计方案完善个人所得税。

①调整费用扣除标准，并建立动态调整机制。费用扣除标准应考虑将教育、医疗和住房方面的支出作为调整扣除标准的一个依据，同时应将费用扣除标准与居民消费价格指数（CPI）挂钩，进行定期调整。

②适度调整税率及级次。可考虑降低中收入者适用的税率，扩大不同税率之间的间隔幅度，减少级数，拉开级距。

③逐步推进分类与综合相结合，并考虑家庭赡养系数差别化的征收模式。可考虑对个人的经常性收入（包括工资薪金所得、劳务报酬所得、个体工商户生产经营所得、对企事业单位的承包承租经营所得、财产租赁所得、稿酬所得）实现综合征收，对其他临时性、偶然性收入（财产转让所得、利息股息红利所得、特许权使用费所得、偶然所得、其他所得）维持目前分项征收的方式。综合征收的部分适用超额累进税率，并考虑家庭赡养系数，对税基做出差别化的扣减。

④在实施配套改革中，加强个人所得税的征管改革。

第三，以基本社会保障“费改税”为路径，开征社会保障税，建立全国统一的社会保障税制。在社会保障税制的设计上，覆盖面要广，先期可在城镇开征，课税范围应覆盖所有的行政机关、各类企事业单位和个人，待条件成熟后再推广到农村。考虑到中国的经济发展水平和客观条件，税目设计不宜过宽，可先确定为养老、医疗、失业三个税目。可考虑将社会保障税列为中央税种，由国税部门负责征收。

（3）发展完善财产税、房产税等，健全地方税体系。

第一，推进房产税和资源税改革，为市县政府打造主体税种。

从长远来看，在不动产保有环节征收的房产税和对矿产资源征收的资源税可分别作为东部发达地区和西部欠发达但资源富集地区的市县政府主体税种。为此，需要稳步推进房产税和资源税改革。逐步整合目前房地产开发、流转、保有环节各类收费和税收，及时总结上海、重庆房产税试点经验，统筹推进房地产税费制度改革，将住房开发流转环节的税负转移到保有环节。从 2015 年 1 月 1 日起在全国推进个人住房房产税改革，加快地方税源建设。积极推进资源税改革，从 2015 年 1 月 1 日起将资源税从价计征方式改革全面推广到煤炭和其他资源性产品，并逐步扩大资源税征收范围。

①改革房地产税，公平土地税负，强化保有环节。按照“均地负、重保有、合房地、重评估、扣基本、分类率、建系统、渐覆盖、先商（用）豪（宅）后普宅”的思路，开征住房保有环节的房产税。建议近期加快扩大个人住房房产税试点，实现“十三五”开局起在全国推开；建立基层社区、地方辖区公众参与制定、优化房产税规则的机制；下调过高的住房用地税负，提升过低的工业等用地税负，合理设定公共设施、行政用地税负，提高城乡建设用地综合利用效率；简并流转交易环节税费，重点发展保有环节房地产税，将住房流转带来的增值收入纳入个人所得税改革统筹考虑；计税依据为房屋、土地评估价值，合并评估征收；不同类型的住房税率设定：基本住房扣除，改善性住房低税率，享受性住房中度超额累进税率，投资性和投机性住房高度超额累进税率；赋予省级政府一定的法规政策制定权，如基本住房扣除、税率设定、实施节奏等，建立、发展评估机构，改进评估方法。

加快房地产税立法，也不排除扩大试点开征房地产税的区域范围，即扩展做了“空转”试点的物业税（不动产税）和重庆、上海从现行“房产税”切入的改革试点所做的工作。从前景看，将房产税、土地使用税合并为房地产税后，由于计税依据、税率、课税范围等发生变化，收入数量将会有显著增加，特别是有利于把地方政府主要的注意力引导到按市场经济要求优化本地投资环境和公共服务上面，形成地方政府行为与经济发展、市场机制不断完善间的良性互动长效机制。作为财产税类主体税种的房地产税还有利于促进房地产业健康发展和优化调节收入分配，培育始自基层的依法理财、民主理财机制。

②取消土地增值税。建议取消征管复杂、机制极易扭曲的土地增值税，对房地产转让实现的收益（不动产利得）分别纳入企业所得税和个人所得税中征收。

第二，开征车船等大型动产税。可考虑将现行车船税进一步改为车船等大型动产税，根据车船等大型动产的静态财产价值，对车船等大型动产课征保有环节的财产税，进一步扩大课税范围的，可将私人飞机等大型动产也纳入。

（4）构建环境资源税体系。

第一，按照价、税、费、租联动机制，完善资源税费制度。

①继续实施和扩展推进资源税改革，在促进资源合理开发节约使用和环境保护的同时，增加地方主要是中西部具有资源比较优势而经济欠发达地区的税收收入。2010 年下半年，此项改革已在新疆先行，一直推进到石油、天然气、煤炭等资源已纳入从量征收变从价征收的改革范围。今后工商业不够发达然而资源富集的西部，可望以此税打造其地方税体系中的支柱之一。此外，正税清费，进一步推进税费改革，应研究赋予地方政府对某些税种的选择权和适当调整地方税种税目税率等税收政策的管理权。从价计征，扩大范围，清费立税。将更多的非金属矿原矿、铁矿及其他金属矿等具备条件的税目改为从价定率计征，适当提高征税标准。对于目前不具备从价计征条件的税目，提高单位税额；扩大资源税征收范围，推进河北率先试点的水资源税。待条件成熟后，再逐步纳入森林资源、草场资源、海洋资源等；坚持清费立税的原则，将资源税改革与资源收费改革协同推进。

②积极推动价税财改革联动配套。以资源税改革覆盖煤炭为契机，加快能源、资源价格改革步伐，更好地发挥价格信号在资源配置中的引导作用。重点推进电力部门配套改革和电价改革，强化市场导向下的竞争。工业、商业和民用三大类别电价仍可有所区分，逐步合并工、商用电价，民用电价采用阶梯电价，鼓励居民错峰用电。

③完善矿产资源补偿费制度。适当提高其征收标准，并考虑建立动态调整机制，以充分体现国家作为矿产资源所有者的利益。其资金按照“中央拿小头，地方拿大头”的方式进行分配，用于矿山的恢复和治理。

④各项资源收费的改革。一是完善探矿权、采矿权使用费和价款制度。二是建立可持续发展准备金制度。三是整合其他相关收费。

第二，开征和完善环境保护税。中国环境税的征收范围应设定为包括废水、废气、固体废弃物等在内的污染物排放和二氧化碳排放。税负水平的设计应考虑到污染治理成本、经济技术条件、排污者的承受能力、不同地区环境现状以及环保目标差异。具体可结合参考中国在征收排污费方面积累的数据经验，根据不同的征税对象，分别采用定额税率从量计征或比例税率征收。环境税的开征应先易后难、逐步推进。首先选择实施条件成熟，易于推行的污染排放税目，如二氧化硫、氮氧化物、化学需氧量（COD）、氨氮等，先行开征；其他不具备开征条件的税目，可随着条件的不断成熟，逐步开征。

3. 调整中央和地方共享税，适当加大地方税权

除前文已述的“调整增值税中央地方分享比例，改革共享方式”“推进消费税改革，将消费税改造为中央和地方共享税”“改革企业所得税和个人所得税的税收共享方式，由收入分成改为分率共享”“推进房产税和资源税改革，为市县政府打造主体税种等”之外，还应考虑赋予和加大地方政府一定的税政管理权限，包括部分税种在辖区开征与否的选择权、部分税种税率区间内的地方调整权。在不违背国家统一税法的前提下，可将部分税政管理权限下放给地方政府，同时，为了避免税政管理权限下出现过度分散和滥用，可首先对省级政府放权，在省级人大审批之下，政府根据各地实际情况适当逐步放权。作为远景，也不排除赋予地方政府一些地方性税种的设税开征和停征权。

（二）健全地方国有资产管理体系

第一，匹配财政体制的“扁平化”改革。与这种分税分级财政配套的国有资产管理体系构建的关键点在于，党的十六大已明确：中央地方要分别行使出资人职责。现在应寻求的框架，就是以后的中央、省、市县三级政权，形成三级国有资产的清晰明确的管理架构。中央已经几次写入文件要减少行政层级，现可看清就是从财政“扁平化”入手。有的地方，如广东顺德，已着手试点行政层次的“省直管县”“扁平化”。

第二，结合配套改革深化各级预算管理改革，包括国有资本的预算制度。在全口径预算前提下，呼应把单一账户国库集中收付制发展为“横向到边、纵向到底”，配之以“金财工程”“金税工程”式的全套现代化信息系统建设来支持、优化预算体系所代表的全社会公共资源配置的科学决策，地方的国有资产管理体系建设也需结合省、市县的国有资本经营预算制度建设而积极推进。

第三，在金融领域、国有资产管理领域推进市场取向改革，如积极推进金融领域金融管制的放松，加快利率市场化步伐；逐步打破诸如石油、铁路、金融等领域的行政垄断，降低社会资本准入门槛，实现产权多元化，为完善商品定价进一步市场化和利率市场化奠定微观基础，逐步形成价、税、财配套相呼应的促进要素流动、公平竞争、结构升级优化改革事项，形成“最小一揽子”的新一轮改革配套部署。

六、强化政府公共服务职能和优化转移支付制度，完善基本公共服务均等化体系

（一）强化政府公共服务职能

按照公共财政建设的方向和政府职能转变要求，我国财税体制改革得到不断深化。特别是 2007 年党的十七大进一步明确了财税体制改革的基本内容，即：“健全中央和地方财力与事权相匹配的体制，加快形成统一规范透明的财政转移支付制度，提高一般性转移支付规模和比例，加大公共服务领域投入。完善省以下财政体制，增强基层政府提供公共服务能力”。合理划分各级政府的事权和支出责任是建立财力与事权相匹配的财政体制的基础。据此，各方面的改革意见基本趋于一致，即以清晰划分事权为切入点全面推进财税体制改革。一方面，按照市场经济总体的要求，结合《中华人民共和国预算法》的修订，明确使地方政府逐步从一般性竞争领域撤出，最终从省到市县，都退出生产经营的投资权，使中央和地方事权的划分合理化、清晰化。另一方面，地方各级政府事权与支出责任安排重心适当上移。要适当减少县乡级政府的事权和支出责任，赋予省级政府与其财力适应的公共服务事权和支出责任。将公共服务的支出重心适当向省

和中央上移，让省级政府在提供公共服务中发挥更大的作用。另外，以合理可行方式加强基层履职能力和构建高效机制。这方面从建立县级财力保障制度到发展基层公共服务政府采购新机制的基本路径和要点，也已初步廓清。

提出建立公共财政框架以来，虽然随着经济快速增长，我国财政收入保持了持续快速增长，但是在支付各项改革成本、实现统筹城乡经济社会协调发展、加大民生导向的基本公共服务支出、解决“三农”问题等方面，仍感到所需要的强大财力支撑与实际情况间存在明显距离，社会公众随经济社会发展进入“中等收入”阶段而迅速提高的对于政府公共服务与社会福利的更多期待，明显高于可用财政资金的增长，在近年中国财政收入/GDP 比重实现恢复性增长的情况下，财政分配面临关于“政府减税”和“政府增支”的双重压力，依然形成连年赤字。特别是公共服务具有较强刚性，一旦设立就需要持续提供，需要政府有足够财力保障长期供给。如何在有限财力下，充分发挥公共财政职能，优化支出结构，降低行政成本，重点保障基本民生支出，提高财政资金使用效益，是公共财政体制建设所面临的挑战和亟须解决的现实问题。

同时，从中央财政基本建设支出的方向来看，向民生领域集中投入的趋势也十分明显，如改善农村生产生活条件项目、农村水利等重大基础设施项目和涉及广大群众切身利益、需要抓紧解决的建设项目等。党的十七届五中全会的《中共中央关于制定国民经济和社会发展第十二个五年规划的建议》中又明确提出了基本公共服务在“十二五”期间形成体系的要求。

基本民生保障成为财政支出的重点。1998 年以来，在公共财政导向下，财政支出重点倾斜于弥补市场失灵的领域，即非营利、非竞争领域，逐步矫正政府的“越位”与“缺位”，不断加强和改善民生。特别是党的十六大后，伴随“以人为本”“五个统筹”“构建和谐社会”等执政、施政理念的确立，解决人民群众最关心、最直接、最现实的一些利益问题，已经成为政府的工作重点。财政领域陆续出台和积极探索了一系列以保障人民群众生活需要和提高人民综合福利水平为目标的财税政策措施，关注民生成为支出结构调整的重点。如加大财政普惠农民的力度，提高教育、卫生领域的公共保障支出，坚持公共教育，卫生资源向农村、中西部地区、贫困地区、边疆地区、民族地区倾斜，贯彻基本公共服务均等化原则；大力支持社会保障体系建设，推动最低生活保障制度与就业再就业政策的合理衔接，制定并落实就业和再就业的财税优惠政策，调整提高企业离退休人员养老金水平，将“低保”制度在农村区域推开，扩大农村新型合作医疗覆盖面并提高政府投入标准，2009 年启动覆盖全民的医疗卫生体系改革，等等。如在支持教育事业发展方面，全国财政教育支出从 2003 年的 3352 亿元逐年上升为 2008 年的 9010 亿元，6 年间增长了约 1.7 倍，2010 年又上升为 10438 亿元，比 2008 年增长 15.8%，其中，中央财政教育支出 1981.4 亿元，增长 23.6%。又如在支持医疗卫生事业发展方面，全国财政医疗卫生支出从 2003 年的 831 亿元逐年上升为 2008 年的 2757 亿元，增长 2 倍以上，2010 年又再次跃升为 3994 亿元，年度增长率达 44.9%。

（二）优化转移支付制度

1. 基本原则

我国转移支付制度应遵循以下几个基本原则：

（1）目标明确、方法适当。

（2）采用科学的分析技术和完整充分的基础数据。

（3）减少转移支付总量，增加市县级政府财力自给率。

（4）公开透明和严格的监督管理制度。

2. 转移支付制度的改革方案

（1）在明确划分政府间事权与支出责任的基础上设计转移支付体系。

如前所述，财政体制改革的方向是强化中央事权和支出责任，明晰各级政府事权和支出责任范围，减少对地方事权和支出项目的干预。相应地，现行转移支付结构要顺势调整。调整的方向，一是强化一般性转移支付，促进基本公共服务均等化，将现行对地方支出责任范围内实施的专项转移支付调整并入一般性转移支付。二是专项转移支付应主要解决外部性、共同支出责任问题和实现中央特定政策目标，对中央事权和支出责任范围内的事项，由中央财政支出，不再通过专项转移支付安排，对地方事权和支出责任范围内的事项原则上通过一般性转移支付安排，增强地方自主权，中央财政不再通过安排专项转移支付加以干预。

（2）完善一般性转移支付制度。

科学设置一般性转移支付和专项转移支付，发挥好各自的功能作用，逐步增加一般性转移支付规模和比例，更好发挥地方政府贴近基层、就近管理的优势，促进地区间财力均衡，重点增加对革命老区、民族地区、边疆地区、贫困地区的转移支付。中央出台减收增支政策形成的地方财力缺口，原则上通过一般性转移支付调节。要设定长期、中期和短期基本公共服务均等化目标，明确公共服务的领域和事项。针对不同时期的目标，选择切实可行的政策路径。进一步完善一般性转移支付制度框架，明确转移支付的资金来源，减少转移支付总规模确定的随意性。优化一般性转移支付资金分配方式，继续发挥多年来选择客观因素、按照公式分配资金的优势，减少资金分配的随意性。按照人口、地理、服务成本、功能区定位等因素优化转移支付的均等化公式，加强对欠发达地方政府的财力支持。优先弥补禁止和限制开发区域的收支缺口，推进基本公共服务均等化。

提高中央纵向一般性转移支付比重。建立以一般性转移支付为主，专项转移支付为辅的制度体系。将现有均衡性转移支付和其他类型一般性转移支付进行整合，不断完善因素法公式，进一步将中西部地区的特殊因素加入公式。此外，应建立下转一级的转移机制，严禁地方政府越级向上级政府申请转移支付。

（3）完善专项转移支付制度。

专项转移支付要根据政府间的支出责任划分，进行分类规范、清理整合。大幅度减少转移支付项目，降低专项转移支付占全部转移支付的比重，归并、整合专项中的重复交叉以及相似内容或可归并项目。逐步取消竞争性领域专项和地方资金配套，严格控制引导类、救济类、应急类专项，对保留的专项进行甄别，属于地方事务且数额相对固定的项目，划入一般性转移支付，并根据经济社会发展及时清理专项转移支付项目。设定专项转移支付门槛和准入机制。取消现有专款中名不副实和过时的项目，归并重复交叉的项目，严格控制专项转移支付规模。各级政府转移支付资金分配原则上应当直接面对民众，面对最终受益人，程序要公开、透明，同时尽量提前其具体信息到达地方层面的时间，并原则上取消其“地方配套资金”要求，以利地方预算的通盘编制与严肃执行。

规范并减少专项转移支付。在理顺政府间职责与财权的基础上，对现有专项转移支付项目进行清理、整合，减少专项转移支付对地方政府的配套要求，重点将专项转移支付用于重点发展和突发事件，如节能环保产业、战略性新兴产业、重大灾害救助等。

（4）完善财政转移支付管理体制和监督机制。

完善转移支付管理体制，取消部门多头管理和分配。增强政府间转移支付的统一性和完整性，明确财政部门为财政性转移支付唯一的实施和管理主体，取消系统内转移支付做法，上下级政府部门之间往来的专项资金应当一律纳入财政转移支付，由财政安排到具体的支出部门，并纳入部门预算管理，接受同级财政和同级审计的监督。同时，要完善转移支付监督机制。对于一般性转移支付，由于中央不规定其具体的用途，由地方政府自行支配，因此这部分资金运用的监督管理应主要通过对地方政府的预决算的审查和预算执行的监督来实现。对于专项转移支付，则要从项目的立项审查、项目的跟踪督办直至项目验收考核进行全过程的监督管理，建立转移支付制度的绩效评价机制。

（5）推进转移支付立法，健全转移支付法律法规制度。

目前有关转移支付的管理制度属于部门规章，比较分散，立法层次较低，约束性不强，亟须通过加强财政转移支付的立法工作，规范各方面在财政转移支付的预算编制、项目管理特别是专项转移支付的立项、分配和管理、监督等各环节的行为，理顺工作机制和决策程序，促进公开透明，更好地发挥财政转移支付的作用。在当前积极推进《中华人民共和国预算法》修订的同时，还应考虑研究制定《财政转移支付法》。作为过渡措施和现实条件下的务实选择，可先以国务院专门条例的形式来规范转移支付。通过法律法规及制度明确博弈的规则，确定财政转移支付的政策目标、资金来源、分配标准、分配程序，确保规则的合法性、严肃性，保障财政转移支付的政策效果。

（6）继续做好基层财力保障机制建设。

建立分级负责、动态保障、注重绩效、公开透明的长效机制，不断提高县级政府财力保障水平，使县级政府财力与其基本支出责任动态匹配。县级基本财力保障机制的主要内容是：中央财政每年根据国家相关政策，制定县级基本财力保障范围和保障标准。保障范围包括国家制定的工资政策、民生政策，以及机关事业单位公用经费、地方津贴补贴等。其中，前两项的保障标准按照国家统一规定执行，后两项的保障标准依据各地区财力状况分省核定。在此基础上，测算确定全国各县的基本财力保障需求，并与各县的同口径财政支出相比较，核定支出缺口。对保障情况较好的地区，给予激励性奖励；对存在财力缺口的地区，依据缺口消化情况，给予保障性奖励。

要通过提高保障标准、完善省以下财政体制和转移支付制度、推进省直接管理县财政改革、建立县级基本财力保障资金稳定增长机制等一系列政策措施，构建县级财政良性运行的制度保障，优化财力分布格局。要加强“省直管县”体制改革试点工作的衔接，在稳步推进省直接管理县财政改革基础上，完善相关政策措施，引导和鼓励省、市级政府赋予县级政府更多经济社会管理权限，增强县级政府对区域经济社会发展的统筹协调、自主决策和公共服务能力。关注老少边穷地区特别补助。对于通过一般性转移支付和专项转移支付仍无法解决的财政缺口，在专项转移支付外设立特别补助，不设定资金配套。

建立省间和市县间横向转移支付制度，规范和增强横向平衡机制。借鉴德国横向转移支付经验，在中央政府的主导下，提倡地方政府间“互帮互助”，构建省政府之间和市县政府之间的横向转移支付体系。先行研究启动市县级横向转移支付试点，选择较有实力、省内发展水平差异较大的大省作为试点，如广东、浙江、江苏、湖北、四川。同时，研究省间横向转移支付方案的可行性。将现行中央向地方的转移支付总量（约占全国财政收入的35%）的1/3用两种方法进行转移支付。方法一，总体留给地方，将其中的一部分用于中央主导下的省间横向转移支付；方法二，留给地方一半，中央保留一半，用于中央主导下的省间横向转移支付。

总体来说，完善财政转移支付，应该配合有关事权和支出责任上划的体制改革基础上，降低转移支付的规模，精简其项目；着力提升转移支付政策的有效性；重塑分配规则，增强规范性、法制化和透明度。

（三）积极推进基本公共服务的均等化

党的十七大明确提出，“围绕推进基本公共服务均等化和主体功能区建设，完善公共财政体系”。基本公共服务均等化的内容，涉及义务教育、公共卫生和基本医疗、基本养老、基本住房等社会保障、就业再就业服务、公共基础设施和公用事业条件等，是建立市场经济的社会安全网、保障全体社会成员基本生存权和发展权所必须提供的公共服务。基本公共服务均等化，不是搞平均主义，而是首先要求基本民生托底事项上要有一个统一的制度安排，进而要追求基本公共服务在不同区域对全体公民在使用价值形态上趋于大体一致。因此，基本公共服务均等化是个历史过程，这个目标在我国的实现不可能一蹴而就，要根据国情和经济发展水平而持续做出努力，在“十三五”期间，应取得显著的进展。

满足社会公共需要，提供公共产品，推进基本公共服务均等化，是公共财政最基本的定位，也是我国政府职能转变的方向。具体而言，一方面，要逐步建立公共服务标准体系与均等化标准。对各项公共服务所应达到的水平建立量化标准，充分考虑各地自然、地理、人文等因素所导致的成本差异，并形成依据社会经济发展情况自动调整的机制，既作为地方政府施政的导向，又作为对地方政府施政效果考评的依据，还可用作进行均衡拨款的重要参照系。在此基础上，研究制定推进基本公共服务均等化的明确目标与具体时间表。另一方面，要围绕主体功能区建设，以实现基本公共服务均等化为目标，完善中央和省以下财政转移支付制度，优化财力在国土空间和功能区之间的分配，保证所有地区的财力都能支持基本公共服务的提供。重点增加对限制开发和禁止开发区域用于公共服务和生态环境补偿的财政转移支付。增强生态保护区域政府公共服务保障能力，鼓励禁止和限制开发地区加强生态建设和环境保护，实现与资源环境相协调的适度发展，保障生态环境可持续发展。

七、构建有利于发展方式转变和走创新型国家道路的财税体制

在中国解决经济增长方式转变问题，必须走建设创新型国家之路，充分发挥科技“第一生产力”的能动作用，使科技发展成为经济社会发展的有力支撑。建设创新型国家，核心就是把增强自主创新能力作为发展科学技术的战略基点，走出中国特色自主创新道路，把增强自主创新能力作为调整产业结构、转变增长方式的中心环节，建设资源节约型、环境友好型社会。公共财政应从以下几方面支持和鼓励创新型国家建设和企业自主创新能力建设。首先，财政支出方面，一是应为构建以企业为主体的自主创新体系提供必要的贴息、信用担保等支持；业已成立并运行了数年的国家中小企业创新基金，需要扩大规模，改进管理，更多运用乘数效应较大的贴息方式，以及规范的参股方式。二是为建设科技实验室、中试基地、孵化基地等提供一定的资金保障。三是积极发展产业基金和以政策性扶持为导向的风险创业基金的母基金。其次，积极改进和健全知识产权的保护制度，并通过实施政府支持性采购政策（包括首购政策），扶持自主知识产权的市场化应用和创新型企业发展。最后，在税收方面，要制定、改进和完善激励企业加大研发投入的一系列税收政策。税收优惠政策的着力点应适度前移，力求针对企业或科研单位实际科研项目投入予以鼓励。在市场经济环境中，总体而言，对于事关国计民生、国家安全的核心技术，重大创新项目（重大专项），以及具有全局性、带动性的关键共性技术，如能源、水资源和环境保护技术，航天航空和海洋技术，基础科学和前沿技术等，应作为财政支持发展的重点领域和方向。对于有良好市场前景的技术，如装备制造、信息产业领域的系统设计技术、控制技术与关键总成技术等，应主要依靠市场机制，作为企业攻关和发展的重点领域和方向。同时，对关系国家全局和战略利益、企业难以独立完成的大型技术装备项目，和需联合攻关的重大专项，要给予必要的支持，集中力量取得突破。在具体推动过程中，各级政府财政应根据其财力大小和技术、储备状况，

选择一定的领域和方向，有重点、有目标、分步骤地量力而行，积极发展财政贴息、信用担保等“四两拨千斤”式的政策性融资机制，与开发性金融、商业性金融资金等风险共担形成合力，充分借助市场机制配置资源的基础作用和高效管理机制。

另外，构建有利于发展方式转变的公共财政制度基础，需要完善促进环境保护和资源合理利用的税收制度，健全惩罚和激励机制。改革和完善探矿权和采矿权（矿业权）的价、税、费制度。要以矿产资源有偿使用为方向，尽快全面实行矿业权有偿取得制度，完善矿业权价格形成机制。同时应将矿产资源税和矿产资源补偿费两者之中性质相同的租金收入合并，租税分离，重新组合，各归其位。扩大资源税的征收范围，将没有纳入现行征税范围的资源品，如水资源、森林资源等纳入征税范围，同时将现有的某些资源性收费并入资源税。也有必要研究开征新的环保税、探索该体系内的碳税等。导向上应分层级地启动“绿色税收转型”，逐步实现征税重点由流转税向能源环境税的转移，把绿色税收调节范围由工业扩大到建筑、交通、公用事业等领域。具体考虑，一方面，开征专门的能源环境税，提高其在财政收入中的比重，使之成为促进资源循环利用、节能降耗、减少排污的有效激励机制和重要资金来源。另一方面，相应降低流转税和所得税的税率，逐步减少流转税和所得税税收，削弱地方低水平扩张的经济动因（因为流转税主要来自投资项目扩张）。

需要特别强调，发展方式转变迫切需要结构优化、节能降耗、升级换代，而促进各种结构优化调整，应借助合理的制度框架充分运用经济手段。行政手段在市场经济环境下作用比较有限，法律手段是“慢变量”，其作用主要在于维护、保障企业公平竞争的规则与环境。实践反复证明，在具体项目上，政府不一定能看得很准，比如说要节能降耗，往往政府只知道一个方向，但在千千万万家企业中到底什么样的企业、什么样的技术路线在节能降耗中具有竞争力，要通过竞争才能知道。实际上，推进大量的结构优化事项，政府通常只需给一个正确导向，法律只需给一个公平竞争框架，再加上经济手段的规范化设计和运用，如一系列有针对性、体现产业政策和技术经济政策的税收或支持补助优惠措施，再让企业在竞争中通过市场优胜劣汰，形成优化配置，就可以收到很好的效果。

税收是经济手段中一种基于法治的规范形式和工具。淘汰落后产能优化结构，需要充分利用资源税、环境税等。为推动我国经济发展方式转变，资源要素的税负和相对价格都应该上调，使各方面更加珍惜资源而不是挥霍资源，节约使用初级产品而不是粗放地耗费初级产品，刺激各种主体千方百计开发节能降耗的工艺、产品和技术，促使消费者更趋向于有利节能环保的消费方式。显然，这种经济杠杆要用好、用充分。而当下正是强化这种经济杠杆的时机。因为宏观经济中通货紧缩压力已不复存在，通货膨胀虽有预期，但还没有形成较大的现实压力，我们应不失时机地推出资源税税负向上调整的改革，更多运用经济手段的力量淘汰落后产能，促使企业节能减排、升级换代。操作中的关键要领是掌握好使大多数企业经过努力可以承受的税负量度，并对消费者中的低收入阶层，安排好公共财政的扶助而保证他们的基本生活不受影响；中等收入阶层以上的社会成员，完全可以承受和消化消费品涨价因素，同时也优化调整自己的消费习惯和模式。

八、改进公共政策与公共管理、创新机制和提升绩效

当前我国尚未建立一套法制健全、权力制衡、程序严密、民众广泛参与的公共选择机制，因此，如何积极运用和扩展已有的民主机制和权力制衡机制，探索在预算编制、审批、执行的各个环节更多引入和形成规范的公共选择力量，应当是公共财政建设的重要内容。中国以社会主义市场经济走向现代化的制度安排，其基本逻辑和路径方向，对于财政而言，必然是要求在财政分配中走向依法理财、民主理财、科学理财的宪政化框架。“十二五”时期公共财政应当朝着实行政府理财的宪政化、法治化、民主化方向积极迈进。就现代国家而言，宪政就是以宪法为前提，以民主政治为核心，以法治为基石，以保障人权为原则的政治形态或政治过程。在公共财政建设中，应当考虑如何从依托于法律的预算角度，对公权力的行使进行限制，约束和规范政府行为，真正实现政府职能转变，最大限度地实现公众利益。因此，在公共资源配置和公共事务管理中，公共财政要结合预算法的修订和法制体系建设，创新预算管理机制，在预算编制、管理中

引入公共决策和选择机制，发展绩效预算，健全复式预算，并试行多年（中期）滚动预算编制等，力求达到预算的完整、规范、民主。具体可注重以下几方面：

（1）规范预算分配机制，细化预算编制，提高预算编制水平。

（2）通过进一步严格预算调整和加强结余资金管理来深化预算执行改革。

（3）全面推进部门综合财政预算改革，强化预算约束。

（4）完善政府采购制度体系，规范公共采购行为。

（5）全面深化国库集中收付制度改革，落实全程监督机制。

（6）积极引进绩效管理的理念和方法，尽快建立科学、合理的预算绩效评价体系，建立有效的问责机制。

（7）进一步推进“金财工程”建设，以现代信息技术提高预算透明度和管理水平。

时下中国社会的收入分配问题已成为热点难点，财政以初次分配的参与和再分配的主导来推进其改善和优化，是义不容辞的。降低直接税比重（如增值税扩围）和促进垄断行业深化改革的举措有助于分配格局的改进；直接税方面财产税制度框架的建立（从房产税改革切入），个人所得税降低端税负、适当调升高端综合税负的改革等，都有助于强化、优化再分配调节。此外，对于社会保障体系建设与运作的支持，以及对于社会成员中的低收入阶层、困难群体的多种形式的转移支付和补贴救助，是财政支出方面的重大事项，也将直接服务于中国收入分配的改进。

九、科学管理和运用地方债务，全面建立地方债务风险治理机制

（一）地方债的基本状况评价

从对地方融资平台债务规模及其风险的分析可以看出，近年地方债务

的主要形成渠道是地方政府融资平台，而随着地方债务规模的迅速上升，地方债务的风险被高度关注。事实上，地方债务的风险已经超出了一般财政风险的范围，由于土地财政依赖、房地产投资热、地方政府隐性担保债务的不确定性等因素，地方债务的风险已涵盖财政风险、金融风险，大量的债务以地方政府信用以及流动性较差的土地作为担保，一旦债务违约或担保品价格下行出现担保不足，则存在触发市场系统性风险的可能性，并危及政府信用。美国市政债券发展的经验表明，地方政府债务如无科学的风险治理机制，将对政府信用、资本市场和投资人信心产生破坏性影响。据统计，1812—1838 年经历了早期增长阶段之后，1838 年美国各州债务证券待偿付价值超过 1.41 亿美元，受到 1837 年萧条的影响，美国随后进入历史上第一次违约高发期，仅 1840—1842 年就有 8 个州的政府债券违约。美国第二次市政债券违约高发期出现在南北战争之后，至 1880 年，在未偿付的 5.5 亿美元的市政债券中，有 1 亿 ~ 1.5 亿美元的债券违约，比例高达 20% 以上。

我国地方政府较大的债务规模和不合理的债务分布结构，以及松散的债务管理有可能导致地方政府过度负债，引发地方政府财政危机，已倒逼式促成了《中华人民共和国预算法》的修订，规范地给出了地方债“开明渠堵暗沟”的法律和制度，使我国地方债“怎么借、怎么用、怎么还”纳入了阳光化的法制轨道。

首先，要辩证地看待地方政府债务及其风险问题。一是要客观承认债务规模很高，容易出问题。如果漠视债务风险的存在，那就很可能真的出问题；如果认识到了债务风险，未雨绸缪，则中国政府可以有很多资源和手段来解决问题。二是要看到中国体制的特殊性，地方债容易出问题，但并不必然会出问题，中国的体制很容易将债务隐形地分摊到全社会。真正的风险在于过程识别，关键是能否正确辨清各类债务及其风险点，并及时采取对策控制。

其次，当前中国政府债务问题与地方经济发展模式高度相关，并与土地和房地产紧紧联系在一起。表现为两方面：一是土地出让金、房地产税费是地方政府的主要收入来源。在地方政府融资平台中，大约有 70% 属于县级平台。由于县级政府财政实力有限，特别是中、西部地区更是如此，依靠平台现金流和地方一般性预算收入事实上难以偿还贷款本息。因此，土地出让收入已经成为解决债务本息资金的重要来源。针对房地产业征收的五大税种总收入从2003年的900多亿元，增至2012年的1.01万亿元，增幅高达10倍多。二是很多地方政府融资平台借款是以土地作价或为抵押品。房价上涨，债务便可高枕无忧，通过土地财政予以覆盖。而当房价下跌，土地财政难以为继时，各地救市政策立马就出台。由此可看出中国政府对房地产的依赖性，巨额投资都要从房地产的升值之中赚回来，以保持财政与债务的可持续性。地方政府债务、房地产调控和稳定投资增长之间已经相互绑定。在2011年审计报告披露的10.72万亿元的地方政府性债务余额中，政府负有偿还责任的67109.51亿元，而地方政府承诺用土地出让收入作为偿债来源的债务余额达25473.51亿元，高达37.9%，共涉及12个省级、307个市级和1131个县级政府。地方政府偿债能力很大程度上会受房地产市场影响。近两年由于拆迁成本大幅上升，土地出让收入减少。2012年土地出让金占地方财政收入的比重降至27%，其中净收入占比仅为5.9%，加上土地相关税收收入，2012年政府土地相关净收入仅占财政总收入的20%，比2010年31.7%的峰值明显下降。2010—2012年，地方政府债务利息分别为0.86万亿元、0.9万亿元和0.96万亿元。而2010年，地方政府土地净收益达到峰值的1.57万亿元，之后，2011年下降到0.95万亿元，2012年再下降到0.58万亿元。2012年，土地净收益只够支付利息额的60%。因此，一个非常现实的命题是，若中国的房地产市场出现整体的“泡沫破裂”，对地方政府债务的影响将是不可忽视的。

再次，应该看到，地方债最大的风险不在于其静态规模，而在于其形成机制和管理机制。此次地方债的背景是地方政府主导的投资拉动型经济模式，无论是从全要素生产率，还是从资金使用效率，都显示出目前的投资发展模式是大量资金堆砌出的债务陷阱。首先，要分析政府债务“用到哪里去了”。根据此前的审计结果，政府性债务一般用于铁路和公路等公共基础设施建设、农村和城市的基础设施建设，以及教育、医疗等民生支出。其次，还应该考虑政府性债务支出后形成的究竟是优质资产还是不良资产。再次，应该看对债务的偿还能力，现金流能否当年实现还本付息。我国地方政府手中拥有巨额资产，除了土地之外，还有各种厂房、矿山、宾馆、旅游资源、仪器设备等。截至2012年年底，全国共有953家国有控股公司在A股市场上市，占A股市场上市公司数量的38.5%，市值合计13.71万亿元。加总的地方政府资产，几十万亿元不在话下。因此，从资产的角度来讲，地方政府债务并不是大问题，风险点关键在于其形成机制的不规范和不可持续。

基于此，地方债务风险治理的治本思路是要修明渠、堵暗沟，加快建立以公开透明的政府债券为主体的地方政府举债融资机制，实行分类管理和限额控制，对债务风险高的地区进行预警，有效防范和化解财政风险。

（二）依据预算法实施风险防控治理的框架与要领

化解地方债务风险是一项系统性工程。地方政府债务问题根植于中国特有行政结构和运行体制。在贯彻落实修订后的《中华人民共和国预算法》的同时，从根本上改变政绩考核导向和激励机制，消除中央与地方之间的非合作性博弈，才能有效约束地方政府的隐性举债冲动。要把短期应对措施与长期制度建设结合起来，加强源头防范，明确落实责任，做好化解地方政府性债务风险各项工作。同时，要依靠“中央规制+市场约束”相结合的规范化的地方政府举债机制，为地方基础设施建设提供有制度保障的、正规的、透明化的融资渠道。

1. 加快完善体制，消解地方不当举债的发生机制

地方政府债务问题的成因是多方面的，既有地方政府为促进当地经济社会发展需要融资的现实需求，也有地方政府与市场边界不清，地方政府财权与事权不统一导致地方政府资金紧张等体制性因素，还有地方政府官员绩效考核导向偏差引发的地方官员非理性投资冲动，以及统筹监管不到位，缺乏有效监督等管理因素。

一是推进地方政府职能转变，改变依赖投资发展的激励机制，约束其不合理的投资项目和工程建设，这是化解地方债务风险的治本之道。从根本上解决地方政府的举债投资冲动，需要政府职能的转变。首先，应合理界定和划分地方政府的职能范围，准确把握地方政府与市场的边界，将地方政府职能真正转到提供公共产品和公共服务上来；按照构建社会主义市

场经济体制和公共财政制度的基本要求，改变目前我国政府活动范围的“越位”和“缺位”现象。其次，规范地方政府的投资行为和担保行为，实行严格的债务投资决策机制，制止地方政府违规担保承诺的行为，加强对违规决策投资和担保的责任追究。

二是加快完善财政体制，中央与地方政府分权科学化，科学地界定提供地方性公共物品和服务的权责、资金来源；参考世界银行学院治理指标等政府治理指标体系，不断优化地方政府治理水平；加强税源培育，振兴实体经济，促进中小企业发展并带动就业，加快房地产税改革，开征以评估价值为计税依据、普遍征收的房地产税。

三是从根本上纠正片面化的政绩考核和不恰当的经济激励机制，消除地方政府不良举债冲动。长期以来，我国上级政府对下级政府的绩效考核标准仍主要看地区国内生产总值、税收收入、就业、投资、社会稳定以及计划生育指标等，这为过度投资和不负责任的借款提供了强大刺激。目前虽然对这些绩效标准已有修改，增加了民生和公共服务的比重，但是在提拔官员时，经济增长依然是最主要的考量目标。地方政府官员会因其投资项目的数量和相关的指标受到嘉奖，但这些投资项目所产生的债务规模和结构的适宜性则无人过问，几乎没有任何处罚是与不负责任举债相关联的。改革方向上，应借鉴美国 1993 年颁布的《政府绩效与结果法》、英国政府 1997 年颁布的《地方政府法》以及日本政府 2002 年出台的《政府政策评价法》等关于地方政府绩效评估的机制和规章，完善政府绩效考核评价机制。政府绩效评估改革是涉及多部门、多机制的系统工程，国家层面上的立法十分重要，应大力推进，以真正使政府绩效评估走上科学化、制度化和常规化的道路。

四是加快债务治理法制化建设。地方政府债务治理法制化，提升直接融资效率和质量，增加市场透明度，切实保护投资者权益，对相关法律法规进行修订，主要包括：一是《中华人民共和国证券法》，增加地方债券、证券化债务的监管、登记托管、交易结算、信息披露等内容；二是《中华人民共和国预算法》，对地方政府债务融资规模、行为等进行规范；三是《中华人民共和国土地管理法》，对地方政府出让土地行为进行规范；四是《中华人民共和国担保法》，对金融担保品的违约处置进行明确；五是《中华人民共和国物权法》，完善金融资产有关内容；六是《中华人民共和国企业破产法》，明确对地方融资平台等特殊目的机构（SPV）的破产规则；七是税法，明确对不同类型地方债务制定税收政策的原则。

2. 治存量、控增量，建立阳光化地方债分类管理制度

治存量，就是要对近年来已经积累的庞大的地方政府性债务存量实行分类管理，其中关键是解决好债务资金偿还来源问题：区分哪些项目可能直接成为财政负担，哪些项目可以通过平台直接偿还，以准确掌握地方政府真正的债务负担信息。总的原则是，公益性债务应纳入地方规范的政府债务范畴，逐步用公共财政收入来偿还；对平台债务，有些现金流支撑的收益型债务，要加强管理用收益和对接 PPP（政府与社会资本合作）机制创新来转换为非政府负债来偿还；同时，原有融资平台应完成市场化转制，不允许再发生地方政府新增债务。

一是区分举债主体，落实偿还责任。对政府部门、机构和全额拨款事业单位的债务，以及由差额拨款事业单位、融资平台公司因提供公共服务产生且无偿债资金来源的债务，地方政府应承担直接偿债责任；对各类融资平台公司因基础设施、公益性项目建设而产生，且有偿债资金来源的债务，地方政府应督促其按计划、合同的要求严格履行还款义务，尽量避免其向政府直接债务转化；对与公共服务无关的市场行为所产生的债务，应本着“谁举债，谁偿还”的原则，由举债主体自行偿还，政府不承担兜底责任。

二是保障还款来源，全力化解风险。在分清举债主体、落实偿还责任的基础上，要及时制订偿还计划，科学筹措偿债资金，按时履行偿债义务。其中：对承担直接偿还责任的债务，地方政府应根据自身财力状况、债务规模和期限，及时安排偿债资金；对承担兜底责任的债务，如高校、医院、交通等单位因公益性项目举借的且具有收入的项目债务，主要通过项目收入逐步化解，并力求在可能情况下转换为 PPP 项目；对不承担兜底责任的债务，地方政府应督促地方政府融资平台公司完善法人治理结构，规范运营管理，提高自身持续经营能力，通过自身收益来逐步偿还，也可引进民间资本，优化股权结构，提高偿债能力。

3. **以打造地方政府规范化的阳光融资体系为基本要领推进制度建设**

规范地方政府性债务，关键在标本兼治中把握“治本为上”的制度建设，让地方政府所有的债务置于阳光操作之下，改变地方政府隐性举债的行为。

市场经济所要求的分税制财政体制，内含地方适度举债的必要性和合理性。国际上实行分税制财政体制的国家普遍赋予地方政府举债权。基于当前分税制财政体制的逐步完善和地方政府现实的融资需要，在划分政府间事权的基础上，赋予地方政府包括举债权在内的应有财权，是进一步深化财政体制改革的重要步骤，也是规范政府性债务管理的根本出路。中央政府应给地方政府留下一定的融资空间，允许地方政府公开发行地方债券，使得地方政府除了贷款之外有了更多的举债途径。这样，一方面，可以避免地方政府过度依赖银行融资，分散风险，推动隐性债务显性化；另一方面，由于发行债券的审批条件严格，因此，可以促进地方政府改善治理，提高政务的规范性和财政的透明度，规范债务管理。同时，由于债券发行是市场行为，通过公众购买的选择取向，可以提高政府投资建设项目的社会公益性和经济效益性。

考虑到城镇化进程中我国基础设施建设高峰期仍将持续，而现有“土地财政 + 地方融资平台”的融资机制负面作用凸显且难以持续，因此，需要加快创新基础设施领域的投融资机制，在《中华人民共和国预算法》修订后依法积极发展地方阳光融资制度，重新构建“地方公债 + 专项市政债 + 政策性金融”的公共投资筹资制度。在规范已有的地方政府性债务基础之上，采取由中央确定总盘子基础上的市场调控性地方债制度，正式启动省级和县级政府在公开市场捆绑发放地方债，市级政府独立发行市政债，以市政债为主体的公共投融资体系。积极研讨启动市政收益债发行，通过资产证券化、引入保险和养老金等机构投资者拓宽地方政府融资渠道，继续发展政策性金融为基础设施建设规范筹资。

4. **建立健全“中央规制 + 市场约束”的地方债务风险管控机制**

根据我国的实际情况，我国地方债务管理体制宜选择制度约束型为主的模式，同时辅以一定程度的市场约束型。简言之，中央政府通过一系列的制度来管理地方政府债务，同时赋予地方政府按规定发行、使用、管理债务的权利，正常情况下不受干预。具体而言，包括以下几个方面：

（1）将地方债务纳入预算管理，改革政府会计制度，编制和披露地方政府资产负债表。

第一，推行政府债务预算，将债务收支全面纳入预算管理。可考虑在我国全口径预算中再增加债务预算部分，同时在债务预算与一般公共预算、社保预算、国有资本经营预算之间设立相互隔离的“防火墙”，切实管控债务风险。

第二，将地方政府债务收支分类纳入预算管理。逐步建立风险可控、成本低廉、运行高效、公开透明的地方政府举债融资机制。

第三，严格适用债务管理的“黄金法则”。应明确规定，除严格授权举借的短期债务外，地方政府举债只能用于与公共事业发展相关的资本性支出或置换存量债务，不得用于经常性支出。对于违反相关规定者，除了追究行政责任，还要记入债务管理“黑名单”，削减或取消下一次发行债务的资格和额度。

第四，改革政府会计制度，编制并披露地方政府资产负债表。用现代的权责发生制会计标准逐步代替现金会计标准，编制政府资产负债表。对政府债务进行确认、计量和报告。编制和披露地方政府资产负债表。通过编制和披露政府资产负债表，可以摸清政府“家底”，具体分析政府资产与负债的结构、比例、期限，揭示政府债务风险。另外，可以盘点每个地方政府有多少资产是真正可以变现的（有些资产可能是基本公共服务的一部分，把这些资产当作可以变现的资产会带给人错误的安全感），清楚哪些资产通过哪些具体金融手段（比如资产证券化）可以变现。这样对地方政府的偿债能力会有切实的了解。

（2）实施严格的地方发债审批程序，制定发行地方债务的准入条件。

原则上讲，只有具备偿还条件、财政运行状况良好的地方政府，方能发行债券。地方政府发债需要遵循严格审批制度，遵循审慎性原则和必要性原则，对举债的必要性要进行充分论证，不得随意举债，举债筹措的资金用途、投向必须明确并符合政府履行公共服务职能的要求。明确地方政府举债权限，建立以政府债务为主体的地方政府举债融资机制。现阶段省级（含计划单列市）政府为可以发行地方债券的主体，纳入省级预算接受监督，市县级政府确需举借债务的，由省级政府代为举借。

地方政府发债的审批程序为：国务院确定地方债务的年度限额，报经全国人民代表大会批准后下达，省级政府按国务院下达的限额举债，作为赤字列入本级预算调整方案，报本级人大常委会批准。地方市县级政府在债务警戒线和中央、省核定的债务限额内，应按照预算年度确定年度债务举借规模、方式与举债资金使用方向、偿债安排（包括偿债准备金）以及旧债还本付息情况，报上级政府审核后编制年度债务预算，然后报经同级人大审核批准。

（3）实行债务分类管理和限额控制。

将地方政府性债务分为一般债务、专项债务两类，分别采取相应的管理办法。一般性债务是针对公益性事业发展的举债，属于对公共预算赤字的债务融资，在《中华人民共和国预算法》未授权前按“线下”操作办法试行。专项债务是对有收益的准公益性事业发展的举债，以专项基金或收入为有限担保，从而严控发债规则和批准层级，一般国家不作为对赤字的融资，应允许探索。

在允许地方政府规范举债的同时，严禁地方政府继续借道融资平台公司举债。要抓紧剥离融资平台公司承担的政府融资职能，其中，纯公益性项目主要通过一般债务融资，准公益性项目通过政府专项债务和 PPP 模式融资，并积极扩大 PPP 模式。同时，将地方政府存量债务中的或有债务纳入监控范围，并按一定比例计入债务总规模计算风险。

（4）建立健全风险预警和防范机制。

建立地方政府债券评级和信息披露制度。引入地方债务的市场评级制度，由专业评级公司对各地方债务进行等级评估，引入市场力量，形成外部约束。

第一，构建地方债务监控指标体系。逐步构建地方政府债务融资合理空间的评估体系。一是反映地方政府承债能力的相关指标，如赤字率、债务率、债务负担率等；二是反映地方政府偿债能力的相关指标，如债务依存度、偿债率等；三是反映地方债务结构的相关指标，如期限结构、偿还期结构等。对此可进一步做出明确规定。

第二，构建系统化的政府性债务风险监管框架和责任机制。建立地方债务风险早期预警系统，事前规范以及早期预警系统可以帮助减缓财政风险。在这方面需要研究设置风险监控的各项指标，如债务率、债务担保与财政收入比、新增债务率、偿债率、利息支出率、债务依存度、资产负债率、负债率、短期债务占比和担保债务占比等。

第三，还应加快建立偿债基金制度。要求地方政府建立专门的偿债基金，由债务资金支持的项目收益、当地财政收支盈余、预备费的结余部分等，均按规定进入偿债基金。偿债基金要实施封闭管理，严禁不当提取和使用。

(5) 建立严格的债务报告与审计制度。

一是要规定地方政府必须对债务进行全面的统计，凡地方政府负有直接偿还责任的债务，应列入必须统计的范围，负有担保责任、连带责任的债务以附件形式另加说明。二是建立债务风险预警及化解机制，强化金融机构等债权人约束，建立考核问责机制。三是对地方债进行定期审计。四是实行地方债报告制度，地方政府债务的统计、审计情况要定期向人大报告，同时将其列入财政信息公开的范围，向社会公布。

此外，还应强化政府性债务风险事后问责制建设。为了防范“道德风险”和债务管理松弛，必须严格限定债务救助的条件和程序，如暂时性接管地方财政、规定处于债务危机中的地方政府必须相应地减少支出、变卖资产等，同时要问责相关责任人，视情节给予不同处分，以最大限度地防控地方债风险。

十、统筹城乡发展，以一元化公共财政为后盾

（一）以“市民化”为核心的新型城镇化弥合“二元经济”，实现城乡统筹发展

改革开放以来的 30 多年，我国在“市场化”改革和“国际化”开放中，坚定贯彻以经济建设为中心的基本路线，积极调整工业化、城镇化发

展方略，工业化、城镇化加速，取得了巨大的成就，有力地支撑了30多年的经济高速增长。

根据揭示工业化以来市场经济条件下城镇化演进一般趋势的诺瑟姆（Ray. M. Northam）曲线来看，城镇化率达到30%后开始加速，达到70%后趋于平稳，在30%～70%区间为加速发展期。按此经验曲线，我国的城镇化正处于上升最快的发展阶段，其所代表的“弥合二元经济”的成长过程，已经并将不断地继续释放出中国这个世界第一人口大国的巨量需求，并可得到在WTO（世贸组织）框架下全球市场有效供给的回应，形成一种继续支撑中国经济高速成长的大循环。城镇化蕴含的人口高密度聚集、人力资本培养、收入提高、消费提升，进城农民生活方式和社会地位的“市民化”改变，以及基础设施和公共服务一轮接一轮的升级换代，等等，将成为我国经济增长和社会发展的持久的内生动力。

党的十八大报告强调：“坚持走中国特色新型工业化、信息化、城镇化、农业现代化道路，推动信息化和工业化深度融合、工业化和城镇化良性互动、城镇化和农业现代化相互协调，促进工业化、信息化、城镇化、农业现代化同步发展。”国家层面高瞻远瞩的现代化战略定位和新型城镇化概念的提出，成为我国工业化和城镇化快速发展的指导方针，也为解决我国改革发展进入“黄金发展和矛盾凸显相伴”时期所暴露的一系列经济社会矛盾，提供了重要着力点。积极稳妥地推进以“市民化”为核心的新型城镇化，对于加快现代化进程、支持结构调整产业升级、弥合二元经济实现城乡统筹发展、提振消费和扩大内需、推进基本公共服务均等化和社会和谐有重要的现实意义和深远的历史意义。

我国的城乡二元结构是历史原因、传统工业化发展战略和城乡分治体制的产物。改革开放以来，努力发展市场机制，但是一定阶段上城乡二元结构尚无法得到根本改变，总体而言区域差距和城乡差距还一度有所扩大，“一条腿长、一条腿短”的局面制约了国民经济平稳快速发展，积累了不少矛盾并趋于凸显。以城乡统筹理念推动新型城镇化，有利于减少城镇化过程中对农民所造成的权益损失，让进城农民工、农村居民能够与城市居民一样得到公平的公共福利和发展机会，最终使大量农村富余劳动力进城并真正融入城市，拥有和城镇居民同等的身份、社会地位、社会保障等各种待遇。因此，引导好中国这种“市民化”为核心的城镇化进程，发挥城镇化红利，需要对阻碍市民化的现行户籍制度及其附属的福利制度、农村土地制度、城市社会管理、社会保障制度、城市规划体制、行政区的协调机制等一系列制度，创建条件进行相应的变革。必须在弥合“二元经济”的历史过程中，以经济实力、财政实力、制度建设、经济手段和其他各种调控手段与政策措施的优化组合，走出一条伴随新型工业化、服务业升级且同时推进新型城镇化、农业现代化而最终达到城乡一体化一元经济和谐境界的“中国道路”。

此过程中的一个明显的现实矛盾，是城市区域吸引人口聚集的同时，以财政为后盾的公用事业、公共服务对新入居民的有效供给滞后。仅强调理念和政策导向还远远不够，必须在“以行控财、以财行政”的财政分配中，基于客观条件的演变着力支持上述使全社会成员共享“国民待遇”的融合过程走得尽可能快一些和平稳一些。所以，有必要专门讨论财政的支持如何匹配。

（二）以一元化公共财政为支持后盾，推进以“市民化”为核心的城镇化

我国传统体制下成型、改革开放后仍有延续的城乡分治的二元经济结构，形成了以户籍制度为核心，包括二元就业制度、二元福利保障制度、二元教育制度、二元公共投入制度等在内的一系列二元社会制度体系，已产生和积累的矛盾问题妨碍着城镇化质量的提升。随着大批农村人口进入城镇，近年来，农民工占全国非农就业比重迅速提高，2011 年农民工总量已达到 2.53 亿，占非农就业总量的 50.7%，首次超过一半。但是，全国 80% 被统计为城镇人口的农民工都是流动就业，其中举家迁徙的农村人口只占 20% 左右，这 20% 举家迁徙进城就业的农民工虽已成为城镇的新居民，但大都还缺少一个户籍身份的认定。他们长期在城镇从事服务业或在工厂打工，逐渐融入了城镇的社区生活，成为城镇居民不可或缺的重要组成部分，但是却因为非市民的身份，在福利、住房、教育、医疗等方面实际仍受到歧视性政策等的诸多限制。

一般考察，使农民工及其家庭成员市民化，需要构建统一的就业、社保、定居等制度，需要处理农民工因其农民身份形成的农地权利的合理传承的制度安排，需要解决农民工参与城市社区治理的市民权利的确认与落实等一系列问题。“户籍”等问题后面物质层面的资源配置，首先是公共服务的相应提升和公用事业的扩容。政府是城镇化的规划主体，公共财政是政府处理城镇化问题的公共资源配置主要手段，按照公共财政的内在逻辑和职能体现，消除我国财政的“二元”特征遗存、构建我国“一元化”的公共财政，是破解二元结构，走向“市民化”为核心的城乡一体与现代化过程的重要的机制化支持后盾。

这种一元化的公共财政应体现在：

（1）按照党的十八大提出的“加强对政府全口径预算决算的审查和监督”的精神，构建符合公共财政要求和透明高效配置公共资源需要的全口径预算管理体系，在真正的“全景图”下优化“结构图”，使可用公共资源在优化配置中最充分地支持“市民化”过程。

全口径预算管理（Full - Covered Budget Management，FCBM），就是要对全部政府性收支实行统一、完整、全面、规范的预算管理，即凡是凭借政府行政权力获得的收入与为行使行政职能所管理的一切支出，都应纳入政府预算管理范围。从公共财政建设角度来看，无论是预算内，还是过去所称的政府预算外或制度外收入等，都必须纳入全口径预算管理。

2003 年 10 月党的十六届三中全会通过的《中共中央关于完善社会主义市场经济体制若干问题的决定》中，明确提出“实行全口径预算”，此后，国务院在《关于 2005 年深化经济体制改革的意见》中进一步提出，“改革和完善非税收入收缴管理制度，逐步实行全口径预算管理”。随着改革的深化，我国已经初步确立了以公共收支预算（政府一般收支预算）、政府性基金预算、国有资本经营预算和社会保障预算为主要内容的政府预算体系，形成了各自相对独立又统一协调联结的有机整体。2012 年财政部门明确宣布“预算外资金”概念退出历史舞台，党的十八大报告再次明确强调“全口径预算管理”的原则和要求。在此制度规范框架中，我们应乘势推进一元化公共财政服务于“市民化”的具体机制创新和法律体系建设。

完整的政府预算体系是财政管理制度运行的基本平台。在这个预算体系平台上，应真正废除各级政府和部门的“自筹”和执收执罚中的“收支挂钩”制度，政府部门所有权力环节只能通过财政收入形式获得各种收入，并从事预算法案通过的活动，切断各个政府职能部门的行政、执法同其经费供给之间的直接联系，从而真正实现财政部门统揽政府收支的一元化财政，使其能够真正成为接受立法机构和社会公众委托与问责的主体。要以“全口径预算”为契机，在政府一般预算、政府性基金预算、国有资本经营预算及社会保障预算之间形成统一、对接、协调和均衡体系，建立规范透明的资金往来渠道，必要时也可建立类似的特别预算或专门预算，从而稳步推进政府预算体系的完善与健全。全口径预算管理体系的内在逻辑，正是在建立一套涵盖所有政府收支项目的预算报表体系的基础上，结合推进预算的编制、审批、执行、监督审查的各个阶段的民主化、法治化水平，使公共资源首先真正形成“全景图”，再在越来越充分的公众参与和监督之下，形成资源配置、资金运用中以公众利益最大化为取向的“结构图”。这是包括预算法律制度规范、预算会计体系、预算权配置、预算管理的范围、预算管理模式及预算报告体系等要素在内的系统工程，也是支持“市民化”过程最合理、最高效的公共资源配置体系。

（2）在新时期进一步强调全面协调发展，服务全局，积极消除歧视性的、非均等化的问题与弊端，不断推进基本公共服务均等化新举措的出台，最终实现基本公共服务城乡一元化体制和运行机制。

在城乡之间提供大体相当的基本公共服务是公共财政的重要职责和“市民化”的必备条件，但是，城乡分治下城市偏向型的公共品供给制度已累积地形成城乡差距、农村基本公共服务供应短缺和城乡公共服务不均等现实问题。尤其是，随着城镇化进程的加快，大量农村人口涌入城市，而与之相关的收入分配制度、城乡经济差距、国土开发利用、环境资源开发、社会保障制度、文化教育医疗等改革措施，往往无法匹配和无力跟进，造成了农民工在城镇的非市民化现状，歧视性的、非均等化的问题表现为“半城镇化”“浅城镇化”问题。这种按照人们的身份和地域来“城乡分离”式提供公共服务的体制，需渐进消除。在推进基本公共服务均等化过程中，应积量变为质变，致力于消除二元因素，实现城乡之间及整个国家基本公共服务的一元化，即构建面向全体国民、城乡一体、标准统一的基本公共服务体系。这种一元化是城乡居民平等享有基本公共服务和“市民化”为核心城镇化的制度基础和保障。

为实现基本公共服务均等化服务于“市民化”目标，首先，需加快建设统一、规范、透明、合理、有力的财政转移支付制度；其次，应建立与经济发展和政府财力增长相适应的基本公共服务财政支出增长机制，切实增强各级财政特别是县级财政提供基本公共服务的保障能力；再次，建立健全区域基本公共服务均等化协调机制和加强中央政府各部门与省级政府间的协调磋商，逐步使区域间基本公共服务范围和实际标准基本一致，推动相关制度和规则衔接，做好投资、财税、产业、土地和人口等政策的配套协调。

（3）使财政分配与国家主体功能区规划、宏观经济发展和区域发展、土地制度改革等实现全面的协调配合。

新型城镇化的推进涉及主体功能区规划建设、产业结构调整、农村土地流转制度、社会保障制度、户籍制度改革等方面综合的顶层规划和体制机制改革，公共财政在支持新型城镇化建设的进程中，要在科学发展观的指导下，在规划的政策支持和体制改革等方面，积极与国家“十二五”规划和主体功能区规划、国民经济发展战略、区域发展战略等国家规划，以及土地制度改革等，实现全面的协调配合。

按照国家基本公共服务体系“十二五”规划和实施主体功能区规划、区域发展战略的要求，公共财政要大力促进公共服务资源在城乡、区域之间的均衡配置，缩小基本公共服务水平差距。其中，为进一步消除相关的体制、制度和政策性障碍，增强以市民化为核心的城镇化发展的动力和活力，公共财政要配合土地、户籍、投融资体制、社会保障等方面的体制改革和制度创新，提供改革所需要的基本财力保障和制度配套支持。

土地是城镇化的重要载体，与之相关的重大现实问题，是农村基本农田土地使用权的流转制度，和城镇化必然征用土地的“农转非”全套制度如何合理化。已可看清：在我国农村土地的“集体所有制”无法与市场、法制完整匹配、路子越走越窄的制约条件下，所谓使土地“私有”的方向又至少于政治上在中国不可行，因此，如何处理土地制度这一重大而棘手的难题，是中国统筹城乡和实现民族复兴愿景面临的巨大历史考验之一。

我们认为未来的改革大方向，可以按照“排除法”，选择“集体所有”“私有”之外的唯一余项——国有制，把必保的基本农田和其他所有土地，都纳入“国有”法律框架，其中对基本农田确立永佃制，在非基本农田用地上则一揽子、一次性、一劳永逸地处理好宅基地、“小产权房”等历史遗留问题（物质利益补偿可以分步按合约实现），进而给予全体社会成员“国民待遇”，其后即有可能进入一个统一市场中土地产权的规范化、一元化状态：我国全部土地都是国有土地，其使用权可透明、规范地流转，凡是土地使用权流转环节上的租金，就进入国有资本预算（基本农田另行处理，实际上可不要求或象征性低标准要求务农者上交农地的地租）；凡是其流转和持有环节上应征缴的税收，就进入一般公共收支预算。生产要素包括土地要素的流转、配置，均可以进入无壁垒状态。政府应专注于做好国土开发、土地利用的顶层规划，同时，非农田建设用地由一套市场规则和特许权规则来调节其交易或特定用途配置。除基本农田用地“封闭”式流转和发展规模化经营之外，真正把所有土地资源放上统一市场的一个大平台。这个前景，是配套于城乡统筹发展和市民化为核心的城镇化历史过程的一个值得探讨的可选改革方向，如果一旦形成决策思路，公共财政理应支持其方案化实践和推进优化过程。

（三）公共财政制度建设的目标导向

公共财政建设以深化改革、优化管理服务于总体经济社会转型和经济社会发展战略目标的调整，进一步提高人民收入，完善分配格局，完善民生保障，推动节能环保，提高国家发展质量和促进社会和谐。公共财政建设的目标应突出改革、管理与服务三大导向。

1. 改进、完善以“分税制”为基础的分级财政体制

作为与市场经济发展相适应的公共财政的体制安排，1994 年以来的分税制财政体制改革适应了我国改革开放的需要，在规范政府间财政分配关系、营造企业公平竞争平台、提高中央政府的宏观调控能力和改进地方政府行为模式等方面发挥了重要作用。但现行分税制在运行中的局限与弊端也日益明显，必须加快深化改革，特别是省以下财政体制的改革。必须考虑坚持和维护 1994 年改革的基本制度成果，针对现存弊端“标本兼治”而强调“治本为上”，积极稳妥地以减少财政层级的“扁平化”改革为前提，在省以下，实质性地推进和贯彻分税制，打造与市场经济所必然要求的统一市场相匹配、与各级政府事权能够良好呼应的“一级政权，一级事权，一级财权，一级税基，一级预算”的制度安排，并加快健全完善中央、省两级自上而下的规范的转移支付制度体系。

2. **大力推行预算管理的科学化、法治化、民主化、精细化**

公共财政必然要求财政分配实现科学化、法治化、民主化和精细化，使政府资金具有完整性和透明度，财政资金分配要为公众提供一个可见的全景图，进而才能动态地提高其配置水平，追求公共利益最大化，而这些，必须依托于法治化框架来逐步建立现代意义的预算制度和相关管理制度。现代意义的公开、完整、透明的财政预算，从其编制、审议、批准到执行，需要有一整套体现合理有效的权力制衡、民意表达、规范严密的决策及监督机制的制度安排。通过公共财政建设实现公共资金使用的决策和管理运行的民主化和法治化，以理财的民主化推动整个社会的民主化和法治化，正是发展规范的公共选择机制、推进政治文明建设的一个基本路径。

3. **积极推进基本公共服务的均等化**

基本公共服务均等化的内容，涉及义务教育、公共卫生和基本医疗、基本养老、基本住房等社会保障、就业再就业服务、公共基础设施和公用事业条件等，是建立市场经济的社会安全网、保障全体社会成员基本生存权和发展权所必须提供的公共服务。基本公共服务均等化，不是搞平均主义，而是首先要求基本民生托底事项上要有一个统一的制度安排，进而要追求基本公共服务在不同区域对全体公民在使用价值形态上趋于大体一致。因此，基本公共服务均等化是个历史过程，这个目标在我国的实现不可能一蹴而就，要根据国情和经济发展水平而持续做出努力，在走向 2020 年建成全面小康社会期间，则应取得显著的进展。

第六章

深化改革中的可行性分析

一、直接税改革的可行性与操作要领

在我国逐渐提高直接税比重，是十八届三中全会配套改革顶层设计中的明确要求，也是已探讨多年，众说纷纭、难度极大的改革事项，是中国走向现代化社会而必须搭建现代化税制所面对的历史性考验。虽是硬骨头，但需要啃下来，对此应从可行性和操作要领等方面再做一些分析认识。

（一）个税综合与分类相结合的改革方案：多维度税制因素综合考量

1. 我国迫切需要进行综合与分类相结合的个人所得税改革

简单地说，综合与分类相结合的个人所得税制是在总体上不区分收入类型和性质，但对特殊所得（比如资本利得）又区别对待的情况下，充分考虑个人（家庭）的实际支出偏好多元和支出水平相异的情况，按照支付能力原则，科学设计税制。其优点在于，最大限度地体现公平的量能纳税原则，且简便征管（无须区分所得类型）。但是，其在管理上的要求显然比分类征收为高，在此有必要强调，推进个人所得税改革对于我国现代财税制度体系的建立乃至国家治理现代化建设具有战略意义，对于正在进行的供给侧结构性改革至关重要。

（1）个人所得税改革可以促进市场在资源配置中的决定性作用以及更好地发挥政府作用。

在市场经济体制下，市场在初次分配（生产环节）中发挥配置资源的决定性作用，以激发市场活力，提高生产效率，力求将经济“蛋糕”做到最大；政府在再分配环节（税收与社保环节）发挥收入分配的优化作用，促进社会公平，维护社会稳定。通过二者的合理有机配合，实现经济社会的良性发展。在此框架下形成的税收理论要求一国税收制度（体系）的设计，要尽量减少对生产环节资源配置的影响，初次分配尽可能保持税收

“中性”，到了再分配环节，则要注重合理地区别对待“抽肥补瘦”，抑制两极分化。税收是打入市场经济的“楔子”，在筹集政府履职的必要资金收入的同时，必然对资源配置和收入分配产生影响。为此，各国基于本国实际情况（如征管能力）利用税种之间搭配（直接税和间接税搭配等）以及税种替代（以增值税替代传统营业税）等方式，努力寻求各项税收职能的充分发挥。

总体而言，因间接税多在商品与服务的生产销售环节征收，与价格关系密切，相应在国民经济核算体系下，参与初次分配；而直接税（如个人所得税）参与再分配。这就意味着，需以间接税的税制优化设计（如营改增），改进初次分配，充分发挥市场在资源配置中的决定性作用。而在我国间接税占比远高于直接税占比的当下以及未来很长一段时间，需要非常重视改革完善个人所得税制，通过宽税基和严征管，积极发挥个人所得税筹集收入时的再分配功能，使其收入规模有所成长并促成我国直接税比重的逐步提高，降低间接税占比，进而减少我国税制体系对生产的干扰，促进市场在资源配置中决定性作用的发挥；同时，以更有力度的直接税调节收入分配，缩减收入分配差距，促成社会和谐，助力共同富裕。这是更好地发挥政府作用的题中应有之义。个人所得税税制完善本身便是政府制度供给的重要组成部分，个人所得税参与再分配核算，相应给政府在再分配环节发挥作用提供了有力的制度型调控工具。

适当缩减收入分配差距已无可回避，理论和实践均表明了政府在解决收入分配问题中的不可推卸的责任的重要性。尽管个人所得税不是唯一的手段，但它却是不可或缺的手段。

（2）个人所得税改革对于我国建设现代财税制度乃至国家治理现代化具有重要的战略意义。

财税制度安排包括解决政府“钱从哪里来”问题的税收与非税收入，解决“钱用到哪里去”问题的支出、转移支付以及资金收支的标准化载体即预算等一系列体制、制度、机制的典章式规定，所处理的实质问题，是处理经济社会生活中的三大基本关系：政府与市场主体的企业之间，中央政府与地方各级政府之间，以及公权体系与公民之间的财力、资源、利益分配。财政之所以成为国家治理的基础，预算之所以反映政权活动的范围、方向和重点，财税分配之所以与国计民生息息相关而牵一发动全身，财政史之所以既反映社会进化中的阶段、结构演变，又反映社会正义、文明程度的发展，财政改革之所以要为全面改革“既打头又殿后”提供全面支撑，都是因为政府与千千万万家企业、中央政府与地方各级政府、公权体系与公民或纳税人之间的权、责、利关系，必然地体现于交汇于财政体制，相应的，财税制度于国家治理的意义就不言而喻了。

现代财税制度是在处理好政府与市场关系的基础上，基于分配机制“三位一体”处理好政府与企业、中央与地方、公权与公民三大基本经济关系。现代财税制度又以个人所得税税制完善、个人所得税收收入充裕为特征。除了具有国民经济运行“自动稳定器”作用外，相较于其他税种，个人所得税更能够体现纳税人与负税人的统一，大大缩减了税负的转嫁机制，降低了因税负转嫁带来的不确定性，将公权与公民之间的财政关系更加直接化，这一点对于当下推进中国的现代化进程至关重要。通过改革完善个人所得税制，使收入增长中的更多的国民成为纳税人，使其充分认识自己作为纳税人的责任和权利，强化其监督政府民主理财的意识，进而加快推进我国政府民主理财、法治理财乃至我国民主化进程，既有必要，也是必然。

从居于现代化进程前列的国家来看，其税制大多早早呈现出以“个人”（或家庭）作为纳税主体的特征，最大限度排除“税负转嫁”机制，而我国恰是典型的以“企业”作为纳税主体，无论是增值税（营业税）、消费税以及企业所得税这类“大”税种，还是房产税、城建税乃至耕地占用税等“小”税种，均是企业作为纳税人。从终极意义上而言，流转税（间接税）税负最终主要由“个体”（个人或家庭）承担，但在长长的转嫁链条中，在一定时期内，“企业”则被迫承担着暂时未转嫁出去的税负，这对资源配置形成了事实上的较大影响，干扰了市场配置资源决定性作用的发挥，也引出了另外一个近年来热议的话题，即宏观税负水平不高与微观经济实体税负痛苦高的悖论。无论横向比较还是纵向比较，无论是国际比较还是与我国财政支出刚性需求比较，我国宏观税负水平的确不算高，但市场微观主体与消费大众中的低中收入阶层对税负的感受却是痛苦程度相当高。研究表明，我国推进现代财税制度建设，实现国家治理的现代化，个人所得税改革是战略层面上的重点选项之一，所以将其列入财政配套改革方案作为必成任务。通过个人所得税改革，提高直接税占比进而降低间接税占比，对于建立以所得税和流转税双主体税制结构、以“个体”为纳税人的现代税制，具有举足轻重的作用。

（3）个人所得税改革对于实施供给侧结构性改革、提升经济活力具有重要的配合作用。

我国间接税的特点是：

①主要是对企业征收。

②有营业额就征收。

③按比例税率征收。

这意味着企业无论规模大小、无论盈利与否，“开门”便有税，且在“以票控税”的征管制度下，几乎没有避税的空间和可能。一项调查表明，在个体工商户所缴纳的税收中，至少62%以上为流转税。在这种情况下，我国税制呈现出很强的“累退性”特点。传统的税制“累退性”理论是指因比例税率带来的收入分配的累退性，即税收负担无法随收入的增加而增加。而此处谈到的“累退性”是指对企业经营的累退性。这种以间接税为主的税制结构，对企业生产经营的累退性，即对于诸多盈利能力微弱的中小微企业而言，因经营形式单一、股权形式简单、与政府谈判能力弱，其能够享受到的税收优惠和财政补贴非常有限，却与大中企业承担着同样的流转税负担，其税收痛苦程度高则不言自明。

在业已明确表述的“供给侧结构性改革”实施中，上述问题的破解正是需要改革个人所得税，通过拓宽税基、按“支付能力”原则实施区别对待，实现严加征管，来提供个人所得税总收入，进而降低间接税占比。这种情况下，企业流转税名义税率降低，而雇佣劳动力的税收成本未必增加，这是由于个人所得税的增加主要通过拓宽税基、增加高收入者税负来实现。从目前个人收入格局来看，高收入者的税收贡献占比却不高，这个优化税负结构、增强经济发展活力的臂力空间，亟待打开。

2. 我国个人所得税改革的技术条件分析

个人所得税“综合与分类相结合”的改革方向早在2003年中央文件中即已明确，而改革迟迟无法推进的主要原因之一在于征管条件不具备。

普遍认为，这方面最主要的瓶颈为：部门间信息共享程度低、金融资产和其他财产收入实名制度不健全、现金使用量大，这些因素直接影响税务部门的监管能力。上述三方面问题在我国确实存在，但还应看到，现实情况并非如人们想象之严重，不至于税务部门对居民收入信息的监管完全无能为力。

（1）相关部门间信息共享程度已大大提高。

十几年间，在以防范利用增值税专用发票骗税等为切入点的“金税工程”带动下，税收信息化有了长足的发展，并与许多部门建立了信息共享关系。税务部门可以通过网络访问纳税人金融机构的银行账户，并可实时扣缴税款。这足以表明，区域内税务部门和金融机构间的企业纳税人的信息共享，已基本不存在制度和技术上的障碍，外推至居民个人，困难也不会大到无法克服。至于全国层面的个人金融账户信息的收集，则可通过网络联结将其集中至国家税务总局，供全国各地税务机关查询。目前各地税务系统的纳税申报信息已集中至省级，国家税务总局可方便地从省级税务部门抽取所需信息。同时，修订的《中华人民共和国税收征收管理法》明确规定：“税务机关有权了解、收集个人所得税纳税人的银行存款、大额资产信息，金融机构、公安、国土管理、房产管理、知识产权管理等机关应按照税务机关要求的内容、格式、时限、口径提供本单位掌握的个人所得税纳税人的银行存款、大额资产信息。”这为税务机关搜集个人收入信息提供了制度保障。此外，人民银行于2005年建立的个人征信系统，目前已收集了8亿自然人相关信用记录，包括个人基本信息、信用交易信息、公共记录信息和公用事业信息等项信息内容。这可为税务机构利用第三方信息监管个人所得税提供强大支持。

（2）财产实名状况可支撑个人所得税改革。

2000年4月1日，我国开始实行存款实名制，即自然人在金融机构开立个人存款账户时，必须出示本人有效身份证件，并使用该证件上的真实姓名存取款。2008年7月，人民银行重申存款实名制度，建立身份识别制度，实施实名制之前（2000年4月1日之前）开立的账户，如果要继续使用，则必须进行身份的重新确认，同时，对未按规定履行身份识别义务的金融机构，按照《中华人民共和国反洗钱法》予以处罚。并且，目前各金融机构均安装身份验证系统，并可实时登陆公安部身份证系统验证身份证的真伪，使得利用假身份证存取个人收入的可能理论上降低至零。存款实名制对于个人所得税来说，最大的意义在于可以通过监控经使金融机构获得的收入归总至个人名下，进而顺利实现超额累进征税。近年来，房产、股票等资产也基本实现了实名制。实际上，只要新增财产实行了实名制，就不会影响个人所得税的缴纳，因为个人所得税是对当期所得即“财产的增量”计征，因而对于目前未实名的财产，只要在处置依其取得的收入时实现实名制，也就不会造成个人所得税的流失。目前的制度框架，已基本能够保证新增财产实名制，因而财产实名状况可进而在技术上支撑个人所得税“综合与分类相结合”的改革。

（3）现金交易对个人所得税的不利影响也基本能够规避。

现金交易给个人所得税带来的最大问题是现金的坐收坐支，即个人收入以现金取得，又以现金的形式支出。这类收入独立于金融体系运行，使得税务机关难以监控。与以上两因素相比，现金交易其实是目前我国个人所得税改革面临的最大瓶颈，且短期内尚难以完全克服。消除这一瓶颈的最好办法是，规定企事业单位不得以现金发放工资、津贴等，要求劳务酬金超过一定金额的，必须采用转账方式等。目前，全国城镇企事业单位已基本实现了工资发放直达个人账户，再加上金融机构关于现金提取的各项规定趋于细密，以现金形式取得收入的情况在逐渐减少。从发展前景看，只要现金发放方遵守个人所得税源泉扣缴制度，现金收入带来的个人所得税流失问题会大大减少。

因此，综合以上分析，我们可以认为，尽管目前我国征管水平不能完全达到个人所得税改革的理想要求，但毕竟已经有了一个初步的基础，社会环境也正在改善之中，经过认真准备，积极创造条件循序渐进，是可以支撑我国个人所得税改革的。

3. 现行制度框架下个税起征点不算低

个人所得税制在绝大多数国家的税收体系中发挥着调节收入分配差距的职能，体现着税收的公平和量能纳税原则，而这些职能和原则的实现，必须在经济学和财政学基本理论指导下科学设计其税制。“个税起征点”仅是诸多税制要素之一，没有其他税制要素的配合，将难以优化实现个税税制的整体效应，只强调诸多变量中的一个“起征点”变量，单一维度地过度关注提高个税“起征点”问题，将会误导我国个人所得税改革。

（1）我国个税“起征点”，提高空间有限。

个税“起征点”规范的说法为“工薪所得减除费用标准”，体现劳动者基本生计所需、为维持劳动力再生产的基本必要支出。该费用标准的确定，需要参考全国在岗职工工资水平以及基本生活支出情况。2014 年，全国城镇单位在岗职工年均工资为 57361 元，相应月均工资为 4780 元，目前每月 3500 元工薪所得减除费用占月均工资的比重为 73.2%。综合分析可知，我国目前工资薪金费用减除标准占全国在岗职工人均工资的比重超过 80%，占 2014 年在岗职工最高地区的人均工资的比重超过 50%。我国目前工资薪金标准家庭费用扣除标准既超过全国城镇标准家庭基本生活支出，也超过支出最高地区的平均水平。据此可以得出结论：在现行个税制度框架下，我国个税“起征点”不算低，提高空间有限。

2011 年 9 月 1 日后，将个税“起征点”调高为 3500 元时，我国工薪阶层接受超额累进税率调节的纳税人数，一下降低为 2400 万人左右。近些年，随着劳动者薪酬水平的提高，超额累进税率调节覆盖面应有所扩大，但也至多为几千万人，占全体国民比重仅 3 ~4 个百分点，如再显著提高起征点，则个税在我国将更加边缘化，也明显违背了十八届五中全会关于逐步提高直接税比重的要求。

（2）提高个税“起征点”，薪酬高者受益更大，有违个税初衷。

由于个人薪酬所得税适用累进税率，因此，提高减除费用标准，有可能降低高薪酬者的最高税率档次，从而大幅降低该类纳税人的纳税额度，导致更大的不公平。

（3）简单提高“起征点”而不同时实施“收入综合、分类扣除”的办法，对不同纳税人可能极不公平。

2016 年全国“两会”上，财政部部长楼继伟在答记者问时再次指出，简单提高起征点是不公平的，一个人月工资 5000 元可以过得还不错，但如果还要养孩子养老人就非常拮据，所以在工薪项下持续提高减除标准不是一个方向。中央关于个税改革的指导方针在历年历次文件中始终是以“综合与分类相结合”为方向，即先把 11 个分类中可综合的部分归堆，施加超额累进税率，这才是调整起征点时应考虑的大前提。而且，理应一并考虑设计针对家庭赡养负担、住房按揭利息负担等的分类专项扣除。

（4）我国个人所得税改革必须针对问题综合施治、统筹设计。

当前个税“起征点”没有明显提高的必要和空间，并不意味着我国个人所得税无须改革。恰恰相反，我国个税税制很不完善，导致其不但没有很好起到调节收入分配的作用，没有很好贯彻税收的公平原则和量能纳税原则，反而带来了不公平，甚至导致“逆调节”。

首先，并没有将个人所得全部纳入个人所得税计征范围，特别需要加大收入再分配调节力度的薪酬之外的一些高收入，却调节不到或力度过低。目前，我国个人所得税包括薪酬、稿酬、经营所得等11类，随着经济社会发展和个人收入来源多元化，个人收入所得形式非上述11类所能涵盖。比如，厂主型的富豪，不给自己开工资或仅象征性地开工资，就可以全部或大部规避超额累进税率的调节机制。又如城镇化进程中，大量城市周边居民获得大量房产和补偿收入，从补偿其失地损失的角度看，房产所得合理合法，但既然有收入（货币和非货币），就应该缴纳个人所得税。此外，按照现行政策规定，房屋产权所有人将房屋产权无偿赠与与其有特殊关系的人（配偶、父母、子女、祖父母、外祖父母、孙子女、外孙子女、兄弟姐妹；赠与对其承担直接抚养或者赡养义务的抚养人或者赡养人；依法取得房屋产权的法定继承人、遗嘱继承人或者受遗赠人等），均免征个人所得税。对于这类特殊关系的受赠者，也应区别对待，比如对未成年或无劳动能力的子女，免征个税体现亲情和人文关怀，而对于已成年且有劳动能力的子女，在遗产赠与税缺失的情况下，再免征个人所得税，则显然无法体现“量能纳税”（纳税能力强的人多纳税）原则，更是显失公平：靠辛勤劳动和智慧获取的收入纳税，而“不劳而获”的收入免税。

其次，同类收入适用不同的计税方法和税率。现行个人所得税法将劳动所得分为三类且分别适用不同的计税方法。三类劳动所得包括：薪酬所得、劳务所得和稿酬，薪酬所得计税方法分别为在减除薪酬所得费用基础上适用7级累进税率，劳务所得为在一次性扣除基础上按适用20%的比例税率，稿酬适用20%的比例税率，并按应纳税额减征30%。在过去薪酬所得占主体的情况下，分别适用不同政策差异及其所导致的征管难度尚不明显，随着用工制度和雇佣关系多元化，薪酬和劳务之间的边界越发模糊，试图做出清晰界定也越发困难。

再次，同类所得适用不同的政策。典型的例子为财产转移所得，近年来，随着全国二手房交易市场的火爆，房产买卖个人所得税收入规模大幅增加。目前对于个人出售家庭非唯一住房需要缴纳个人所得税，计征时依能查到原值与否，分别适用不同的计征方法。能查到原值的房产按照房产差价（网签价－原值）的20%计征，查不到原值的房产或公房，按照网签价的1%计征。同一地段相同市场价的房子，在出售时，因房屋状态不同，个人所得税税负差异巨大。比如，现在网签价为400万元的房子，是房主家庭名下非唯一住房，需要缴纳个人所得税：如果是公房，则需缴纳个税4万元；如果是商品房，较早购入，相应原值较低，假设原值为100万元，则需缴纳个税60万元；如果购入较晚，相应原值较高，假设原值为300万元，则需缴纳个税20万元。同样市价的一套房子，个税可以从4万元到60万元，相差15倍。本来这些政策的出台，寓抑制炒房（快买快卖）的调控目标在其中，但事实上恰恰增加了长期居住持有者的税负，事实上起到了“逆调节”的作用。从中也可以看出，这些政策已然忽视了个人所得税制设计的基本原则（量能纳税原则），税负既与所得类型无关，也与所得者状态无关，税负甚至被一些无关紧要的因素所决定而大相径庭。

上述仅列举了我国个人所得税税制不完善带来的部分负面影响，我国现行个人所得税制真到了必须综合施治做出配套改革完善的时候了。但历数自1994年现行个人所得税基本框架确定以来的历次改革，除了利息所得税开征又暂停征收之外，其他改革均是围绕“起征点”提高而展开，未在“综合”方面迈进。在社会中似乎形成了一种观念，即中国个税只有“起征点”有问题，中国个税的问题只有通过提高“起征点”才能解决，而人们恰恰忘记了早在2003年十六届三中全会便提出的个人所得税改革目标——建立“综合与分类相结合”的个人所得税制。这不能不说，因为过度关注个税“起征点”提高，而将民众注意力引向了错误方向，决策部门的大量时间和精力也消解于解释和设计“起征点”政策上，这实际上如同舍本而逐末。

4. 个人所得税改革的思路和政策要点

建立以综合与分类相结合的个人所得税税制的目标早已明确，在此目标下，按照宽税基、严征管、体现量能纳税的原则，中央提出以“总体设计，分步实施，创造条件，加快推进”的思路实施个人所得税改革。

宽税基是指应尽可能将个人（家庭）所有收入，包括货币性和非货币性的收入均纳入征税范围。对纳税人，应尽可能覆盖除低收入者之外的全部社会成员。比如，在考虑纳税人范围时，可以国家统计局的城镇居民收入为参考依据。国家统计局按可支配收入将我国城镇居民由低到高划分为5个组，可以根据各组收入户的可支配收入情况，划定基本宽免额，原则上保证仅低收入者的上线或中等偏下收入者的下线以下的社会成员免交个人所得税，而其他人员均纳税，保证宽税基原则的实现。

严征管是依法征税应收尽收之意，这是一种保护老实人、约束偷漏税行为、打击逃税者而培养诚信纳税文化的长效机制。

体现量能纳税原则就是考虑根据实际支付能力来设计税制，这由收入和支出两个因素决定。从收入侧来看，除极个别收入形式外（如资本利得等），不分收入形式和性质，均应纳入综合计税的税基，统一征税办法；从支出侧来看，应充分考虑每个个体（个人或家庭）的实际支出形式和结构的差异性，采取有差别的宽免额制度，即 $1+X$ 宽免额制度。“1”是指统一的费用扣除标准，该标准可随CPI指数变化定期（比如3年）调整。“X”是指根据个体纳税人的支出结构进行区别化和常规化动态调整的宽免部分。可考虑纳入动态的常规调整的因素包括：个人家庭赡养情况、大病医疗支出、消费和住房信贷利息支出、教育支出以及个人职业发展培训支出等。

纳税主体上可以先从以个人为申报单元，逐渐过渡到由纳税人自主选择个人或家庭为申报单元的申报模式。我国家庭概念比较宽泛，目前难以形成一个技术上可操作的家庭单元定义，因此在改革起步阶段，可以先以个人为申报单元。但如以家庭为申报单元，则更能体现量能纳税原则，因此其应成为未来改革方向。之所以最终将申报模式的选择权交还给纳税人，是为了避免因个税而导致一些不利于社会稳定的现象（比如目前为规避房产交易税收而出现的“假离婚”现象）。

综合部分的税率采用超额累进税率。税率设计的原则是简化征管且保证税率的有效性。同时，保证低收入者纳税但税负很轻，满足既培养纳税人纳税意识又不对其构成较重负担的要求；中等收入者税负较轻，尽量不伤及中等收入者的工作与消费积极性，有利于对中等收入阶层的培养和促进中产阶级的形成；高收入者所面临的最高边际税率名义税负比照现薪酬所得的7级超额累进税率最高档（45%），也可以设计为是降低的，但考虑到实际生活中，高收入阶层的薪酬外收入所占其总收入的比重明显高于中、低收入阶层，而原来这些收入得不到“超额累进”的调节，且很容易偷逃税收，但在新个人所得税的“综合”部分覆盖下，这些收入将一并纳入较高边际税率的征收范围，执行的结果必定是这些人的实际税负上升。这能够更好体现量能纳税、多得多缴税的原则，也将大大消除目前存在的“逆调节”因素，强化调减收入差距的再分配，并增强个人所得税筹集收入的能力。

具体征管上，可考虑以年为纳税时间单位，实行源泉扣缴与自行申报相结合，年终汇算清缴，多退少补。工资薪金、劳务报酬、稿酬、利息、股息、红利等各项所得实行源泉扣缴，其他所得由纳税人自行申报。次年第一季度结束前，所有纳税人自行申报，根据已缴纳和应缴纳情况，补税或退税。源泉扣缴旨在防止税收流失，同时保证税款均匀入库。自行申报旨在培养纳税人的纳税意识并辅助源泉扣税、减少税收流失。

从近期看，应尽快将劳动所得归并，统一征税办法，同时积极创造条件为未来深化改革奠定基础。综合与分类相结合的个人所得税得以顺利实施的前提条件，是现金量的减少和纳税人收支信息的完备和共享。从目前现实来看，减少现金使用的条件已经具备，制度和技术都有支撑，银行卡、POS机普遍使用，未来可大力推广个人支票的使用。经过多年的发展，我国家庭或个人的各类收支、信用信息已经比较完备，中国政府部门信息化有后发优势而走在世界前列，现在最需要做的是，打破部门利益局限，实现信息有条件的共享和使用。因此，建议由国务院牵头，以各相关职能部门数据信息为基础，建立包括个人基本信息和财务以及信用信息的数据库系统，为个人所得税改革创造技术条件。该系统的建设不仅于个税改革具有重要意义，对于我国信用社会建设、规范个人行为均具有十分重要的意义。

（二）开征房地产税：可行性、路线图与正面效应

1. 可行性分析：回应五个诘难

关于房地产税可行性探讨可以通过对一些认为不可行观点的回应，形成我们认为的为什么可行的基本认识。

第一个诘难，认为开征房地产税存在着法理上的硬障碍。一个重要论据是“房地产开发的一级环节有土地出让金，后面在保有环节开征税收，就是重复征收”。当然，很多老百姓愿意听这个话，但我们认为这一点理由，其实在理论上和实践中都不能获得认定。实践中，在市场经济中，反映土地使用权的地租和反映公共分配的住房保有环节税收的并行不悖，是基本事实。从学理上说，土地出让金是土地所有者经济权利形成的收入，而不动产保有环节的税收是国家凭借社会管理者的政治权力形成的收入。各自的依据不一样，这两种收入不是二者必取其一的关系。现在税收本身都是多种税多环节多次征的复合税制。一个企业要缴流转税，再缴所得税；企业员工拿到薪酬以后还要缴个人所得税；某些特定行为还要付税，如买车辆要缴车辆购置税。不重复吗？肯定重复，问题是重复得合理不合理。税已如此，税与税外收入项目的关系，更是如此。

第二个诘难，是不断有人在说：“国外都是土地私有，对私有土地上的不动产包括住房征税说得过去。中国全部都是国有土地，国有土地上的住户只有土地使用权，房子跟几十年土地使用权在一起的，到期后，怎么办还不明不白，有什么道理和住房一起征一道税？如果让土地私有归我，我愿意缴这个税。”

很多人听了这观点，都认为说出了自己的心里话。但客观地讲，我们认为该观点从实践和理论上都是不成立的。国外的情况我了解了一下，像英国，它的土地分为两种，一种叫作 freehold，一种叫作 leasehold。freehold 就是终极产权和使用权打通的，是一体化的。leasehold 就不一样，必须签一个契约，终极产权和这个使用权是分离的。不论这两种情况中的哪一种，称为 council tax 的不动产税都是全覆盖的。英国的土地除了私有之外，还有皇家持有，还有公有（包括不同政府层级的公有，还有公共团体所

有)。而无论不动产最终产权在哪里，不动产税原则上是全覆盖的。至于香港特别行政区，就更清楚了。香港的土地总体来说没有私有产权，但住房保有环节要缴名为“差饷”的房地产税。所以，不能说只有对终极私有的土地所有权，才能承认房地产税法理上无障碍。

而学理逻辑上也是如此。我们可以比照中国改革中已有的税种解释。20 世纪 80 年代初，政府下决心推出两步“利改税”，在国有企业纳税里加上所得税。国有企业为什么跟其他企业一样也要缴企业所得税？企业的终极产权是国家的，跟它较什么劲？过去就是这样一种说法。但 20 世纪 80 年代为什么要推出这项改革？是因为国有企业在具体运行中，是具有相对独立物质利益的商品生产经营者，所有权和经营权要分离。有独立物质利益的商品生产经营者，客观上的合理状态是加入市场公平竞争，所以必须将国有企业推到和其他企业一样缴纳企业所得税的状态，才能够培养市场公平竞争环境。同样的逻辑，现在可推演到终极所有权为国有的土地上：如我们认为对这种土地上住房持有者相对独立的物质利益有必要加以调节，那么通过立法程序后征收房地产税，应有可行性。实际上，房地产税改革与国有企业两步“利改税”，内含一个相似的理念，不存在硬的法理障碍。当然，相关立法还必须完善、配套。40 ~ 70 年土地使用权到期后怎么办?《中华人民共和国物权法》已规定了这种“用益物权”到期可展期，有关部门应将这一法则具体化到操作细则上，以回应社会关切，消除民众疑虑。

第三个诘难，是技术上的反对意见，这更容易说清楚。比如有人说这个税评估税基太复杂了，中国人做不了。有北师大教授说：“这样的事情中国人要解决它，立法上要过得去，是 150 年之后的事。”但实际考察一下，咱们前些年搞物业税“空转”要解决的问题，就是针对这个事。技术上要处理的，首先要确权。现在已经布置了不动产登记，2018 年中国城乡每一个具体不动产都要确权完毕，还要信息联网，城市区域先做到位。确权以后每项不动产数据采集收入计算机系统。设计好软件，分三类：制造业用房、商业用房，还有住宅。给一个指令，计算机就会按照软件设计自动生成评估结果。在以后实征运行中，需要跟当事人取得沟通以后的认可，美国正是这样。如果不认可有纠纷，有仲裁机制，总能解决的。中国在这方面启动的投入肯定是有的，但我们已有计算机和互联网，很多固定成本早已经付出了。在这方面培训干部，从一开始的确权和采集数据到建立数据库，这是任何国家管理必须要做的事情，不能说是硬障碍。

第四个诘难，是实际生活里会形成一些需作处理的矛盾。比如说开征这个税以后，土地出让金水平会下落。这是合乎逻辑的，因为预期变了，没有肆无忌惮往上冲的炒作力量，拿地的出价就会沉稳些。那么，可以设想，如因此而需要做出调整的话，无非是设计“老地老办法，新地新办法”的差别税率，有什么过不去的呢？再比如有人说这个税可不得了，要出多少抗税事件，中国老百姓会跟政府拼命。重庆试点好歹提供了一个本土经验——虽然只是个地方经验，但说明问题。重庆对作为存量的几千套独立别墅征税，有人确实担心抗税，但实际上却并没有这些事，都是先富起来的人，犯不上为一年这点儿税拼命。方案也是从最高端的独立别墅做起，排除双拼、联体等，而且设置 180 平方米为起征点，减掉以后再征税，社会好接受。个别没收上来，是由于房主迟迟不出现。这个事想解决，也不是没有办法。例如，时间超过 3 年或者 5 年了，可以出一个政府信息通告，房主在什么时候再不出现，这个不动产要做充公处理。虽说这是最极端情况下的假设情景，但其实国际经验上有先例，有类似的处理办法，即如果这个税该缴不缴，完全可以做充公处理。现在只是说在中国不走到极端，还是应该让社会慢慢接受，不要引起太大的矛盾。但是，不能说这就是过不去的硬障碍。

第五个诘难，中国情况特别复杂，小产权房怎么处理？听起来有道理，因为非常棘手。中央党校教授周天勇说全中国有 70 亿平方米的小产权房，北京有几十万套。小产权，放在法律的审视之下，就是无产权。但总体来说，这个事情迟早是要解决的。我们在深圳已经看到了，类似于小产权房的遗留问题，分步分类，逐步处理。过去在理论上也设想过这个框架。小产权房分类逐步处理，一开始可以把整个方案做通，形成一个双方的认可方案后，可将利益逐步兑现。而房地产税如果付诸实施，会倒逼必须解决看起来棘手的小产权房问题，这其实是一个莫大的贡献。中国的改革如果有这种倒逼机制是好事，不是坏事。既然改革要攻坚克难，把小产权房一起放在解决方案里是做得出来的。

2. **开征房地产税的路线图**

第一，对于房地产税的大方向，应该坚定地按照中央十八届三中全会全面改革部署文件所表述的，在“税收法定”这样的轨道上立法先行，“加快房地产税立法并适时推进改革”。

第二，大方向之下接着需要讨论的就是基本框架。既然是配套改革，那么跟房地产税相关的就绝不只是这个税种概念下的那些具体的问题，要把税、费、地租和不动产整个制度框架通盘考虑，才叫一个高水平的配套改革的考虑。这种相关的税、费、地租合在一起的制度协调，一定要处理好社会可接受的综合负担怎么样整合、怎么样尽可能降低，而且其中的不同类型的负担怎么样分流归位来理顺相互关系的问题，包括住房的土地使用权在70年到期后怎样按《中华人民共和国物权法》已定原则续期的操作问题，这是配套改革中一定要处理好的问题。

第三，设计思路上应掌握的一些具体要点。要适应中国的国情和公众心理，看来不能照搬美国房地产税的普遍征收模式，而是要坚持借鉴日本等经济体的经验，在中国立法过程中“技术路线”的第一个大要领就是坚持做“第一单位”的扣除。至于说第一单位是人均多少平方米还是一个家庭（父母和未成年子女合在一起算）的第一套房，这种技术上的争议其实不是根本问题，但是坚持扣除第一单位我认为应非常明确地在立法上作为一个前提。再往下，技术层面的框架在立法过程中做出一个粗线条勾画之后，设计启动方案时可柔性切入，比如立法上勾画出“第一单位”的扣除，在寻求民意“最大公约数”的情况下，开始执行的时候是一个什么样的操作方案？比如说最宽松的考虑，既不是人均多少平方米的扣除——因为这样在家庭成员出现一些特定变故情况下有可能引起税收负担的上升而在公众心理上难以接受；也不一定是所谓的第一套房——因为第一套房在中国现实生活中有可能引出为避税的离婚潮；那么，是不是可以再宽松点做规定，就是单亲家庭按第一套房作为扣除而免税的第一单位，从第二套房开始征收，双亲家庭则按两套房做扣除的第一单位，从第三套房开始征收。那么这个矛盾就绕过去了，先把最可以为公众广泛接受的制度框架建立起来，以后的动态优化则可以从容进行——其实这与潘石屹当年提的建议有一种形式上的吻合：看起来宽松，但是我们先建框架，这个制度建设的框架确立起来后，再让全社会慢慢去认识和适应它，再考虑以后怎么修法优化。关键就是大家要用理性的态度来讨论起步时的最大公约数，讨论从什么地方开始才能让社会可接受地做起来。

第四，立法完成之后，可以区分不同区域，按照地方税可以区别对待的原则，执行时不必一刀切，可以陆续推出。比如我们假定这样一个已经列入全国人大一类立法的房地产税，在不久的将来正式启动一审，待走完整个审议程序、人大批准通过之后，显然可以考虑在那个时候仍然有明显的热度即“火”的一线城市和一部分二线城市区域，首先执行这个已经审批通过的房地产税的税法，而并不要求三四线的城市一刀切地来执行，这是合理的，地方税这样的区别对待完全符合税收发挥作用的客观要求。

3. **房地产税的正面效应**

第一，显然，房地产税在引导预期和行为方面会降低社会上不动产的空置率。住房空置率的降低就是在一个特定的时间段之内社会并不增加一分钱的投入，但是市场上却会涌流出来一大批有效供给。这显然就会促使市场的价格表现趋于沉稳，而且此税会增加小户型的市场需求，促使中国在城镇化过程中的土地利用集约程度（利用率）得到提高，而这些是对于我国房地产业健康发展非常重要的制度支撑因素。大起大落的风险随之减少，支柱产业的正面贡献会更明显、更稳定而牢靠。

第二，房地产税会内洽地引领地方政府真正实现职能调整转变，专心致志来优化辖区的公共服务，改进各个地方的投资环境，这是地方政府出于自己组织税收的利益考量、政绩考量做它们应该做的事情，这是长效机制一个非常重要的亮点。

第三，房地产税会使市场经济所要求的财政分税制为基础的分级财政，匹配上必须打造的地方税体系，矫治过于看重土地批租的“土地财政”弊端，这也是支持长治久安的基石之一。

第四，优化收入分配和财产配置，强化社会的再分配机制，而且落到十八届五中全会所说归宿上的“共享发展”所必须打造的长效机制，有利于遏制社会中的收入差距，防范两极分化。

第五，推进中国的直接税比重的提高，而配合间接税的降低和减少低端的和社会总体来衡量的那个税收痛苦程度，也改变原来的间接税为主的税制“顺周期”的那种弊病，这也是现代化的税制必须追求的新境界。

第六，这样一个地方层面的税种，会从千家万户所关心的直接利益出发，倒逼式促进公众参与机制，而把法治化、民主化框架之下的一种现代预算治理体系更好地逐渐培育和发展起来，即倒逼阳光化的预算和公共财政制度的建设完善。

二、与其他方面改革相配套

当前中国仍然处于发展的重要战略机遇期。在国际金融危机引发一系列变化的背景下，国内各项改革已进入深水区，解决制约经济社会中长期发展的一些重大问题，如转变经济发展方式，提高发展质量，统筹城乡发展，缩小区域差距，改进收入分配，等等，必将成为未来10年不可回避的重点。深化财税体制改革应与各方面的综合配套改革相呼应而不失时机地向前推进，争取进入新阶段、新境界，从体制机制上和财力分配上促进社会和谐，保障民众更多分享改革发展的成果。党的十八大后，应择时实质性推进土地、金融、行政等配套改革，在新起点、新阶段上，打开释放我国改革红利的新空间，衔接全面建成小康社会目标和伟大民族复兴宏伟远景。

（一）有序推进国有企业改革，促进混合所有制发展

国有经济、国有企业具有依托或隐含国家信用、能够整合各方资源、规模经济、资本实力强、管理相对规范、社会责任感较强等优势，是政府调控经济、维护国家经济安全、保障社会公平公正的重要调控、辐射力量和政策工具，特别是在某些从国家中长期战略看很需要但暂时面临市场缺损或发育不足的领域，其作用更显重要，但其也存在由于政企关系界定不清或内部管理人员道德风险所诱发的盈利动机不强、不注重管控成本反而易持续抬高管理成本和福利、工资，运营效率偏低、服务质量较低等问题；民营企业具有市场嗅觉敏锐、机制灵活、客户观念强等优点，但其与

生俱来的最大化逐利本性，容易导致主要关注企业自身利益或局部利益、粗放耗费资源、短期行为、压低劳工安全条件和薪酬、破坏环境、社会责任感不强等问题。我们主张，要通过扩大市场准入、加强市场监管、完善法律法规，发挥其各自长处，抑制其各自不足，构建国企国资、民企民资平等竞争、互为补充、双向良性互动的市场格局。国企国资在一般性竞争领域可逐步完全退出，在涉及国家经济安全、经济命脉的特定领域其以股权衡量的控制力，大致可掌握在30% ~60% 区间。

股份制是公有制的重要实现形式和融合“国有企业”“民营企业”分野，发展“混合经济”式现代企业的制度形式，可天然对接“混合所有制”。原来“国”与“民”在一般概念上的截然不同，从历史大趋势上观察，将越来越多地转化为依阶段、领域等的不同而生成的股份制企业股权结构的变动问题，即归为国有与非国有股权的一体化生存与“共赢”问题。

规模庞大的国有经济是中国特色社会主义的组成部分。大型国有企业在中国经济社会中发挥重要作用的一个重要方面，是顺应社会诉求将更大比重的资产收益上交国库，支持我国社会保障体系的运行和公共服务的增量提质。今后，随着国有经济“战略性改组”和“混合所有制”改革的深化，中央政府在国资委管理范围内的100 多家企业收缩至几十家以后，应积极探索通过立法方式，确定各类企业的设立依据、政策目标、国有资产收益的合理转置等相关规则，形成规范法案，并在动态优化中全面形成以国有资产收益和存量形态的合理转置等相关规则，形成规范法案，并在动态优化中全面形成以国有资产收益和存量形态的合理转制，在法治化制度体系中服务于全社会的公共目标：在坚持“资产全民所有，收益全民所用”的基本原则之“问题导向”下，完善国有资本经营预算（资本预算）管理体制，提高利润（资产收益）上缴比例，进而对社会保障和其他公共服务的支出加大支持力度，合理纳入全口径预算体系统筹协调。各类公益型资产处置（如文化企业转制过程中国有资产的处置）也应纳入国有资本经营预算体系中来，以此充实社会保障基金，强化基本公共服务均等化的财力支撑，真正体现国有经济的优越性及全局性贡献。

国有企业属于全民所有，是保障人民群众共同利益的重要力量，《中共中央、国务院关于深化国有企业改革的指导意见》提出，到2020年，在国有企业改革重要领域和关键环节取得决定性成果，形成更加符合我国基本经济制度和社会主义市场经济发展要求的国有资产管理体制、现代企业制度、市场化经营机制，并进一步强调“发展混合所有制经济取得积极进展”。从供给侧视角看，现阶段的“混合所有制”改革启动的是一整套制度框架体系建设，需要落实到现代企业制度和法人治理层面。前些年，中国股份制经济已有明显发展进步，其中不乏国有、非国有和公有、非公有股权在市场主体内部的混合，但往往存在国有产权“一股独大”问题和产权规范不落实、不到位的问题，恰恰需要通过混合所有制创新实践来完善基本经济制度。

混合所有制实际上能够切实激发企业活力和市场活力：一方面，混合所有制能在寻求与民间资本更好融合方式的过程中，在技术方面充分激发企业立足于后发优势的技术模仿、技术扩散、现有技术的升级换代、新技术研发等，在制度方面实现管理水平的提高、运营效率的提升以及各项成本的良好控制，从而成长为长期健康的市场主体，对市场活力的焕发发挥重要的主观能动作用，推动股票等资本市场形成长期慢牛的良好态势；另一方面，混合所有制是推动十八届三中全会首次提出的市场在资源配置中起“决定性”作用的重要手段，通过回归价格机制、理顺供求关系、逐步放开计划手段等，培育更加健康的产品市场、要素市场和资本市场，通过健康市场的形成，为市场主体提供良好的生态环境，同时实现通过激发市场活力来增强企业活力。而通过激发市场活力来增强企业活力。通过混合所有制改革中股份制的实现，资本市场势必更加规范和繁荣，与正紧锣密鼓进行的多级多元资本市场的建立互相促进、互相成就，加之PPP模式的广泛推广和应用，混合所有制改革势必与连片开发、城市基金、资本证券化、互联网金融等相互作用，产生更大的乘数效应。

（二）利用大数据提高财政决策和管理水平，建立完备的财税信息数据系统

“大数据”是指为了更经济更有效地从高频率、大容量、不同结构和类型的数据中获取价值而设计的新一代架构和技术，用它来描述和定义信息爆炸时代产生的海量数据，并命名与之相关的技术发展与创新。这些数据的规模用“庞大”一词都难以形容，以至于不能用G或T来衡量，起始计量单位至少是P（1000个T）、E（100万个T）或Z（10亿个T），因此被称为“大数据”。物联网、云计算、移动互联网、车联网、智能手机、平板电脑、PC以及遍布地球各个角落的各种各样的传感器，无一不是数据来源或者承载的方式。

1. 利用大数据提高财政管理和决策水平

大数据时代给财政部门提出了新的要求和任务。一是随着财政部门国库集中收付改革的深入、财税库银横向联网工作的不断推进，各类电子数据向财政不断集中的趋势明显，财政部门正在成为“天然的数据中心”。如何不让它们继续“沉睡”，提升财政管理和决策水平，是财政部门面临的重要任务。通过建立数据集市和建设数据仓库，使数据分析利用变得亲切、简便，真正节省财政部门的资源和工作。考虑到我国现行的MIS财政管理框架，在大数据的直接目标选择上，可暂不纳入一般意义上的财政管理工作，大数据直接服务于财政决策和公众参与。

当财政履行经济管理职能时，大数据能帮助财政对宏观经济进行追踪、监测，及时发出预警信号，对税收和收入再分配能够精确测定规模和效果，真正发挥一只“看得见的手”的作用。在预算执行管理过程中，对大量的日常收支活动实施监控，杜绝跑、冒、滴、漏，防止违纪，提高财政资金的分配和使用效益。总之用数据说话，强化以数据为基础的分析，使数据成为财政管理、财政改革、政策设计的基础。未来的财政管理和决策可以在从宏观到微观的各个不同层次上实现数据驱动。

2. 利用大数据建立完备的财税信息数据系统

首先，要加快建立财政、国税、地税三家统一的财政收支系统，实现

三家信息联网。其次，在此基础上，建立全国统一通用的个人、企业、政府、社会机构等社会经济主体的标准化唯一代码制度，各部门采集与其职责相关的与上述主体相对应的地、房、股、债、税等客体的基础性原始信息，建立本部门全国大集中、全覆盖的专业信息系统；在此基础上，形成各部门之间多边信息共享平台，即基于各部门的又独立于各部门的全国性、综合性的法定信息互通共享大平台，构建既能互通信息，又有限度、受约束、可控制的信息共享系统和机制。利用大数据和云计算技术建立完备涉税信息数据系统。

（三）积极深化行政管理体制改革

1. 改进行政绩效判断标准和晋升机制

同步推进行政管理体制改革和财税体制改革，要按照三级政府级次，加快制定职责、事权划分的规则和细则，改进政绩考核指标，推进的节奏要因省制宜。深化行政管理体制改革，包括财政上推出的“省直管县”的改革等，首先要解决的就是“指挥棒”的问题，核心就是官员晋升的指标考核体系；其次要解决监督和问责的问题，包括财政透明度，也就是公共治理问题，此外还要进一步推进行政审批制度。

“省直管县”及其他改革措施，首先需要改进官员绩效判断标准，尤其要改进党政领导干部晋升机制，引入 GDP 增长率与债务增长率的除数，涉及土壤、水质、空气等环境指标（比如 PM2. 5、COD、氮氨值、重金属含量），人民满意度，收入分配等指标，更加全面客观地考核领导干部，从机制上促进“青山绿水也是政绩”科学发展理念的落实，弱化省市县尤其是市和县级政府不惜代价追求低层次 GDP 数量增长的冲动。与此同时，加快推进基层民主建设，加快县乡领导干部差额选举等方式，让基层群众有更多的渠道和力量影响基层官员的升迁，从机制上促进领导干部“眼光向下”，更加注重群众基本公共服务的提供，强化县级政府提供基本公共服务和维护政权的职能。

改进官员行政晋升的激励制度。随着地方财力的不断增长，转移支付力度的不断加大，目前地方政府财政支出比例稳定在 82% 附近，比 20 年前增加了10个百分点。2010年地方财政支出总额达7.36万亿元，2012年地方财政支出总额更是突破10万亿元大关，高达10.5万亿元，相比较1993年的3330亿元，增长了30倍。如果加上地方政府预算外的部分收入，其掌控的总财力规模相当庞大，在这种情况下，基本公共服务和物品供给不足，很大程度上问题在于目前的体制对于地方政府激励不足。目前，由于地方官员的晋升和任命由上级决定，主要考核与GDP相关的指标，包括GDP增长率、工业增加值、固定资产投资、财政收入等，导致基层政府互相竞争GDP，拼土地、环境等进行招商引资，从而形成了重视短期经济效益、忽视人力资本等关键的基本公共服务。实践表明，仅靠地方财力状况的改善，无法根本性改变这种局面。

进一步推进行政审批制度改革，这是国务院三令五申的改革事项。当前，中央级行政审批项目已经缩小到几百项，但是剩下的大都是有关部门看作“命根子”的实权，为在这方面取得改革实效，就应考虑进一步抓住时机，把已经说了多年的大部制和“扁平化”改革结合起来，使我们的行政架构伤筋动骨、脱胎换骨，以求真正转变政府职能，实质性地推进审批改革进程。“扁平化”改革必须结合大部制改革加以综合设计，是制度供给中的框架性问题。

2. “结合式”深入推进行政审批制度改革、大部制改革和“多规合一”制度建设

深化行政审批制度改革现在已经触及更深层的系统性、体制性问题，需要从“重视数量”转向“提高质量”，以法治化、系统化、标准化、信息化、协同化、阳光化为指针，结合大部制改革内在逻辑，职能、机构、编制协调联动，“结合式”将行政审批制度改革向纵深推进。一是大力提高行政法治程度，建立严格的行政审批事项准入制度，防止边减边增、先减后增。二是顺应大部制改革前景，动态优化设计、择时启动行政审批的国家标准化工作。三是积极落实“规划先行”“多规合一”政府职能优化再造工作，可先形成部际联席工作框架，动态对接未来的大部制机构改革和流程优化，发改、国土、城乡、交通、环保、产业、财政等都必须纳入“多规合一”综合体系。四是建立全国统一的行政审批信息数据库及在线行政审批平台，提高政府管理的信息化水平。五是积极推动行政审批业务流程再造，提高系统性与协同性。六是深化收费制度改革，以破除各类收费的“收、支、用、管”一体化为核心，彻底切断行政审批与收费之间的利益机制。七是对社会中介组织做合理培养引导，促进竞争，提高素质，正确地行使其承接政府转移功能之作用。

3．政府和市场应发挥其各自应有作用，并实现良性互动互补与合作

改革开放以来我国经济社会获得的巨大增长和进步，与政府管理理念的改变、职能的调整、方式的转化、体制机制的不断优化有极其密切的关联。但随着改革进入深水区，政府职能的优化进程与制度变革的推进已经大为滞后。一是关键功能不到位。市场经济条件下政府的主要功能应是维护公平正义和市场监管、公共服务与社会管理，但在实际生活中，市场公平竞争环境受到过度垄断、设租寻租的困扰与损害，假冒伪劣等不良行径往往不能得到有效监管和打击；应有的公共服务被管理部门与环节上的“责任最小化”之争和扯皮推诿所销蚀；应履行的政府社会发展管理规划职能，其形态与水平明显落后于时代要求，各方一再呼吁的把经济社会发展、国土开发整治、城乡基础设施、交通运输、生态环境保护、产业园区和主体功能区“多规合一”，始终未有实质性进展。二是政府支持经济发展手段方式陈旧，仍然习惯于以“政”代“经”，以“补贴”“优惠”“专项”等吃偏饭方式，代替扎实的市场环境打造与市场基础建设。三是政策机制的设计质量往往不高，效果还有待提升，如政府主推的棚改、医改、中心区域交通体系建设等，大方向正确但方案纰漏、缺陷不少。

在中国特色的市场经济条件下，政府既是提供公共服务、监管市场运行的主体，也是公共品及部分特定领域的供给主体。中国政府未来一方面要运用财政政策、货币政策、收入政策等宏观政策，并通过制定国家中长期发展战略、区域和行业发展规划引导市场公平竞争这只“看不见的手”调控经济运行；另一方面还应颁布相关法律法规、设立监管机构以监督市场运行，并在涉及国计民生的战略性、关键领域，通过构建一定数量做好做强的国有控股企业这只“看得见的手”，来保障国家经济安全和弥补“市场失灵”，贯彻现代化赶超战略。

政府应将行政、监督、股东三个职能分离，由三个不同的主体来承担，以确保政府调控、引导经济发展职能与市场配置资源职能“双到位”。

具体模式是：一是要由政府设立的“行政部门”承担制定发展规划、审核市场准入等行政职能；二是要由政府组建的“监管机构”来履行监管市场职能；三是对于涉及国家经济安全、国民经济命脉的重点领域或存在“市场失灵”的领域，还应由政府出资在同一领域成立若干“企业实体”参与有外资、民资等主体加入的市场竞争。PPP 模式下的发展取向与机制创新，应成为政府、市场主体与非政府“第三部门”（民间志愿者组织）公益机构更充分地合作而寻求“共赢”的主题。

经过 30 多年的不断改革开放，我国的冶金、有色、航空、金融、电信等领域已基本上实现了政府行政、监督、股东三项职能的分离，初步形成了政府与市场互动格局，而电力、铁道、公路、卫生、教育等领域仍维持了或大体未打破原有格局，政府三项职能集中于一个机构，或仍实际维持了过度垄断与过度管制，需要通过大力深化改革，实现三者的履职主体有效分离。

（四）深化土地制度改革，建立良性循环的土地财政模式

土地制度属于一国最基本的不动产制度。中国改革开放以来，始于农村的土地制度相关改革（农村土地上的“双层经营联产承包责任制”）不仅为我国经济社会发展提供了农业基础层面的活力与动力，而且构成了其他诸多领域改革的前提和保障，引领了我国改革开放的大潮。随之而起的城镇化快速发展与“经济起飞”过程，对于从农村到城市的土地制度改革提出了更多的要求与挑战性问题。顺应时代要求，启动符合全面改革总体、长远要求和未来社会经济发展客观需要的新一轮土地制度改革，亟须在探索、创新中形成可行思路并引出可操作方案设计，这事关中国改革发展全局和现代化事业的成败。

全面健全城市、农村土地所有权、占有权、使用权、出让权和相关权益制度，要理顺城镇化过程中从土地开发开始的不动产形成、交易、持有、税收调节全流程，及相关的利益分配关系。在未来，房地产税收将是地方税的重要组成部分。当前，广受诟病的地方政府土地财政是一个焦点问题。但是，务实地看，深化地方财政体制改革的目标是转换当前的土地

财政模式，而不是土地财政本身。即使是香港等发达地区，地方财政收入很大程度上也与土地财政有关系。我国地方政府的土地财政收入包括与房地产相关的税收和收费、国有土地使用权转让金收入，目前的模式是不可持续的，这是共识。要加快实施政府垄断一级土地储备，进而通过资产负债来统筹“民生、发展、效率”财政，抑制地方普遍存在的不合理收支矛盾。在中央已经明确房产税改革方向的基础上，各级政府应加快推进以存量房为课税标的房产税改革，减少对一次性卖地收入的过度依赖，将地方政府的激励转向改善城市基本公共服务、改善投资的环境，让地方政府获得长期、稳定、可预期的房产税收入是关键。房产税征收难度高于增值税等流转税，除了需要财政、税务部门的良好设计和周密准备，还需要住建、国土、法律、金融、监察等部门的协调配合，以解决信息征集、房产评估、立法保障等问题。

专栏七：土地产权制度改革

一、土地产权制度改革存在的问题

从所有权属性上来看，我国土地分为国有土地和集体土地两种性质的土地。城市市区的土地属于国家所有；农村和城市郊区的土地，除无主荒地等由法律规定属于国家所有的以外，属于农民集体所有（深圳已有改变）。农村集体土地在实现承包经营制度框架之下，近年来中央已先后提出允许农民以转包、出租、互换、转让、股份合作等形式流转土地承包经营权，允许农村集体经营性建设用地出让、租赁、入股。但“农字号”的土地始终是与城镇建成区分开的，一旦需要“农转非”，原则上就必须征用为国有土地，完成审批及征用、补偿的全套程序。总体看，现行土地制度框架是“公有二元”特征的把国有土地所有权和集体土地所有权并列的两种产权结构体系。名义上同属公有土地，一为大公，一为小公，大公大到“全民”（国有为其具体形式），小公小到人口变动不居的某一村民小组，具体的权、责、利情况千差万别，十分复杂。从现实来看，这一产权制度结构体系，产生了诸多矛盾或问题，主要体现在以下五个方面：

一是国有土地与集体土地权利、责任“双重不对等”所产生的矛盾。

一方面，国有土地与集体土地权利不平等。这不仅表现在集体土地由于实行乡、村和村民小组“三级所有”所带来的所有权虚置与紊乱问题，而且更为突出地表现在使用、收益和处分权上的不平等。长期以来，我国严格限制农村集体土地转为建设用地，除特殊规定外，集体土地使用权不得出让、转让或者出租用于非农业建设。这也就意味着农村集体不能面向市场供地，只有经国家征用转为国有土地后，才能由国家出面出让、转让和用于非农建设。因此，与国有土地权利相比，集体土地的使用权、收益权和处分权都是不完整的。虽然近些年来我国作出了解决这一问题的一些探索和制度调整，但由于受诸多现实制约因素的影响，尚未真正实现国有土地与集体土地权利平等。集体土地与国有土地权利的不平等，又表现为制约农村发展和引发紊乱状态等诸多问题的原因。例如，导致“小产权房”问题大量出现的主要动因，就在于两种土地权利和收益的显著不平等。另一方面，国有土地与集体土地又存在责任不对等情况。在很多地方，政府无法在集体建设用地使用权转让时分享土地增值收益，而政府（代表全民）在公共基础设施等方面进行了大量的投入，这是引起土地增值的一个重要原因。如果政府不参与集体土地收益分配，只强调集体土地权利，而不使集体承担责任，显然也是不公平的。这种责任不对等的现象，是近年来现实生活中集体土地产权转让中愈益频繁出现的显化问题。

二是“二元”产权结构体系使土地利益协调和农民权益保护的难度大大增加。在土地利益协调和农民权益保护中涉及的一个根本问题，就是土地增值收益的公平分配。土地“涨价归公”是颇具学理渊源的一个重要思路，来源于孙中山著名的《民生主义》演讲，其针对中国历史及其20世纪初严重的土地问题提出了“平均地权、照价抽税、照价收买、涨价归公”的政策。该政策的理论基础，是认为土地可以私有，但土地，特别是城市土地的级差地租和市场涨价，不是土地私有者带来的，而是社会改善基础设施及其环境，以及人口聚集所带来的。因而，土地的级差地租和市场涨价应当归公，“以酬众人改良那块地皮周围的社会和发达那块地皮周围的工商业之功劳”。这便是孙中山所谓“平均地权”的政策思路。其政策操作过程是，先由土地的所有者按照市场行情去定价（“地价是单指素地来讲，不算人工之改良及地面之建筑”），然后报告政府。政府按照其报价，按率征税（“照价抽税”）。为了避免地主低报地价偷税，他主张政府有“照价收买”的权利。其含义相当于我们今天的政府征收土地的政策。因为有“照价收买”的可能性，地主低报地价可能在土地被政府征收时对自己不利，高报地价则可能在政府抽税时对自己不利，所以，这个机制可以保证土地所有者诚实报价。当地价确定后，如果这块土地发生产权变动，而此时它在市场中的地价高出原有价格，那么，涨价的部分，就应当由政府收走归公。

但现实中的土地增值收益分配，不可能是简单绝对的“涨价归公”或其反面的一律“涨价归私”，而应按照“公私兼顾、增值共享”的原则，处理好国家、集体和农民之间以及近郊区直接受益农民与远郊区未受益农民之间、农民的土地权益和社会公共利益之间等多重利益关系，建立合理分配机制。两种产权结构体系并存，特别是集体土地产权主体由于多种原因最易虚置，增加了利益协调和保护农民权益的难度。无论是作为一级政府的乡镇，还是作为农村基层群众自治组织的“村民委员会”，都很难成为真正意义上的民事权利主体。在农村社会成员必然变化（如生老病死）和必然流动（如异地嫁娶）以及近些年随外出长年打工等形成的流动性增强的情况下，集体土地产权如何在“集体”中的每个人那里得以体现和受到保护，成为一个十分突出的问题。

三是集体土地产权主体虚置与土地流转相关的扭曲、作弊问题。集体所有权的虚置，成为土地流转的严重制约因素和不规范因子。土地流转是现代农业发展的内在要求和城镇化发展的必然趋势，能够提高土地资源配置效率，促进农村剩余劳动力的转移。虽然近些年来国家逐步放宽并允许农民的土地承包经营权可以采取转包、出租、互换、转让、股份合作等形式流转，但在集体所有权虚置情况下，农民并未拥有完全的土地使用权，并且受乡镇规划、承包经营期限、具体操作程序等影响，往往限制性扭曲了符合规模化和专业化经营要求的土地流转，而且名义上“一人一票”式所有权的极易落空和虚置，又为侵犯集体土地权益的作弊与腐败大开便利之门。土地征收补偿不合理、强制征收、村委会成员利用土地谋私利等，都严重侵犯了农民的土地权益（当然也包括其背后的全民公共权益）。虽然近年来，我国一些地方在农村采取股份公司、合作社等组织形式，将股份量化到村民，提升了“集体”内部的规范性，但利益分配中的一些问题和矛盾（特别是对外部而言）仍远未得到根本解决。

四是“公有二元”产权结构，加大了政府管控与市场自主调节土地资源间的矛盾。在市场经济下，市场机制是资源配置的基本方式。土地作为一种生产要素，需要发挥市场的配置和调节作用，以提高其配置效率。由于人多地少，土地在我国现实生活中成为一种特殊的“自然垄断”资源，又事关国家粮食安全、十三亿人吃饭问题，如果完全依靠市场自发调节，有可能导致农地使用不当、农地和建设用地比例失调，引发粮食安全问题，更何况城镇化带来的中心建成区的扩大，必然引发市场式“试错”无法有效解决的“通盘规划合理化”问题，因此，需要政府发挥积极的管控作用。然而，在土地资源配置权力上，政府与市场之间往往处于一种此消彼长的矛盾之中。解决这一矛盾的关键是如何找到合理的边界和分工、互补机制，使政府与市场都能发挥积极作用，共同提高土地资源配置效率。一般而言，政府应该在保护耕地、保护各类土地产权、实施土地利用规划等方面发挥主导作用，市场应在土地资源配置上发挥主导作用。市场经济的一般经验是土地可分为私有和公有（国有），商业活动对私有土地的需求只能通过市场交易满足，公益项目对私有土地的需求可通过国家征用（有补偿）来满足，政府有规划权，但在依法管控事项之外，应全部交给市场。然而，在我国“公有二元”产权结构和现行体制下，政府在国有、集体均为“公”字号的土地使用、管理与交易中，却明显存在管控过度与管控不到位并存的现象，市场的积极作用被抑制，消极作用又往往未得抑制。一方面，政府在土地征用、开发、拍卖等方面承担了过多的职能，担当了土地供给者和使用决定者的角色。审批程序的复杂以及其他过度管制措施，不仅导致了交易成本过高、阻碍土地的合理流动与优化配置，而且产生诸多腐败问题。另一方面，又存在土地管控不到位的情况，造成规划紊乱低质、土地配置不合理、使用效率不高、私自改变土地用途等问题，特别是一些集体土地，更是出现了乱占乱建、私自交易等问题。

五是“二元”产权结构与城镇化发展之间的成本上升与风险压力日趋明显。截至目前，我国城镇化的推进主要是由政府主导的征地，以现行的一套土地征收制度为支持。随着城镇化发展，两种土地产权结构下的征地成本上升，“棘轮效应”加“攀比竞抬”式压力日益显现。其一，政府主导城镇化的现实资金约束和风险日益增强。政府主导城镇化，是以大量的建设资金为前提的。没有资金保障，地方政府就难以为城镇发展提供必要的基础设施建设，政府主导的方式也就难以运行了。我国现有征地制度的一大优势，就是初始开发环节通过低价征收、高价拍卖的方式，为政府推进城镇化提供了大量的资金支持。然而，随着农民土地维权意识的增强和各方“讨价还价”式博弈的变化，政府主导城镇化与现实资金约束增强的矛盾日益显现，因为城镇化很难再以初始阶段的低成本方式继续推进，征地、拆迁费用攀比式的水涨船高不断增长，使政府主导城市化的成本急速上升。农民、市民补偿诉求得不到满足而引发的冲突，成为影响社会稳定的重要因素。这表明“二元”结构下政府主导城镇化的经济风险、社会风险和政治风险都在增加。其二，在一些城市发展中出现“自主城镇化”模式，即在集体土地上建设城市和“农转非”项目（如“小产权房”），突破了城市土地国有的限制，与现行诸多制度产生冲突，也为后续管理、产权登记、交易等诸多方面增加了极大难度和十分棘手的问题。其三，基本农田农地保护与城镇化用地之间的矛盾日益突出。一方面，由于人多地少，实行农地保护制度，是生存与发展的必然要求；另一方面，城镇化发展，必然造成城镇扩张和建设用地的增加，二者构成一对矛盾，而在农地非农化带来的巨大价差诱导下，进一步刺激了“征地”和“变地”冲动，一些地方千方百计将农田转为农村的或非农的“建设用地”，造成乱征收、乱占地现象，对粮食安全和社会稳定等构成了威胁。

二、土地产权制度改革大思路的理论逻辑：利弊分析及可能选择

由上述考察可知，探讨如何改革我国国有土地与集体土地并存的“公有二元结构”势在必行。纯粹理论分析的大思路可以有三种：

思路一：实行农村土地私有化，取消集体土地所有制。

实行农村土地私有，是不少学者的主张，虽然能够解决集体土地产权虚置、保护农民土地权益、防止村组织以权谋私等问题，但也会带来诸多不可忽视的负面影响，产生极大的经济、社会和政治风险。具体而言，一是产生经济风险。从理论上说，土地私有化所带来的产权明晰，便于提高土地利用效率，可能会产生良好的经济效益。然而，土地作为特殊资源，在我国实践中却很可能产生一些经济风险。主要在于：其一，在不同地区，受利益博弈等影响，可能会出现相互矛盾的两种发展趋势，一些地区可能出现大规模的土地兼并（重演中国历史上的失地农民矛盾积累过程），而另一些地区的农民则可能拒不流转，从而使农业集约化生产难以有效推进。其二，私有化之后的土地流转，受经济利益驱使，可能会危及粮食安全问题。二是带来社会风险。主要表现在：其一，不利于解决劳动力转移和就业问题。在原有土地的劳动力无法得到有效吸收、转移的情况下，如果以土地私有为产权基础放任资本大肆兼并土地，可能会产生城市盲流，影响社会稳定。其二，农村土地私有化将会导致我国城镇化过程中未来的“钉子户”式产权纠纷难题更为明显和加剧，影响社会稳定。三是引发政治风险。其一，农村土地私有化而城镇土地已完全无私有化的可能，在国民公众权利意识日益兴起的社会背景下，农村土地私有化产生的城乡居民利益反差、心理失衡的社会效应，将会直接影响改革环境的稳定性。其二，由于我国明确地实行社会主义制度，土地公有的观念根深蒂固，土地私有化必将饱受社会和部分体制内人士质疑，遇到的政治阻力将使其在现实中无法起步而徒增政治斗争的复杂性。因此，在我国推行农村土地私有化思路的社会成本极高，不可控因素太多，经济、社会，尤其是政治风险十分巨大，可能产生种种难以预期的后果，这一思路难以形成方案，不具备现实可行性。

思路二：维持“公有二元产权”结构体系，坚持并完善农村集体土地所有制。

由于这一思路是不对两种产权结构体系做大的调整，因此，优点是带来的直接负面影响较少，短期社会风险较小，改革较易推动（这些年来实际上官方态度一直如此）。然而，在这种产权结构体系下，虽然出台的一些政策如土地确权、两权分离、三权分置、允许农村集体经营性建设用地出让等，能够缓和一些冲突，但仍属于治标不治本，无法解决前述分析中的一些深层面矛盾，“同地同权”的表述虽得人心，但难以落到实操层面，进退维谷，因而所谓坚持和完善农村集体土地所有制，实际上很可能是陷入矛盾积累过程，路子会越走越窄，不利于长期、稳定发展，不可成为未来的长期选择目标。从理论上分析，土地的“集体所有制”，在最讲“产权清晰”的市场经济和必然要与之匹配的要素流动以市场交易为机制的现实世界中，是无法长期有效运行贯彻到底的。因为一个“集体”，遇人员死亡、新生、婚嫁等，“一人一票”的总票数必然变动，而土地权益所依托的土地实体，却不可能随之有任何变动，增人无法增地，减人也难减地，内部、外部人际间的权益自然是模糊难定的，无法真正规范的。种种的不规范、扭曲与“作弊”的空间，就往往反而成了常态，以及利益博弈的“灰箱”，难言有长效的公正。如我们有了这一“捅破窗户纸”的基本认识，还需要再加上另一重要判断性认识：现阶段我国具有一定积极意义的集体土地与国有土地“同地同权”，与整体、长远考虑必须顾及的“平均地权、涨价归公（以从亨利·乔治到孙中山的主张为代表）”两大原则之间，存在不可调和的矛盾。“同地同权”是有利于保护直接相关农村原住居民权益的原则，“涨价归公”是可能有利于全体国民，特别是大量远离城乡接合部、在一桩桩一件件征地或土地交易事件中不可能直接受益的他地居民的原则（当然，有效“归公”的前提是政府职能必须正常行使），或言之，前者是在“小圈子”内分权益的原则，后者是在“全社会”中分权益的原则，两者自然有冲突，而且无法按照“二者必选其一”来求解。把以上的两个认识与判断合在一起，引出的结论必然是：长远考虑，我国正确处理“土地权益”问题的出路，应在于当下以社会可接受的机制处理一桩桩具体事件中“同地同权”与“平均地权、涨价归公”间的折中权衡方案（现实生活中我们一直在“讨价还价”式地做这种事情，但显然已越来越吃力）。同时，面对今后还要经历的几十年快速城镇化过程，长久之计是争取创造条件把“土地集体所有制”转为产权清晰、无纠结状态的另一种可接受且有利于可持续处理“涨价归公”问题的所有制形态，以求避免未来矛盾的更加积重难返。如土地私有制无可接受性，剩下的选择便已不言自明了。

思路三：实行集体土地国有化，先有法律框架后加实际内容，逐步取消集体土地所有制。土地国有化思路，从长远看既能够解决集体土地所有权虚置、土地权利不平等、小产权房等问题，又能以“一次锁定、分步兑现利益”方式避免城市化的巨大资金支出压力，减少因土地产权矛盾积累而引发的社会和政治风险，并且还有利于顺利实施统一市场上的土地流转，便于国家统一规划、管理，发挥中国特色社会主义市场经济的优越性。笔者提出这一思路的基本考虑如下：土地是城镇化的重要载体，与之相关的重大现实问题，是农村基本农田土地使用权的流转制度，和城镇化必然征用土地的“农转非”全套制度如何合理化。已可看清：在我国农村土地的“集体所有制”无法与市场、法制完整匹配，路子越走越窄的制约条件下，所谓使土地“私有”的方向又至少于政治上在中国不可行，如何处理土地制度这一重大而棘手的难题，是中国统筹城乡和实现民族复兴愿景面临的巨大历史考验之一。未来的改革大方向，可以按照“排除法”，选择“集体所有”“私有”之外的唯一余项———国有制，把必保的基本农田和其他所有土地，都纳入“国有”法律框架后，其中对基本农田确立永佃制，在非基本农田用地上则一揽子、一次性、一劳永逸地处理好宅基地、“小产权房”等历史遗留问题（物质利益补偿可以分步按合约实现），进而给予全体社会成员“国民待遇”，其后即有可能进入一个统一市场中土地产权的规范化、一元化状态：我国全部土地都是国有土地，其使用权可透明、规范地流转，凡是土地使用权流转环节上的租金，就进入国有资本预算（基本农田另行处理，实际上可不要求或象征性低标准要求务农者上交农地的地租）；凡是其流转和持有环节上应征缴的税收，就进入一般公共收支预算。生产要素包括土地要素的流转、配置，可以均进入无壁垒状态。政府应专注于做好国土开发、土地利用的顶层规划，同时，非农田建设用地由一套市场规则和特许权规则来调节其交易或特定用途配置。除基本农田用地“封闭”式流转和发展规模化经营之外，真正把所有土地资源放上统一市场的一个大平台。这个前景，是配套于城乡统筹发展和市民化为核心的城镇化历史过程的一个值得探讨的可选改革方向，如果一旦形成决策思路，公共财政理应支持其方案化实践和推进优化过程。综合以上理论化的、逻辑式的利弊分析，我们认为，实行集体土地的国有化，即将全部土地纳入国有平台，应是中国土地制度改革长远发展战略的大思路。但把集体土地国有化，实践难度很大，当然只能徐图缓进。

三、土地国有化改革需解决的几个重要问题

实现土地国有化改革的预期目标和效果，需要处理好几个重要问题：

一是土地国有化的路径选择。集体土地国有化，是赎买还是直接收归国有？国家显然不具备一步赎买的实力。如果直接收归国有，会引起社会质疑、反对，不利于社会稳定，并且在土地征收等相关制度不完善的情况下，很容易造成对农民权利的侵犯和剥夺。此外，村委会职责的转变、乡村债务等问题都对国有化形成制约。因此，必须妥善选择土地国有化的渐进实施路径。

二是构建以基本农田永久土地使用权（永佃制）为核心的农用地产权体系。在法律上确定国家作为土地终极所有者的地位之后，基本农田土地使用人可行使永久使用权（其实“分田到户”的土地承包制从“30年不变”到“永久不变”的表述，已基本解决了这个问题），它又可具体分解为占有、使用、收益、处分等权能，形成二级产权束。土地使用人享有的土地使用权可以以抵押、租赁、入股、买卖等形式，通过市场优化组合，也可以合法继承、赠与等。这样不仅保证了国家在土地管理和最终决策上的权利，而且又具有很大的灵活性，给实际土地使用者较大的使用、流转权利，防止国家管得过多过死，从而有利于解决当前土地制度中存在的诸多问题和矛盾。

三是探索农民市民化的新路径。城镇化的核心在于实现人的城镇化中进城定居农民的市民化。农民市民化，不仅是身份的变化，更为重要的是农民能够主动参与城镇化，分享现代化发展所带来的公共服务，实现农民与现代化、城镇化的有机融合。这一问题的着力点又在于如何处理农民进城与土地的关系上。政府应打造包括就业、养老、医疗、住房和教育在内的社会保障体系，为农民的市民化消除障碍。对于农民进城的成本，原则上应由政府、企业和农民三方承担。

四是政府在土地规划、管理中的合理权限问题。全部土地国有化之后，应强化优化国家通盘的土地规划权，把原农村集体建设用地的规划和管理纳入其内，提高土地使用效率，防止重复建设和各种违法建造等行为。同时，还必须以“正面权力清单”方式约束政府公权，使之不越界、不诿责，有效防抑扭曲和设租寻租。

五是探索公平合理、社会共享的土地增值收益分配模式，包括探索对“小产权房”等棘手问题的分类解决方案。只有遵循共享理念，处理好各种相关利益关系，实现土地增值收益的合理分配，才能平抑因征地、拆迁补偿发生的矛盾，为农民市民化和城镇化建设提供必要的财力，使全体城乡居民共享发展成果。

来源：贾康、程瑜、陈龙、陈通，《国有平台、整合分类、权益求平、渐进归一：中国新型城镇化进程中土地制度改革的难题破解路径——基于深圳调研的报告》，《经济研究参考》，2015 年第 21 期

---

1. 在单一国有平台上，通盘规划土地开发利用，使市场充分起作用和更好发挥政府职能，动态优化，因地制宜，积极探索创新我国的土地制度体系

理论分析和实际生活的大量案例均可证明，在我国城镇化推进中，农村土地的“集体所有制”无法与市场完整、长久地匹配。与此同时，在土地“私有”于政治上又不可行的情况下，我国土地制度改革的大方向，是把所有土地都纳入“国有”法律框架后，对基本农田确立永佃制即赋予永久使用权；在非基本农田用地上则一揽子、一劳永逸地处理好宅基地和“小产权房”等历史遗留问题（具体利益兑现可分步完成），进而给予全体社会成员“国民待遇”，其后即有可能进入一个统一市场中土地产权的规范化、一元化状态：全部土地都是国有土地，其使用权可透明、规范、无壁垒地流转。政府可专注于做好国土开发、土地利用的顶层规划，同时非农田建设用地由一套市场规则和特许权规则来调节其交易或特定用途配置。除基本农田用地封闭式流转和发展规模化经营之外，真正把所有土地资源放到统一市场的一个大平台上。

第一，在土地全部国有法律框架下，可以采用渐进式改革路径，分步实质性落实土地单一国有制改革。

十八届三中全会提出，“赋予农民更多财产权利，推进城乡要素平等交换和公共资源均衡配置”，而农民的财产其实主要就是归为集体所有制的土地。我们已指出，从大的方向上来看，实现全部土地国有化是长期视野中唯一可选择的改革思路，但显然一步到位式的改革完全不具备可行性，无法承担“摆平农民权益”方面可能发生的风险和成本。为此，只能采取渐进式改革路径，分步实行土地国有化改革。大多数地区的第一步，可以“平权”（集体土地与国有土地同样享有参与城镇化、工业化的权利

和机会）和“赋权”（赋予农田地永久使用权）为重点，减少土地权利的不平等，特别是在土地使用权的流转方面，允许集体土地的使用权（包括农地和农村建设用地）在符合国家法规的前提下市场化流转。第二步，不同区域中分先后在法律框架上如同深圳那样取消土地集体所有权，建立统一的土地国有制。同时，承认原集体所有制下的原住民有获得权益补偿的资格，需要在摆平利益关系的前提下，以分步兑现到位而完成所有社会成员真正的“国民待遇”，同时也就是在分步渐进中实质性地落实了土地完全国有化的改革。深圳凭借其特区的有利条件，已不失时机地走到了第二步。

第二，亟须明确和整合政府全面的国土规划权，建立规范有序的土地流转机制。

城乡统筹发展战略已提出多年，但国内不少地方仍存在“城市总体规划”“乡镇总体规划”与“村庄规划”三规不接轨、不交合，甚至相互矛盾的情况。市、区县在做村庄规划的时候，把农村应得的土地指标拿出来用作城市建设，真正到了新农村建设和小城镇建设时，却没有用地指标了。一些应当作为建设用地规划的地块，并没有纳入规划范围，影响土地资源价值的发挥。即使是规划为建设用地的地块，也往往由于难以获得相应的建设用地指标，“走正门”开发不了，利益驱动“倒逼”式形成为数可观、实际法律上无法给出产权证书的“小产权房”。深圳的可取之处，就在于其是在单一国有平台上，有了政府的通盘规划之后，有效发挥政府应有职能，在终极产权统一化、清晰化大前提下，面对历史遗留问题，承认利益差异，分类整合，动态优化，因地制宜，循序渐进地消除矛盾，最终可望归于全面国有的规范化局面而达到长治久安。当然，深圳作为经济特区，地理位置和制度政策都比较特殊，得改革开放风气之先，城镇化进程起步早、发展快，相对于现在1000多万的实际常住人员，原住民的规模仅27万余人，占比甚低。当其土地早在20世纪90年代初就已实现市域内全部国有之后，逐步兑现原住民土地权益再归于彻底的实质性国有化相对容易。其他地方有不同情况，需要因地制宜地进行探索和动态优化。但最终目标是一致的，深圳的思路可望最终变成各地（首先是大城市）迟早的选择。现阶段，即可以把明确和整合政府部门的土地规划权作为切入点，进而发展规范有序的土地流转机制，在政府通盘规划下，让市场充分起作用来实施土地利用优化。

第三，以发展的办法在“做大蛋糕”中实现产权明晰，权益兑现，建立利益共享机制而最终归入一体化。

与土地相关的利益能否合理分配，摆平各相关方，是解决土地问题的核心。进入第二步，无论怎样让原农民和原集体兑现利益，都需要在国有大平台上进行，并不是简单的概念上的“同地同权”实现过程，而是一个各方利益寻求可接受的平衡，虽不可避免地具有“讨价还价”机制特征但从长远看利益分配较公平且更加兼顾全局的过程。深圳市在统筹考虑城市、集体、村民等多方发展诉求的基础上，充分运用规划、土地、金融、财税等多元手段，实事求是地形成了“依现状明晰产权”及“以利益共享推动产权明晰”相辅相成的改革思路，采取结合城市更新、土地整备、入市流转、生态保护与发展等，设计渐进改革措施，以发展的办法在城镇化推进中“做大蛋糕”，即在不断扩大总利益规模（这会得到城镇化过程的支撑——做大可分的蛋糕，当然是得力于城镇化带来的土地溢价等）之中，实现利益共享，消化相关矛盾，化解历史遗留问题。具体处理中，以“政府与社区算大账”，再由“社区与利益相关人算细账”的双层谈判机制，巧妙地调动了社区的积极性和管理潜能，使政府相对超脱，新局面、新境界的形成相对平顺。这些做法对其他地区具有启发意义。我国在推动城镇化和工业化发展的过程中，其所蕴含的人口高密度聚集、人力资本培养、收入提高、消费提升、进城农民生活方式和社会地位的“市民化”改变，以及基础设施和公共服务的不断升级换代等因素，将成为我国经济增长和社会发展的持久内生动力。因此，我国具备在这方面“做大蛋糕”的底气和本钱，一旦有了国有大平台，应积极探索建立合理的土地利益分配和共享机制，结合历史遗留问题的消化方案，最终可落实到一个规范的土地单一国有制上。这是一个可前瞻的“一体化”远景，有利于在中国特色社会主义市场经济的发展中，破解土地制度难题，减少社会矛盾，促进社会和谐，达到总体的土地“涨价归公”“长治久安”局面。

第四，以实质性推进的公权体系配套改革来保障“土地单一国有制”状态下的公平正义：公权入笼、民主法治。政府辖区土地如按单一国有制大平台确立其所有制，固然有前文所分析论述的必选缘由、与市场经济的统一规范要素流动客观需要及中国特色社会主义市场经济内在追求的“共同富裕”机制的内洽性等值得肯定之处，但也无可回避地要面临确有理由的怀疑、否定视角的诘难：实际生活中以“国有”名义引出的公权扭曲、过度干预、设租寻租等种种弊病，是否会由此更加严重、变本加厉？这是一个人类社会中一直在探究而在中国改革深水区尤显沉重的话题：怎样有效地实现合理、规范的公权约束，“把权力关进制度的笼子”？土地国有制，各国都有，只是多少不同。远景上把我国集体土地所有制取消而“大一统”式归入深圳的“单一国有”平台，并不改变原土地制度中“国有”部分的制度安排，但灭失了我国原土地制度中“集体所有”部分的“自治”“自由裁量”空间，也就等于在达成一次性利益分配方案（可分期兑现）之后，取消了基层的种种原来实际可用的“分权”“分益”空间，土地利用和管理的规范性在未来固然可望大大提升，但是否“国有”平台上的规范性所掩盖的种种弊病，也会一并扩大了其“势力范围”？

我们认为，回答这种诘难的关键点，就在于我们能否按照十八届三中全会、四中全会的规划部署，实质性地推进经济、政治、社会的全面改革和全面的法治化、民主化进步过程，有效提高“国有制”的健康度。集体“小圈子”里的权，似也有别于严格的私权而属某种“公权”，但属于非政府的集体经济组织的民事权；一旦到了“国有全民、全社会”概念下的权，则可以是严格意义上的公权，并有种种可能在国有大平台上把其经济权能与政治权能结合，使政府之手越界、政府之弊膨胀，负面表现就会是行政上官僚主义、经济上过度干预、司法上枉法不公……这些社会中早已有之的弊病，在我国土地制度改革的视角之下，如理性地评说，并不能成为拒不考虑集体土地所有制未来改革的理由，毋宁说应成为在认识“排除法”引出的归于国有这个未来唯一选项之后，使我们义无反顾地推进中国实质性改革的激励。土地制度改革是全面配套改革和渐进改革的重要组成部分，改革如愿取得其应有的正面效应的寄托和保障，在于进入深水区后真正的攻坚克难，引出有效的民主法治政治文明的公平正义社会环境，使“公权入笼”，公众事务决策通过合理的制度机制落实于“主权在民”“走向共和”。如能入此境界，政府牵头的国土开发的规划与管理、执行，应能够在制度依托上长效优化，即实现土地开发利用中“涨价归公”取向下的公共利益最大化可持续机制，相关的权益纠纷，能够在良法体系中得到合理的化解，社会成员能够在预期上消除对“政府不讲理”“司法不公”“选择性执法”等的恐惧，如此等等。因此，需要强调，本文讨论中形成的关于“国有平台，整合分类，权益求平，渐进归一”的思路性基本认识，必须归结到、融合于全面、实质推进改革的联动诉求之中。

2. 构建税、租、费、债归位后的可持续的地方“土地财政”，是长治久安的出路

无论从学理上分析，还是从中国现实出发，“土地财政”所反映的如下各个环节的连接在框架上原本无可厚非：一是工业化和第三产业发展，必然导致城市（镇）建成区的扩张；二是建成区的扩张必然涉及国家“征地”；三是土地征为国有后，在开发环节上必然要采用有偿出让使用权方式，即执行“土地批租”的方式；四是“土地批租”的具体方式，现匹配于市场经济客观要求的必然是公平竞争为取向的“招、拍、挂”等操作方法。在这几个方面，凡技术层面的优化改进问题，都不足以动摇我们对其大框架的肯定。构建可持续、长治久安的地方“土地财政”生财机制的思路必然是“税、租、费、债”既不缺位，也不越位，形成“税、租、费、债”功能定位科学的全方位、多层次、负担均衡的复合“土地财政”税费体系。具体而言：一是土地相关税收：尤其是与土地有关的房地产保有环节税收，旨在解决当期“人的城镇化”基本公共服务供给的资金来源问题，即用于当期经常性支出。二是土地相关租金：解决的是城镇化过程中基础设施建设过程中资本性支出的资金来源问题，同时兼顾“人的城镇化”所带来的历史遗留问题（如新城镇人的社保问题）和农村生产生活的基本公共服务资金来源问题。三是房地产相关收费：收费主要是对使用基础设施的特定人群征收的“使用者付费”，解决基础设施投入使用后管理维护的资金来源问题。四是以土地作为抵押物的举债：作为城镇化过程中基础设施融资的补充资金，用于公益的资本性支出。

3. 强化制度供给，大方向是完善“土地生财用财”机制，涨价主要归公，实现土地增值收益全民共享

地是城镇化的重要载体，与之相关的重大现实问题，是农村基本农田土地使用权的流转制度，和城镇化必然征用土地的“农转非”全套制度如何合理化。已可看清：在我国农村土地的“集体所有制”无法与市场、法制完整匹配、路子越走越窄的制约条件下，所谓使土地“私有”的方向又至少于政治上在中国不可行，如何处理土地制度这一重大而棘手的难题，是中国统筹城乡和实现民族复兴愿景面临的巨大历史考验之一。我们认为，未来的改革大方向，可以按照选择“集体所有”“私有”之外的唯一余项——国有制，把必保的基本农田和其他所有土地，都纳入“国有”法律框架后，其中对基本农田土地，其使用权可透明、规范地流转，凡是土地使用权流转环节上的资金，就进入国有资本预算（基本农田另行处理，实际上可不要求或象征性低标准要求务农者上交农地的地租）；凡是其流转和持有环节上应征缴的税收，就进入一般公共收支预算。生产要素包括土地要素的流转、配置，均可以进入无壁垒状态。政府应专注于做好国土开发、土地利用的顶层规划，同时非农田建设用地由一套市场规则和特许权规则来调节其交易或特定用途配置。除基本农田用地“封闭”式流转和发展规模化经营之外，真正把所有土地置于统一市场的一个大平台。这个前景，是配套于城乡统筹发展和以市民化为核心的城镇化历史过程的一个值得探讨的可选改革方向，如果一旦形成决策思路，公共财政理应支持其方案化和推进优化过程。

因此，未来改革应该在上述改革方向和框架下，让政府行为尽可能合理化是当前面临的真问题和“向前看”的着力点。具体包括：

第一，完善工业用地定价机制，提高工业用地价格。尽管我国早在2006年就已经建立了工业用地出让最低价标准统一公布制度，要求工业用地一律采用招标拍卖挂牌出让方式出让，但在实际运作中，“工业用地出让实行‘预申请’制度，出让条件‘量身定做’比较普遍，‘招拍挂’出让多以底价成交，公示效应显著，但竞争效应体现不足，工业用地价格明显偏低。相关数据显示，我国工业用地价格仅为居住用地价格的 14.4%”（林依标，2013）。2013 年，福州市金山某片区，居住用地价格普遍在每亩 800 万 ~1000 万元之间，工业用地出让最低价标准每亩 35 万元，工业用地取得成本（主要包括征地成本、土地开发成本及税费）平均每亩 60 万 ~70 万元，工业用地二手转让价格约为每亩 130 万元。工业用地价格过低导致的工业用地配置资源效率低下、工业经济转型困难以及扭曲行为的弊端已非常明显，亟须提高工业用地价格。工业用地价格定价可选择三个思路：一是成本定价法，即工业用地价格不得低于其征用、开发成本，具体包括征地成本和基础设施投入成本（七通一平）。二是根据工业用地二级市场价格的一定比例确定工业用地最低价格。由于工业用地二级市场竞争较为充分，基本能反映工业用地供需情况，因此依此定价较为合理。三是建立工业用地和居住用地合理比价机制，即将工业用地价格与同片区居住用地价格挂钩，按照一定比价关系确定工业用地价格。四是虽不排除特定情况下对工业用地的价格作“区别对待”的政策性支持，但一定要配之以科学决策机制和“阳光化”的公私参与、社会监督、人大审批等机制。

第二，统筹均衡土地出让、开发建设、转让、保有环节税费负担。一是缩短一次性土地出让金收取年限。一次性土地出让金的收取可以较好地弥补城镇化初期基础设施投资支出，未来可以依据对基础设施投资密集期的判断，适当缩减一次性收取期限。如从目前的按 70 年收取缩短为按 30 年或 20 年甚至 10 年收取，同时明确土地上的住房等“用益物权”到期作展期处理，只需交纳很低的手续费。待土地使用到期后，可随房产税 3 ~5 年收取一次并顺延。这样做的好处是，既能为城镇化过程中投资密集期筹集收入，又能适度减轻当期民众压力，避免应由多代负担的土地使用成本集中于一代人身上，同时减缓因 70 年期限土地出让金对房价的推动，有利于房地产市场的调控。有条件的地块还可试行“年租制”，即完全改为按年交纳土地地租。

二是借营改增之机，理顺房地产开发交易环节流转税制度。随着建筑业和房地产业纳入营改增范围，房地产开发交易环节抵扣链条将有望得以理顺。房地产业营改增面临的挑战和困难是居住用房的二手交易和租赁，其行为不宜征收增值税。为此可以考虑，归并目前居住用房二手交易额租赁的各种流转税（营业税、契税、印花税）为居住用房交易租赁税，税负适度降低。从而降低流转环节税负，为保有环节税负提高预留空间，促进地方税体系完善。更为重要的是，适度简并居住用房交易（出售租赁）环节税种、降低房地产交易环节税负，有利于形成供需两旺的房地产市场，刚性需求压力得以疏解，再配以保有环节房地产税，投资需求也可以得到有效抑制。二手房交易因牵涉到房屋主管部门产权过户，征管较为容易，对于租赁税收的征管，可委托房产中介代扣代缴，随着现金交易的减少以及个人所得税改革和征管的加强，租赁行为的流转税也可以得到有效控管。

三是完善房地产交易环节所得税制度。对于房地产开发企业而言，正常缴纳企业所得税无可厚非。重点需要改革的是目前被广泛诟病的土地增值税。按照土地资源租金税性质的定位，对房地产开发企业的超额利润予以调节，并根据房地产市场形势动态优化调整税率级次。对于二手房交易和租赁的个人而言，应严格个人所得税的征纳，区别对待。随着个人所得税综合计征改革，将房产二手房交易和租赁所得纳入综合计征范围，适用累进税率，同时允许扣除因购房所发生的相关成本。这样既能减轻因满足刚性需求或改善住房条件而进行二手房交易的个税负担，又能有效将个人房产投资（倒房和食利者）所得纳入个税征税范围。研究开征房产赠与税。快速城镇化过程中必然会快速催生一批“暴富者”，如在房价上涨之前拥有房产的“城里人”或者拆迁过程中因补偿而获得多套房产的城郊农民；“一夜暴富”的随机性和偶然性对社会的稳定与和谐极为不利。极端而言，一对出生于“城里”的夫妻，新生活之始便可继承八套房产，而对于一对出生于农村的“新城市”夫妻而言，他们面临的是八位老人的赡养责任和高昂的房价。前者自然成为食利者，后者自然成为租客，起点不公平不但会带来人心理的失衡，而且形成一批无须辛勤劳动便可衣食无忧的有产阶层，这对全社会而言也是巨大的人力资源浪费。因此，在快速城镇化过程中，需要正视遗产赠与税产生的多重影响。

四是改革完善保有环节房地产税。归并耕地占用税、城镇土地使用税以及房产税为房地产税，并将其扩大至居民用房，按照评估价计征，成为真正意义上的财产保有环节税。对部分土地出让年限到期后的土地，可依《中华人民共和国物权法》在作展期处理后随房地产税一同继续征收土地出让金。

第三，明确、规范使用土地增值收益：统筹协调。本着土地增值收益跨代共享、全民共享、收益与支出更大时空配比的原则，在全口径预算和中长期滚动预算的管理规则和技术形式下，明确、规范使用土地增值收益。具体设想包括：土地增值收益主要用于城镇化基础设施投资（受益的长期性，实现跨代共享）、社会保障房建设（进城农民和白领暂居）、社会保障（主要用于弥补拆迁农民和进城农民的社会保障缺口）、教育以及农村公共产品提供等。这种全局统筹协调形式，将在较大程度上体现土地“涨价分成”处理后更具主导意义、符合公共福利最大化及可持续发展原则的“涨价归公”。

专栏八：深圳破解土地制度难题——“整村统筹”土地整备模式

深圳作为特区，城镇化进程起步后，发展极为迅猛。通过两次城市化土地统征（转），深圳整个市域的土地已实现全部国有：第一次是1992年的统征实现了原特区内土地的国有化，第二次是2004年的统转实现了原特区外土地的国有化，因此深圳法律框架下已不存在农村集体用地，也不存在农民。但还存在少量农业地块，而且由于城市化过程中形成了一系列有关土地的历史遗留问题，仍存在土地的二元管理现象，即存在“原农村土地问题”和“原农民土地权益保障问题”。目前原农村集体经济组织实际占用土地中，仍有约300平方公里存在历史问题，被称为“合法外用地”，存在产权复杂、补偿不清、违法建设等问题，也存在当地不称为“小产权房”的小产权房问题。针对这些问题，深圳市探索形成了“依现状明晰产权”及“以利益共享推动产权明晰”并行的改革思路，出台了一系列政策措施，深化城镇化进程中原农民土地权益的保障改革工作（详见表6-1）。

表6－1　深圳市已出台的涉及土地整备的相关政策梳理

时间	政策名称	核心内容	主要作用	主要缺口
2011年	深圳市人民政府《关于推进土地整备工作的若干意见》（深府〔2011〕102号）	总体要求、组织保障、实施方式及范围、规划计划管理、资金保障、实施机制、激励机制	对土地整备提出总体、全面要求	缺少对土地整备专项规划相关内容的指导规定
2012年	《深圳市土地整备资金管理暂行办法》	土地整备资金的管理、计划编制与审批、来源、支出、监督检查与绩效评估	规范全市土地整备资金管理	对土地整备资金安排没有提出具体的规则
2013年	《深圳市土地整备专项规划（2011—2015）（初稿）》	识别工作重点难点、构建土地整备空间结构、确定整备规模时序、制定土地整备片区规划实施指引、探索土地整备实施机制	全面系统讨论了研究对象、研究方法、工作内容和工作深度，其技术路线及研究方法已成为相关规划的工作基础和范例	由于城市更新改造区域的存在，对土地整备工作会有一定影响，城市更新区和土地整备区的规定如何统筹协调没有明确规划
2014年	《深圳市房屋征收与补偿实施办法（试行）》（深府令〔2013〕248号）	对因公共利益需要实施房屋征收的提供全面政策支撑，其中对因土地整备需征收房屋的情形，也进行了明确的规定	规范了土地整备涉及房屋征收补偿的具体办法和相应标准	在土地整备工作的适用性方面存在一定问题（并不是所有土地整备都基于公共利益需要），在补偿标准方面没有使用的详细规则或解释说明，怎么用这个办法存在问题

1. 全市土地国有化框架下处理对原农民土地权益的保障

深圳市早在1996年的城市总体规划中就已将规划范围拓展至全市域，在一个完全国有的平台上，不区分城市和农村，统筹安排全市域土地，配套公共市政基础设施，并在其后《深圳市规划标准与准则》中采用统一标准，为特区一体化奠定了坚实的基础。该举措有别于国家在城乡规划层面的做法，中心城区部分按城市标准规划，其余部分按农村标准规划，从规划层面保障了农民土地权益（配套设施和土地价值一体化）。

在土地政策方面，深圳市不仅按照政策标准支付补偿款，对城市化后城市管理、户籍和计划生育、社会保障和劳动就业、学校教育等进行妥善安排，同时划定了非农建设用地、征地返还用地、支持发展用地（同富裕工程、扶贫奔康、固本强基）等多种原农村“留用土地”，进一步保障和扩展了原农村集体经济组织和农村的权益，有效地使深圳原农村集体经济组织和原农民分享改革开放的红利。在留用土地权益设计上，从保障原农民和原农村集体经济组织平稳过渡为市民和现代企业出发，明确非农建设用地和征地返还用地土地使用权权益以及入市流转途径。

深圳市的土地完全国有化，可望一次性解决制度框架上的权益不公平矛盾问题，具有重大的全局性启示意义。完全可以理解，由于具体的历史条件局限，宣布了土地的统征统转，只是给出了“单一土地国有制”的法律框架，必然遗留下许多问题。在此基础上，深圳市探索在改革创新中逐步完善对原住农民的土地权益保障。

2. 新形势下有关农民土地权益的改革创新举措

为解决深圳市土地资源紧缺问题，有效盘活原农村集体经济组织土地资源，合理保障原农村集体经济组织土地权益，深圳市于2009年启动土地管理制度改革，形成了区政府试点实践、各职能部门政策支撑、社会力量积极参与的改革工作格局和“产权明晰、市场配置、利益共享”协同推进的改革核心思路。

——“依现状明晰产权”。2013年年底深圳市在《深圳市人民代表大会常务委员会关于农村城市化历史遗留违法建筑的处理决定》基础上，进一步细化规则，出台了试点实施办法，探索按照全面摸底、区别情况、尊重历史、实事求是、甄别主体、宽严相济、依法处理、逐步解决的原则，推进农村城市化中历史遗留违法建筑的处理工作。

——“以利益共享推动产权明晰”。土地利益分配中，统筹考虑城市、集体、村民等多方发展诉求，充分运用规划、土地、金融、财税等多元手段，与市场形成合力，共享土地增值收益，从城市更新、土地整备和入市流转三个方面破解历史难题。城市更新方面，深圳市根据本地实际，创新产权处置办法，建立了“20－15”的利益共享机制，即允许经批准纳入城市更新计划的城市更新区域内未签订征（转）地协议或已签订征（转）地协议但土地或者建筑物未作补偿，用地行为发生在2007年6月30日之前，用地手续不完善的建成区，原农村集体经济组织在自行理顺经济关系、完善处置土地征（转）手续的协议、将处置土地20%作为确权成本纳入政府储备后，可将处置土地剩余的80%视为合法土地进行城市更新，同时还需缴交公告基准地价10%的费用，用作历史用地行为的处理。

——“两层算账整村统筹”。深圳市在土地整备中创新性地提出了“两层算账整村统筹”土地整备新模式，即政府与社区算“大账”，社区与内部成员算“细账”的谈判合作模式。这样一来，政府相对超脱，充分调动了社区的积极性。对于“整村”土地，政府综合利用规划、土地及相关政策，与原农村集体经济组织（社区）直接协商谈判，明确政府与集体的利益分成。其中，社区自行厘清土地历史遗留问题，清拆地面违法建筑，自行协商补偿分配方案，从而整村解决历史遗留问题，以实现各方利益平衡和城市发展利益的最大化。整村统筹实行了以后，政府就从整个体系中的主角变成了一个配合组成的部分，原村民的社区则成了与开发商谈判的主体。社区作为主体来承办拆迁与开发商谈判，与开发商直接对接，避免了政府和社区的利益摩擦，也避免了政府和开发商的复杂协调，从根本上调动了原村民的积极性，让他们“自己做主”改变城市面貌。社区主体对每一个原农民负责，比如说规划不公、非农建设用地不公的问题，要把它在一个村的范围内解决掉，在社区整体中将收益按不同情况实施分配。同时，“整村统筹”模式的运作也避免了村干部私下卖地，暗中抽取土地收益等违法行为，加强了村务透明化管理，实质上也是一个显化资产和加强内部管理的过程。目前，该项工作正在坪山南布、沙湖等社区试点，未来将认真细致总结试点经验，逐步向全市推广。

入市流转方面，深圳市政府出台了拓展产业发展空间的“1+6”文件，明确提出允许原农村集体经济组织继受单位尚未进行开发建设的、符合规划的工业用地进入市场交易，对于合法工业用地，所得收益全部归原农村集体经济组织，对于尚未完善征（转）地补偿手续的，继受单位需先行理清土地经济利益关系，完成青苗、建筑物及附着物的清理、补偿和拆除，入市所得收益政府与继受单位“五五分成”或者“七三分成”，继受单位持有不超过20%物业。2013年12月20日，深圳市首例原农村集体工业用地成功入市，充分发挥了市场配置作用，实现了有需求的企业与原农村集体建设用地的对接，既拓宽产业发展空间，又通过土地出让利益分成解决了原农村土地历史遗留问题，支撑了原农村集体转型发展，为实现不同权利主体土地的同价同权开辟了新路。下面重点就深圳市“整村统筹”土地整备模式来更为具体地介绍深圳市破解难题的路径。

3.“整村统筹”土地整备模式

随着城镇化的快速推进，粗放的土地开发模式早已难以为继。为了改变“土地城镇化”局面，深圳市“整村统筹”土地整备模式的创新力求一揽子解决土地问题。“整村统筹”是在农村城市化进程中，针对已完全城市化后的特定阶段，形成的一种综合发展理念。即按一定的行政管辖区，整体考虑该地区的发展，将长期利益与短期利益相结合，通过对制约发展的各类限制性因素进行统筹，综合考虑该类区域自然、人文、社会、经济发展的纽带和联系，积极调动行政、法律、社会、政策等多种手段，实现整个地区的完全城市化。“整村统筹”作为一种发展理念，实践的不仅是一个村落的建设重建，还包涵了历史传承、经济发展、权力完善、社会治理、环境提升等更为丰富的内容。

“土地整备”是深圳土地改革进程中的又一创新。其既区别于土地储备，也区别于土地整理或整治。由于针对的主要是城市土地的综合利用和开发，因此土地整备将土地资产运营的理念贯穿全程，将实现储备、整理、重组、再开发、运营等土地问题统筹综合管理。对于深圳市来说，土地整备是积极储备土地、主动调整供地途径、改善城市环境、加强基层管理的一项工作需求。面向全国来讲，土地整备是整合多方资源，加大社会公共服务职能，做好城镇化布局的重要举措；是从现状到未来的一种城市化路径，实现产业的城市化、人的城市化和环境的再城市化同步推进。

(1)“整村统筹”土地整备的总体思路。

“整村统筹”土地整备以原农村实际掌握的土地为主要对象，以整体确定原农村土地权益为平台，以制度创新为支点，撬动城市建设、社区经济转型和基层社会建设的联动，探索一条新型城镇化道路，实现土地“一元化”管理。“整村统筹”土地整备打破了传统土地整备以政府为主导的模式，形成有政府提供政策支持、资金统筹，以社区股份合作公司为实施主体的新模式。新模式通过社区与政府算“土地 + 规划 + 资金”的“大账”，社区与居民算“小账”的方式，由政府来统筹解决公共基础设施建设的落地实施、产业用地的划拨、违法建筑处理和确权等问题；由社区来统筹解决辖区内建筑物拆迁、安居民置、物业管理等问题。以“整村统筹”土地整备为平台，承接社区的“基层党建、城市建设、经济发展、社区转型”等多个目标（见图6-1）。

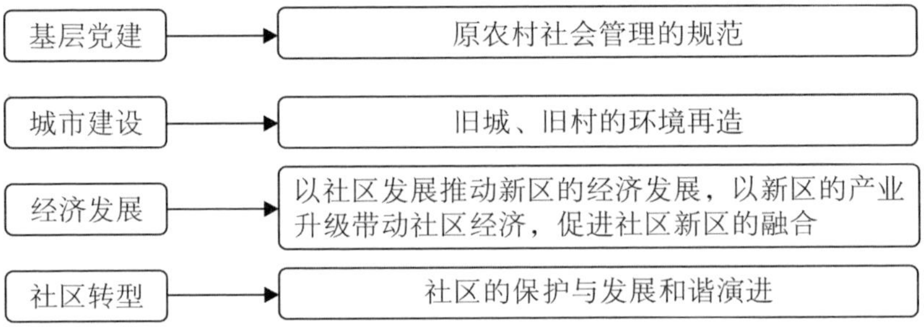

图6-1　深圳市“整村统筹”土地整备的主要目标

(2)“整村统筹”土地整备的主要内容与流程管理。

“整村统筹”土地整备的主要内容包括：基础工作、专项规划编制、实施方案编制、专项规划方案与项目实施方案的协调配合。一是基础工作，主要包括土地和房屋权属清理、项目测绘、基础数据核查、产权及相关利益主体意愿调查与分析、土地整备空间的需求状况等工作；二是专项规划编制，主要明确社区的规划定位、社区内产业发展、生态建设、基础设施等内容，制定规划空间的分级导引和管制机制；三是实施方案编制，主要明确整备的“土地 + 规划 + 资金”三大核心要素、社区分期实践方案等内容；四是专项规划方案与项目实施方案的协调配合，主要是将整备过程中的“土地+规划+资金”联动起来，规划编制、权属管理、资金运作三条主线相互支撑，实现专项规划方案和实施方案的协调统一。“整村统筹”土地整备主要从以下九个方面分阶段推进，具体流程为（见图6-2）：

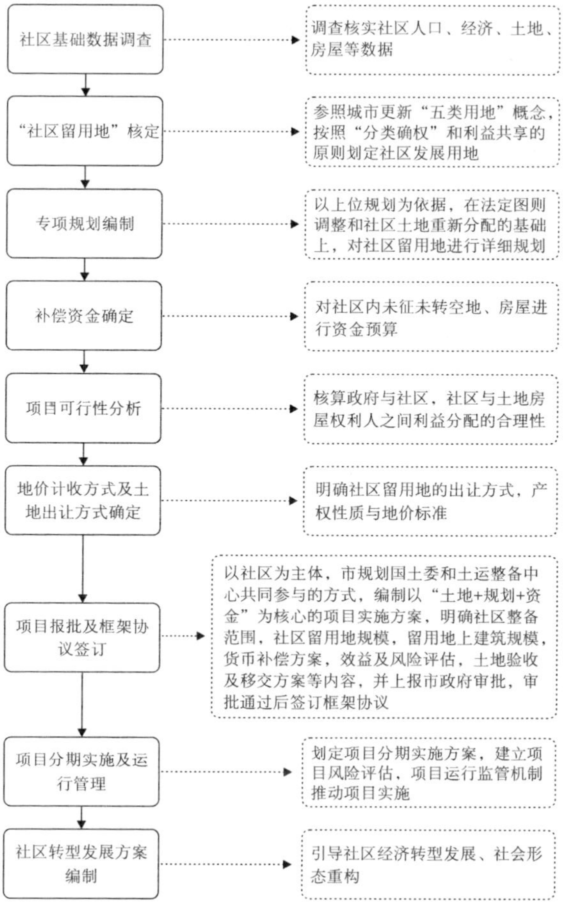

图6-2 深圳市“整村统筹”流程管理

(3) 科学的“社区留用地”核定办法。

为了解决“社区留用地”核定的问题，统筹考虑土地、规划、资金等核心要素，按照“分类确权”为主线，“以房确地”为核心的思路，深圳市以土地确权为基础，以“利益共享、尊重客观历史、保障社区发展”的原则，同时参照城市更新旧屋村的概念，打破旧屋村认定的政策限制，创新提出了原农村集中居住区的概念及认定办法，解决了政府与社区在认定旧屋村过程中的争议。“社区留用地”核定办法规范了原农村集体经济组织留用建设用地核定工作，从而确保“整村统筹”土地整备工作的顺利进行，为深圳市推动原农村土地确权、规划实施、优化空间布局、特区一体化转型发展奠定了基础。深圳市在“社区留用地”核定办法中的重要创新是“分类确权”“以房确地”。

——“分类确权”就是在对继受单位国有已出让用地（出让给继受单位的国有土地）、非农建设用地（含征地返还地）、原农村集中居住区、农村城市化历史遗留违法建筑已处理用地等历史已批准用地认定的基础上，构建重叠的指标或评级，核算继受单位留用建设用地的总规模。社区留用地上的规划以项目专项规划批准为准，对于无法落地的规划指标按照市场评估的价值给予货币补偿。

——“以房确地”就是在“分类确权”认定与核算的基础之上，对社区留用地的规模进一步验证和校核。一是对原农村集体经济组织历史上已批准用地进行确认，结合批复的开发强度或合同约定的开发规模，确定各类建筑的功能与总量；二是设定拆建比及各新区建筑量指标体系，借助规划手段在空间上予以重新安排。整个过程是按照“历史已批准用地→留用建筑量→留用建设用地”的思路进行，同时还结合了规划、资金等要素，开创性地实现了规划、土地、资金互动的新局面。

(4)“整村统筹”土地整备的借鉴意义。

首先，深圳市“整村统筹”土地整备探索了一条在国有平台上整合处理、综合解决社区问题的思路，在一揽子形式下分类解决了社区土地开发利用、历史遗留问题处理、土地房屋确权、社区经济社会建设等一系列问题，为深圳市新型城镇化建设奠定了基础。同时，其先试先行的大胆创新可以为全国提供宝贵的经验。

其次，深圳市“整村统筹”土地整备可在一定程度上实现土地确权和二次开发，明晰政府、社区的土地产权，维护土地权利人合法合理的正当诉求，一揽子解决社区的未征未转地的开发利用、违法建筑处理等问题，实质性地完成原农村土地到国有土地的改变，实现原农村土地与国有土地之间的腾挪置换以及原农村土地规划功能的调整等问题。

再次，深圳市通过“整村统筹”土地整备试点社区集体股份有限公司从单一、低端的厂房租赁经济模式向多元化经营转变，经济收入主要来源将拓展至物业开发与经营、事业投资等领域，推动社区集体经济转型发展。

最后，深圳市“整村统筹”土地整备打破了传统社区封闭的发展模式，将社区发展与新区城市发展有机结合起来，使社区真正融入城市当中。社区发展可以为新区或开发区提供完善的公共配套设施、公共服务能力、综合管理水平和社区保障体系等优质服务，推动整个区域的城市、产业、社会结构再造，为新区城市的可持续发展注入新活力，实现以“整村统筹”土地整备带动社区发展、以社区发展促进新区城市发展的目标，实现社区与城市“双赢发展”的局面。

基于“整村统筹”试点，土地精细化管理成为深圳新区土地管理重点工作，以政策法规为依据，制定全覆盖、多层级、高标准的土地管理体系。以此为基础，细化各项制度、规范和程序，严格执行、监督、考核、奖惩，提升土地资源管理工作效率。其主要包括土地批前预控和批后监管、土地资源集约节约利用、土地历史遗留问题处理三个方面的内容。

（五）加快金融改革创新，推动实体经济转型升级

1. 金融供给领域存在的问题及改革措施

金融作为“现代经济的核心”，必须适应现代化战略的要求。近年来，我国在金融改革方面取得了一系列成绩，但是客观地讲，金融改革的任务也只是走到半途。事实上，无论是从国内储蓄还是外汇储备上看，我国似乎都是世界上“最有钱”的国家，但从资本的使用效率上看，从实体经济得到融资支持的程度上看，我国金融领域存在的供给抑制与供给约束又可居世界之冠。具体来看：一是利率市场化到现在仍然未能走过“行百里者半九十”的关键性路程；二是金融市场主体“大小不均”，主体的国有比重过大而民资外资比重过低、超级银行占比过大而中小型金融机构占比过小；三是资本市场结构不合理，主板市场占比过大而创业板、新三板、场外股权交易市场还严重不足；四是除银行间投融资体系高利差抬高融资成

本之外，设租寻租、“红顶中介”等，又将创业创新活动的综合融资成本抬得更高，这些导致长期以来我国对经济增长贡献可观，特别是对就业贡献最大的广大中小微企业，得不到较充分的融资供给，实体经济升级换代“突破天花板”得不到投融资供给机制有力支撑，“三农”领域的金融支持也始终盘桓于政策倡导层面而实质性进展十分缓慢，大众创业、万众创新面临的实质性融资门槛，仍然比较高。

在“问题导向”之下，提出了加快金融改革可行的对策思路和要领。笔者认为理论支撑首先就是新供给经济学所强调的改革攻坚。供给侧结构性改革后面跟着的则是整个供给体系质量、效率的提高。在金融改革方面，间接金融和直接金融的搭配，以及对金融的创新深化等，一定要有所作为，并持之以恒地推进人民币国际化。因此，针对我国金融市场的结构失衡、功能不全和金融抑制，具体改革措施有：一是进一步深化金融机构特别是国有控股商业银行改革，适当降低国家持股比例提升社会资本持股比例；二是积极发展证券、保险等非银行金融机构；三是在政策性融资机制创新中构建多层次、广覆盖、可持续的开发性金融、农村金融、绿色金融、科技金融等服务体系；四是依托存款保险制积极发展一大批社区银行、村镇银行，通过降低准入门槛，引入民间资本或将现行的民间放贷机构合法化，增加金融供给主体和金融产品，健全小型、微型企业融资体制，并引导小贷公司按“资本金融资、自负盈亏、自担风险”原则发展，改进小微企业的金融服务；五是以显著提升直接融资比重为目标，大力发展多层次资本市场，在继续完善主板、中小企业板和创业板市场的基础上，积极探索覆盖全国的股权交易市场（三板），并推动“大资产管理公司”建设；六是提高金融业稳健性标准，积极稳妥地推进银行业实现第三版巴塞尔协议，防范银行表外业务风险，牢牢守住发生系统性风险、区域性风险的底线；七是加强金融业监管，落实金融监管改革措施和稳健标准，完善监管协调机制，界定中央和地方金融监管职责和风险处置责任；八是做好准备适时实行人民币在资本项目下的可兑换，支持人民币国际化。

2. 金融改革须消除过度垄断、发展现代市场体系

我国金融领域的发展和改革已取得了很大成就，但有一个不能回避的问题是，我国金融领域是否存在垄断。几年前笔者就注意到一些金融界领导说过，中国现在已经有1000多家银行和金融机构天天在竞争，还说有垄断？但依笔者作为研究者的观察，可以反推一下：不说这么多年来一直听到的是“三农”、小微等经济成分总是苦苦不能得到应有的金融支持，就说中心区域，比如北京首善之区，这么多年间，人们在银行营业厅接受柜台窗口的金融服务，排队和等号往往会占用很长时间，这是“短缺经济”状态。中国改革开放过程中众多领域已经摆脱了短缺不良局面，纷纷告别短缺经济，而在少数的领域里现在还是短缺局面。比如，公共交通体系里的有效供给是短缺的，如北京、上海和许多中心城市经常塞车；养老的供给是短缺的，如北京口碑很好的第一福利院接受社会上方方面面的登记，但现在登记的排队时间预期是要排100多年；金融服务的短缺，我们从北京中心区域银行营业厅里的排队状况就可以看到。接着要问的是：按照经济学分析，短缺形成卖方市场，卖方市场中一定会有超额利润，一定应该引起其他生产要素向这个领域流动，使这个卖方市场变成一个大体平衡的市场，变成供需相对比较健康的平衡状态。但在中国，为什么金融服务领域中这么多年来一直短缺，上述的调节情况迟迟不能发生？反推回来，一定存在阻碍生产要素向这个领域流动的因素，这些因素一定与垄断有关。当然，反垄断不能理想化地说成完全竞争假设下的消除一切垄断——我们致力发展的新供给经济学所推崇的，是研究中应设立“不完全竞争”这样一个升级版的假设条件，但是必须说清楚，不完全竞争条件下，垄断里的过度因素也一定要努力加以消除。由此，金融服务领域里因短缺所表现的过度垄断问题，确实是中国金融改革要解决的真实存在的问题，不解决此种问题，必然会阻碍发展中国现代市场体系。

3. 完善债券市场必须要解决的问题

在我国金融改革、发展、深化和多样化过程中，直接融资尤其应该成为发展的重点，因为至今我国直接融资占比仍过低，不到20%。除股市外，债券市场作为直接融资非常重要的组成部分，怎样进一步完善债券市场发展是不可回避的问题。因此，必须尽可能地从“问题导向”角度上把一些事情说清楚。笔者认为至少有以下五个问题是不可回避并且要解决的。

第一，目前中国债券市场的品种不够多样化。无论是国债、金融债，还是地方债、企业债，从发展社会主义市场经济的客观要求来说，它们的种类和期限品种都还不够丰富。例如地方债，历经重重困难终于由预算法给出相关框架，而且有分类，即一般地方债和专项地方债，但是从市场经济的国际经验来说，基于这样一个粗线条的划分，实际上能形成的品种还相当单一。多年前我们在研究市场经济发展时，就注意到国际经验是在地方债层面上有较多可选择的品种，这是与实际经济不同层面需求相对应的。

第二，我国债券发行规模有较大空间，但利用不足。还是举地方债的例子，经过这么多年的努力之后，2016 年地方债阳光化部分总体发行量仅从上一年的 4000 亿元提升到 6000 亿元。当然，现在还在解决地方债置换事宜。目前已有各 1 万亿元的两轮安排。相对于前些年十几万亿元的地方债来说，置换只是一个过渡，置换之后的阳光化发行应该在一段时间内越走越快，可利用空间还是相当大的。在这方面我们不能操之过急，但是也不应该在已经有清晰法律框架后仍然过于保守。我认为，在总结经验之后，中国的国债和地方债应该适应新常态的客观要求，有更大作为，把其可利用的空间充分运用起来。企业债更是这样，在直接融资市场上，千千万万企业需要资金进行创新发展，但在这方面的支持机制相当薄弱。因此，如何充分利用债券发行规模空间也是一个明显的挑战。

第三，债券发行机制还存在缺陷和制约。比如地方债，虽然现在已经纳入新预算法框架，但仍然是由中央政府牵头，每年度把全国地方债总体发行规模分配到各个省级行政区，规定省级行政区有权根据需要代市、县级地方政府发行。当然，我们首先要肯定这是立法进步，但同时也必须承认，这带有明显的“初级阶段”特点。我们可从逻辑上发问：早就确定了地方债的发行要披露地方政府的资产负债表信息，进而接受有资质机构尽可能公正的地方政府信用评级，那么，这个信用评级解决什么问题？按现行框架，评级结果逻辑上只能影响中国地方债形成的债券利率水平，而完全不涉及举债能力与规模。但是从已观察到的案例来看，国债与地方债本应有“金边债”与“银边债”的区别，但市场分辨不出差异，即形成的利率水平几乎一模一样。这意味着，我国的公债发行机制还有待进一步向成熟市场靠拢。在风险制约方面，国债和地方债还需由健全的发行机制和市场运行机制区分出不同的风险等级。

企业债方面，不得不承认“刚性兑付”问题还没有完全被打破。一些企业发债之后，一旦出现风险就可能演变为“经济问题政治化”，这就限制了企业债的发行空间。对应这种制约，应从长计议，努力加以化解，但解决这个机制方面的问题显然需要相应的配套改革，不是仅讨论某一个部门某一个观察点的事项就能够奏效的。

第四，市场分割问题。从形式上看，我国债券市场的分割状态有悖于把整个市场作为统一市场的客观要求，市场分割问题多年来表现为如何有效连通银行间市场和证券交易所市场。最近有学者把这个问题进一步与利率市场化改革联系起来：如果债券市场连通有明显阻碍，显然不利于现在作为攻坚重大事项的中国利率市场化改革。

第五，债券专业机构和人才队伍的培养仍有待进步。从长期发展来看，我国债券行业咨询、资产管理等机构和人才队伍的培养虽然有了很大进步，但仍存在初步、青涩的感觉。回首债券市场发展历程，相关机构和人员已经做出很大贡献，但是相对于发展需求来说，还有待加快步伐和进一步提升专业水平。

对于上述五个问题，笔者认为都可以在考察认定之后形成解决对策。把现实问题看清楚了，对策也就呼之欲出。解决问题特别需要各个部门、各个方面加强协调合作，大家的共识应是以改革为核心，真正攻坚克难地在改革中以创新驱动“冲破利益固化的藩篱”；还要以创新应对当前“互联网+”的大潮流，同时又要有效防范风险，这是全局、根本利益之所在。对应现在风生水起的 PPP——政府和社会资本合作，债券市场和资本证券化也还有很多用武之地。此外，债券市场健康发展也特别要求法治化的配套。从我国经济、政治、行政、司法以及社会全面配套改革的大框架可以比较清楚地看到，债券市场发展客观上也是法治化的催化剂之一。在我国金融改革中，债券市场发展总体上已经滞后，但是大势所趋，“蓄之既久，其发必速”，如果我们能有所突破，那么它应该表现出超常规的发展能力，进入把发展空间充分打开的过程。

4. **发展上市国债期权，化解债券市场风险**

随着利率市场化改革的不断深化和利率形成机制的逐渐完善，利率敏感性进一步提高，在此背景下，2016 年，受金融去杠杆和系列风险事件的影响，债券市场经历了较大幅度波动，化解债券市场风险成为资本市场建设的重要任务。2016 年 12 月中央经济工作会议提出“要把防控金融风险放到更加重要的位置”。上市国债期权产品是丰富债券市场风险管理体系、提升债券市场稳健性、改进宏观审慎管理效率、完善债券市场收益率曲线的重要举措，将进一步发挥债券市场服务实体经济的功能。

上市国债期权可丰富债券市场避险工具。2016 年下半年，债券市场波动加剧，市场各方对风险管理需求进一步提高。11 月起，债券价格指数开始下跌，最低至 99.0948，较年内高点下降 4.03%。期间，国债期货充分发挥了利率风险对冲功能。在此背景下，市场各方亟须进一步推出具有保险功能的风险管理工具。从全球范围看，主要期货市场的大部分期货品种都有配套的期权交易，两者互相补充，以满足市场的多元化风险管理需求。我国已推出国债期货产品，进一步上市国债期权，一是有助于进一步完善我国债券市场风险管理体系，市场在规避利率风险的同时，也不放弃改善业绩的机会，“保险”功能更加明显，类似房屋的火灾保险可以避免由于火灾导致的巨额损失；二是其独特的资产保险功能对于维护债券市场稳定可发挥重要作用，在市场出现剧烈波动期间，国债期权的买方通过支付权利金可以化解市场下行和踏空的风险，避免债券仓位调整造成市场波动进一步加剧。根据 2015 年国际期权市场协会的统计，全球国债期权交易量超过 2 亿张，其中美国 10 年期国债期权和德国长期国债期权交易量居全球利率衍生品前 20 位，我国作为全球第二大经济体，预计国债期权也将具有广泛的市场需求。

上市国债期权可提升债券市场宏观审慎管理效率。基于国债期权价格编制的波动率指数，可以及时、准确地衡量债券市场压力水平和反映投资者情绪状况，在帮助决策当局判断宏观走势并制定相应政策方面发挥着不可或缺的作用。2008 年全球金融危机以来，国际金融改革强调加强宏观审慎分析，美国财政部、欧洲央行等全球主要金融监管机构均构建了宏观审慎监管指标体系，并将利率期权价格编制的波动率指数作为重点关注指标纳入其中，用于对市场情绪的日常监控。在我国，推出国债期权并编制波动率指数，可以准确及时反映债券市场波动情绪压力，为我国宏观决策和市场监管部门提供参考指标，对于提高宏观决策调控的前瞻性和有效性具有重要意义。

上市国债期权有助于提高债券市场定价效率，推动债券市场收益率曲线建设。十八届三中全会明确要求“加快推进利率市场化，健全反映市场供求关系的国债收益率曲线”，理解并落实好这一任务要求是当前金融改革的重点。国债交易价格的精确性、真实性和公允性是完善的收益率曲线的关键。国债期权产品通过场内集中交易，能够准确反映市场预期，形成全国性、市场化的价格。第一，从海外经验看，国债期权市场的投资者结构较现货市场更加多元化，价格对市场信息的反映更充分。第二，国债期权采用公开竞价交易机制，价格形成更加准确、透明，更具有真实性和权威性。第三，清算环节引入中央对手方，采用集中清算机制，风险防范能力更强，市场参与意愿更高。所以，发展国债期权是对现有国债价格形成机制的提升和促进，有助于改善债券市场定价效率，准确反映市场预期，从而完善我国基准利率曲线，为金融资产定价提供坚实依据。

当前，我国上市国债期权的各方面条件已经具备，推出国债期货的时机已经成熟。一是国债现货市场规模和流动性水平不断提高，为利率衍生品创新提供了现货基础。截至 2016 年年底，我国记账式国债余额 10. 78 万亿元，当年成交 12. 35 万亿元，换手率 1. 15，市场存量和流动性水平足以支持国债期权的稳健发展。二是国债期货市场平稳运行，市场规模稳步提高，具备了上市国债期权的条件。我国自 2013 年以来陆续上市了 5 年期和 10 年期国债期货，期间市场运行平稳，投资者交易理性，持仓规模稳步提升，市场功能逐步发挥。根据 2015 年国际期权市场协会的统计，5 年期和 10 年期国债期货交易规模居全球利率衍生品排名前 30 位。尽早上市国债期权，将进一步完善债券市场风险管理体系。三是我国场外利率衍生品市场已取得良好发展，国债期权作为场内标准化、集中清算、透明度高的衍生产品，信用风险低，立法、监管环境更加严格，上市国债期权必能实现平稳起步、稳健运行。

5. 以财政资金为后盾，发展可持续健康运行的政策性金融体系

商业金融的光谱的多样性体现在把传统常规金融的低利贷，还有小额贷款公司式的中利贷，多种类别期限方式的金融产品等无缝链接在一起，形成一个光谱式的覆盖体系，实体经济层面的各种市场主体、社会成员，他们的融资需求大概都能找到对应的金融产品，而总体这个体系要把高利贷边缘化、挤出去。在此基础上，还要再加上健康、可持续的政策性融资体系，这个政策融资体系中各种各样的金融产品合在一起，就把这个光谱的谱系进一步延长了，对接到最极端的一边，是财政直接投资支持、专项资金支持，以及政策性的产业基金、财政贴息、信用担保等政策手段配上的特定金融产品，再往后对接的是没有多少政策色彩的商业性金融产品，形成一个最完整的金融产品多样化的谱系。

中国政策性金融发展的过程是相当曲折的：20 世纪 80 年代后期国家意识到工农中建不得不承担的那些政策性融资业务应该剥离出去，90 年代明确地说政策性金融和商业性金融要分道扬镳，这样银行才能办成真正的银行，商业银行办成真正的企业，接下来企业才可能变成真正的企业。这个认识清晰了以后，组建了中央层级的以国家开发银行为代表的政策性银行，后来还曾经试探着要建立中国经济技术投资担保公司这样的政策性担保机构的实验，之后中投保很快在压力之下放弃了政策性目标。而国家开发银行，再加上后面的农业发展银行和进出口银行，形成中国的三大政策性银行，是中央级的旗舰。但到了前面两次中央金融工作会议，一些重要的金融改革并没有形成共识和明确要求，但在国家开发银行商业化转制方面指导意见却非常鲜明，两次工作会议都做了强调，但是留了一条尾巴，即“侧重于长期投资”，那我们接着要问：长期投资是不是有明显的政策导向？显然是不可忽视的。国家开发银行如果说真是商业化转制，那能不能吸储？又没有下文了，中国并不缺少一个有吸储功能的大型商业银行，本来国家开发银行特别的定位就是必须要贯彻国家意志，就是在实际生活里发挥开发性金融作用的政策性的金融机构。

党的十八大以后，新的领导集体形成，国家正式文件里又重新写入了政策性金融、开发性金融等。简要地说，我们认为政策性金融实际上就是要放在战略层面考虑中国“守正出奇”的超常规发展：“守正”是讲市场规律，“出奇”是必须承担一定的风险而争取出奇制胜，否则中国只能是跟随，不能成功地从追赶到赶超。守正出奇在现实中具体的风险就是金融是双轨制。林毅夫教授说得很理想：“中国要取消一切双轨制。”但我认为说绝对了，中国在某些领域里比如住房，不可能是单轨，必须是商品房和保障房双轨制长期运行；金融也必须是在可预见的很长的历史阶段里，使商业性金融和政策性金融双轨运行。双轨运行就一定会带来涉租寻租的威胁。

所以，政策性金融的健康发展是：第一，要有阳光化的决策程序和多重审计监督。第二，一定要形成银行、企业、政策性金融机构和作为支持后盾的财政、相关的主体之间的风险共担机制。不能认为财政与政府作为后盾参加进来以后，所有的风险都可推到财政，推到政府参与上，那就变成了无底洞，它带来的道德风险就是不可持续的问题。无论设租寻租，还是这种不可持续的无底洞，都在很大程度上威胁着前些年我们看到的政策金融运行。所以，早有基本思路，实际发展中却走得磕磕绊绊，进一步的发展按守正出奇的考虑，我们必须经受考验，把这条路走通。

对于小微、“三农”创新增长点上的金融支持，现在越来越多运用的是开发性金融、绿色金融、普惠金融、草根金融等概念，无一例外都是要在商业性金融“锦上添花”的机制旁边配上一个可持续的政策性融资的“雪中送炭”的支持机制。“锦上添花”在商业性金融里无可厚非、天经地义，这就是它引导资源配置优化的基本机制，但这还不够，“锦上添花”旁边的“雪中送炭”确有必要，关键是要可持续。不是对所有的支持对象都能满足，这里面必须规范遴选。怎么遴选，怎么决策？就是一定要阳光化，而且要结合多重审计监督。不敢说政策性金融支持的项目百分之百都成功，它也会有一定的失败率，但如果没有这样一个阳光化的可对公众交代的决策方面的底气的话，就不可持续，那么就只好偃旗息鼓。我们现在就必须在这方面闯过瓶颈制约，把制度建设做好，以支持政策性金融的可持续运行。

跋

中国财政改革的基本问题

十八届三中全会之后，中国进入全面改革的实施阶段，而中央政治局首先审批通过的，就是财税配套改革方案。财税配套改革是为全局服务的，是要解决十八届三中全会所提出的国家治理体系和治理能力现代化必须要有现代财政制度的支撑问题，是聚焦财政作为国家治理的基础和重要支柱这样一个制度供给问题。

现在已看得很清楚，我们不得不比较直率地指出：与十八届三中全会及政治局审批通过的配套改革方案所规定的时间表相比较，现在的进度已经滞后了，实际的推进和时间表的要求是不匹配的。

一、财税改革三大领域推进程度进展不一

中央地方间的体制关系看起来是一个政权体系中由中央和地方形成的一套财政体制，但这个财政体制还必须同时解决好政府和企业、政府和纳税人之间的关系。

从财税改革三大领域来看，有的进展相对顺利：列为第一项的预算改革，其要领总体来讲比较清楚，方方面面的部署都有基本要求，剩下的问题是作为配套改革的配套事项，怎么呼应和协调这方面的深化改革任务。但是，说到财税配套改革的第二大领域税制改革，那就得排列一下其中的六大重点，现在总体来说只有“一个加两个半个”可以交代出来。

2016 年 5 月 1 日以立军令状的形式终于全面覆盖营改增，这是一个。另外，已经明确资源税改革按照从量变从价推进，河北要试点水资源税改革，这算半个。同时，我们已经得到明确的信息，环境税按照“费改税”启动，进入立法过程已有明确的信息，这也算半个。目前只有上面所说这“一个加两个半个”的进展，而消费税到底怎么办，我们还得拭目以待。房地产税在最近一轮房地产市场演变中又是大家热议的一个焦点难点问题。还有个人所得税——这个社会方方面面都在关注的重大的直接税制度建设问题，现在也还没有看到在加快立法、税收法定这个轨道上进一步的信息。

第三个大的领域就是中央与地方间所形成的体制关系到底怎么理顺，

这在财税配套改革方案中列为第三大项。我要说的是，中央与地方间的体制关系，实际上涉及中央与地方、政府和企业、公权体系和公民这些财税体制必须处理的三大基本经济关系，看起来是一个政权体系中由中央和地方形成的一套财政体制，但这个财政体制还必须同时解决好政府和企业、政府和纳税人（包括自然人，作为社会成员的公民）之间的关系。这个体制问题按照逻辑关系来说，本来应该列在财税配套改革三大事项的第一，但为什么列在第三呢？似乎是意识到它难度很大，所以相对清楚的预算改革和税制改革排在第一和第二，而把这一项列在第三。但这并不意味着可以拖延它。所以，2016 年中央又专门对这方面提出了进一步的要求，下发了厘清事权的指导文件，以及已特别强调的在中央与地方财力分配框架方面进一步的指导原则、新的要求与文件精神。

目标模式仍然是分税制。（搞市场经济，就必须建立以分税制为基础的分级财政体制。一级政权，一级事权，一级财权，一级税基，一级预算，一级产权，一级举债权，这是分税分级财政体制搭建时环环相扣的必然要素，这 7 个“一级”必须解决“财权与事权相顺应，财力与事权相匹配”的问题，并要求后面必须再跟上自上而下为主的转移支付。在整个财税体系的运行过程中，这些要素一个都不可缺少，且相互间又自有其逻辑关系。）

在这样的背景之下，我想概括地谈谈在做了多年财税研究以后的一些基本看法。

这套体制关系，要看到它所适应的是财政服务于市场经济这样一个通盘体制框架健康运行的客观要求，因为把中国的探索放到全球各个经济体发展经验里，可以得出的一个共性的认识就是：搞市场经济，就必须建立以分税制为基础的分级财政体制。

我们在前面经过苦苦探索之后，终于看到 1994 年由朱镕基同志在一线主持经济工作，以极大的魄力呼应邓小平南方谈话所确立的市场经济目标模式，启动了难度极大的财税配套改革。这个新的经济性分权的财税运行体制，带来了一系列正面效应，但是由于种种主客观限制，也遗留了一些问题。

到现在，为深化这个改革，从理顺体制关系来看，应该明确的目标模式，仍然是过去多年探讨的搞市场经济所必须建设的分税制，那么，它的基本要领是什么？就是在国家的政权体系得到“权为民所赋”这个合法性之后（在中国就是最高权力机构人民代表大会赋权给政府，代表人民把公共权力交给执政体系），从中央到地方的每一级政权，跟着要有一级合理的事权，之后要有一级合理的财权——财权中最关键的是稳定的、法定的税收，也就是它的税基，而广义的税基当然也包括税外的收入，即包括各种各样必要的收费，以及其他非税收入。一级政权，一级事权，一级财权，一级税基，后面的是什么呢？就是我们必须有标准、规范、透明、接受监督、事前决定并严格执行的可问责的预算。

现代的预算制度是财税配套改革的第一大项，实际上它是在这个逻辑链条里因推到这个环节才直观地表现出它存在的重要性。一级预算后面，跟着要有一级产权，也就是国有资产管理体系必须把整个国有资产量化、人格化到各级管理的主体上、出资人的代表上；一级产权后面还要有预算法修订以后已经明确的一级举债权——不仅中央要举债，地方还必须顺应市场经济，也要有举债权。

再复述一遍：一级政权，一级事权，一级财权，一级税基，一级预算，一级产权，一级举债权，这是分税分级财政体制搭建时环环相扣的必然要素，这 7 个“一级”必须解决“财权与事权相顺应，财力与事权相匹配”的问题，并要求后面必须再跟上自上而下为主的转移支付。在整个财税体系的运行过程中，这些要素一个都不可缺少，且相互间自有它的逻辑关系。

二、财政事权是政府事权

我们现在知道，中央下发文件要解决的这个事权问题，其实是一个始发环节，就是各级政府首先明确应该怎样使自己的职能合理化，应该做什么，不应该做什么。

这个始发环节是逻辑的开端。在此我想探讨一个概念，就是这次的文件里使用的“财政事权”的概念。有些同志就有疑惑了：政府事权、财政事权到底怎么理解，有什么区别？我想说得比较直率一点，无论文件的表述方式如何，我个人认为财政事权只能是政府事权。为什么？理由如前文所说：党的十八大一开始就强调了我们的预算必须是全口径预算，所有的政府财力必须统统表现在预算之内，全口径预算的基本逻辑，就是财政为全局服务客观要求预算的完整性，所有政府的财力必须纳入规范的预算体系里，而财政预算所对应支持的这些事权，当然就对应政府活动的范围、方向、重点、政策要领和突出重点以后必须兼顾的所有事项。政府要做的所有事情，都必须对应到预算上的财力安排，也就都必须对应到所谓的财政事权上。

我认为，并不存在游离于政府事权之外的财政事权问题，我们现在所说到的这个事权的合理化，把它称为政府事权也好，财政事权也好，它就是我们过去所说的必须跳出财政看财政，把握好面对全局，以财政这个“以政控财，以财行政”的分配体系怎样为政府合理履行职能服务这个内在本质。

所以，无论现在文件用语怎么说，它仍然说的是各级政府到底应该做什么，不应该做什么，再确定到合理的政府职能怎样通过以政控财而“以财行政”的财政分配去得到履行这个问题。

三、各层级事权划分应遵循“三原则”

第一要看这个所要发挥的政府具体职能的外溢性，不能简单地把它看作可以分成一个一个区域的这样一个概念。第二是看信息的复杂程度，如果从不动产和住房来看，就适合由地方来管。其各种各样配套的要素这么复杂，中央有什么必要跨越中间的层级一下管到地方基层？第三是追求激励兼容，就是既有激励，又与其职能合理化兼容。

接着最概括地谈一下在事权方面的观察与认识。

从中央开始往下，各个层级的事权的划分遵循什么原则？我是赞成楼继伟先生早早就提出的“三大原则”：中央也好，地方也好，划分事权从原则上讲，第一，要看这个所要发挥的政府具体职能的外溢性，比如国防是整个国家的安全防卫，它外溢到我们整个这样一个民族国家的全部版图。所以，就不能简单地把它看作可以分成一个一个区域的这样一个概念。如果它外溢为覆盖整个国家，显然它应该是中央的事权，才能合理地履行必须统筹协调的政府功能。

我们过去在国防这方面的实际情况是什么？实际上，是把中央和地方混在一起，本应该确定为中央事权的国防，它结合着我们过去听起来很有道理的“军民联防共建”“双拥模范”、预备役，拉了地方进来以后，形成了种种错综复杂的事权和财权关系。在特定的区域，比如新疆，还有屯垦戍边的兵团，兵团具备特定的国防使命任务，同时它又有其他的功能。

到底怎么把事权和事权后面必然要配的财权和财力的关系理清，过去是做得不能令人满意的。所以，第一个是外溢性的原则。有一些事情没什么外溢性，比如具体到每个地方政府辖区里的不动产，包括大家关心的居民住房，它基本没有外溢性的问题，每个地方政府辖区之内的这些不动产，这些居民住房，就适合由当地的地方政府来管。

第二个事权原则，是看信息的复杂程度。如果从不动产和住房来看，又是适合地方政府来管的，因为每个具体住房的地段、朝向，它的各种各样配套的要素，这么复杂，中央有什么必要跨越中间的层级一下管到地方基层？你交给地方管又没有外溢性，又有利于最大限度减少信息的不对称，提高管理效能，所以适合地方来管。

第三个原则，是追求激励兼容。同样从不动产和住房来看，地方政府如果能管这个事情，同时按照市场经济的经验不只是在交易环节能够取得税收，还应该在保有环节适当取得税收的话，它的财源建设机制就和这个税收索取权结合在一起，地方政府就会意识到只要自己专心致志地优化本地投资环境，履行市场经济要求它应该履行的搞好公共服务、维护公平竞争的职能，它自己的财源建设跟着就一起解决了。这就是既有激励，又和它的职能合理化兼容了。中央政府不用着急去管各个地方辖区之内的这些不动产和不动产的税收问题，所以就应该把它确定为地方税。

楼继伟先生当年所总结的“三大原则”，是很清楚的，但是这些原则怎么跟实际生活中的制度建设相对应，就非常复杂了。

四、进一步理清事权需深究三个层面问题

第一，事权配置合理化的实现可不可以按照有人认为的跳过财权配置合理化而直接对应于财力？第二，在这个角度上继续来看，各级事权、财权合理化的通盘框架有没有可能维持五层级的这样一个传统架构？接着就是第三层面的发问：如果有前面两点认识，那么我们势必要抓住中央文件早已经明确的“扁平化”思路，但应该怎么样着手推进它？

现在看来，中央所说到的进一步理清事权，有至少三个层面的问题需要进一步深究。

第一，事权配置合理化的实现可不可以按照有人认为的跳过财权配置合理化而直接对应于财力？中央过去曾强调过事权和财权相结合，后来的文件里不提了，直接讲“事权和财力相匹配”，有人认为可以把财权问题抛到一边去，我认为不成立。仅仅以事权跳过财权以后去跟财力匹配，将意味着什么事情都靠转移支付解决问题，即不用考虑税基怎么合理配置的问题了，显然此路不通。既然是分税分级财政，那么在各个层级上，税基这样一个财权怎么配置的基本问题是绕不过去的。

第二，在这个角度上继续来看，各级事权、财权合理化的通盘框架有没有可能维持五层级的这样一个传统架构？中国是各个经济体（包括世界上规模最大的经济体）里很独特的一个五级政府架构，而搞分税制的其他经济体，看一下美国、日本，还有德国、英国等，成规模的经济体的共同经验，就是分税分级和整个制度安排匹配，是在三级框架内。我们在1994年时已意识到这一重大区别，但是当时来不及考虑具体方案怎样细化，希望先建立中央和以省为代表的地方政府之间的分税制框架以后，再探索出一个中国五级分税的道路，但是现在早已经可以总结出来：五级分税此路不通，无解。我想强调的就是，如果把事权和财权合理化作为一个制度安排必须解决的内在的问题，那么在这个问题导向下的答案，就是传统的五级框架必须得到改造。

接着的就是第三层面的发问：如果有前面两点认识，那么我们势必要

抓住中央文件早已经明确的“扁平化”思路，但应该怎么样着手推进它？这又是充满争议的问题，比如“省直管县”，从浙江经验开始，财政部就已经在全国推行，但这几年的进展并不那么合乎人们原来的意愿，而且还有反对的声音，值得进一步讨论。

各种各样的不同观点，应该做理性讨论，基本的看法就是从全局来看，现在“牵一发动全身”的这个事权合理化的问题，实际上就需要具体化地落到五级框架无解的话，我们怎么找到有解的框架？这个有解的框架，显然是在农村税费改革以后乡镇已经解决了“乡财县管”，不用把它作为实体层级的基础上，再借鉴浙江经验和财政部的通盘部署推进“省直管县”，这就有可能把五级变成三级实体层级，以明确事权和配税基（三级形成事权明细单；20 种左右的税按三级配置），进而实行中央和省两级自上而下转移支付——这就是我们要正面谈到的基本看法。

事权分工合作如果在三级框架之下，应该具体地形成一览表，对应着的支出责任，就是财政预算各种各样的支出科目上必须具体化到各级分工合作可操作的形式，形成具体的明细单方式。这样做，分税制的设计方案才能真正落实，才能给出一个后面跟着的中央、省两级自上而下转移支付，以及以后要发展的横向转移支付怎么协调配套好的前置性制度依托。

五、按照三级而不是五级分税是必须解决的出路问题

地方财政困难、土地财政的偏颇、地方隐性负债过高，所有这些问题的解决，形成有效制度供给是真问题，有效制度供给的真问题必须落到深化财税配套改革方案上，首先是对接到我们前面试图要理顺的从事权开始的整个制度构建的逻辑链条上。

所以，这个按照三级而不是五级分税，看起来是个技术问题，实际上是一个非常实质性的必须解决的出路问题，要求得到共识的问题。如果要了解中国财税体制运行的真实情况，可以把各个省以下行政区的财政体制方案收集在一起，进而可以很清晰地看到，1994 年以后一直到现在，不要说欠发达地区，就是发达地区省以下也没有真正进入分税制的状态，我们

只是维持了中央和省之间的分税制的基本属性，并且共享税已经搞得越来越多——我们的底线是共享税必须各个地方都按照一个统一规则处理，增值税过去是75%归中央，25%归地方，北京、上海如此，西藏、青海也如此，这是基本的规则，是底线，剩下的问题就要靠转移支付去把它摆平。现在看到的真实情况就是省以下都没有进入分税制状态，那么，1994年以后困扰我们的地方财政困难、土地财政的偏颇和高隐性负债种种问题，打板子打在哪里？是打在分税制身上，还是打在分税制没有真正在省以下贯彻而我们不得不实际运行的分成制、包干制这种旧体制弊病身上？这是我认为在讨论中要认清的真问题，也是一个大是大非的问题，必须把这些问题看清楚，才能真正进一步处理好深化财税改革何去何从、怎么把握大方向、怎样通盘配套的问题。有一种意见是，中国可以考虑只是中央与省之间实行分税制，省以下不搞分税制，我的回应是：省以下不搞分税制就是中国现在的真实情况，你说维持现在的真实情况就可以过得去，中国就可以现代化吗？显然这个观点是不成立的。我们现在正是因为省以下没有真正进入分税制状态才有这么多的困扰，如地方财政困难、土地财政的偏颇、地方隐性负债过高。所有这些问题的解决，形成有效制度供给是真问题。有效制度供给的真问题必须落到深化财税配套改革方案上，对接到我们前面试图要理顺的从事权开始的整个制度构建的逻辑链条上。

我个人鲜明的观点，就是并不存在游离于政府事权之外的财政事权问题，我们现在所说到的这个事权的合理化，把它称为政府事权也好，财政事权也好，它就是我们过去所说的必须跳出财政看财政，把握好面对全局，以财政这个“以政控财，以财行政”的分配体系为政府合理履行职能服务这个内在本质。

参考文献

［1］楼继伟．中国三十年财税改革的回顾与展望［M］．北京：中国经济出版社，2008.

［2］楼继伟．中国政府间财政关系再思考［M］．北京：中国财政经济出版社，2013.

［3］楼继伟．财税改革纵论［M］．北京：经济科学出版社，2014.

［4］李萍．财政体制简明图解［M］．北京：中国财政经济出版社，2010.

［5］贾康．财政本质与财政调控［M］．北京：经济科学出版社，1998.

［6］贾康．税费改革研究文集［M］．北京：经济科学出版社，2000.

［7］贾康．贾康自选集［M］．北京：人民出版社，2013.

［8］贾康，赵全厚．中国经济改革30年：财政税收卷［M］．重庆：重庆大学出版社，2008.

［9］贾康．转轨时代的执着探索——贾康财经文萃［M］．北京：中国财政经济出版社，2003.

［10］贾康．新供给：经济学理论的中国创新［M］．北京：中国经济出版社，2013.

［11］贾康，刘薇．财税体制转型［M］．杭州：浙江大学出版社，2015.

［12］贾康，苏京春，梁季等．全面深化财税体制改革之路：分税制的攻坚克难［M］．北京：人民出版社，2015.

［13］楼继伟．解决中央与地方矛盾的关键是实行经济性分权［J］．经济社会体制，1991（1）.

［14］贾康. 财政职能及平衡原理的再认识［J］. 财政研究，1998（7）.

［15］贾康，白景明. 县乡财政解困与财政体制改革［J］. 经济研究，2002（2）.

［16］贾康. 关于公共财政的若干思考［J］. 中国社会科学院研究生院学报，2005（6）.

［17］贾康. 中国财政体制改革之后的分权问题［J］. 改革，2013（2）.

［18］贾康. 分税制改革与中央、地方政府间关系［J］. 改革，1990（4）.

［19］贾康. 再谈房产税的作用及改革方向与路径、要领［N］. 国家行政学院学报，2014（4）.

［20］贾康. 正确把握大思路，配套推进分税制——兼与“纵向分两段，横向分两块”的主张商榷［N］. 中央财经大学学报，2005（12）.

［21］贾康. 分税制改革需要继续深化［J］. 中国改革，2006（2）.

［22］贾康. 关于公共财政的若干思考［N］. 中国社会科学院研究生院学报，2005（6）.

［23］贾康. 对公共财政的基本认识［J］. 税务研究，2008（2）.

［24］贾康. 中国财税改革30年：简要回顾与评述［J］. 财政研究，2008（10）.

［25］贾康. 以扁平化改革作为改造我国现行财政体制的切入点——我国财政改革的反思与路径探讨. 中国金融，2008（8）.

［26］贾康. 深化财税体制改革的基本思路与政策建议［R］. 中国国际经济交流中心财税改革课题报告，2013（10）.

［27］贾康. 中国财政改革：政府层级、事权、支出、税收安排的思路［J］. 地方财政研究，2004（1）.

［28］贾康. 建立健全有利于科学发展的财税体制机制［J］. 中国经济分析与展望，2011（1）.

［29］贾康. “现代国家治理”取向下的财税改革［N］. 金融时报，2014（3）.

[30] 贾康. 财税体制改革诠释现代国家治理 [N]. 上海证券报, 2014 (7).

[31] 贾康. 走向"现代国家治理"的财税配套改革——从《决定》到改革元年基本思路解读 [J]. 财会研究, 2014 (9).

[32] 贾康. 地方债务研判 [J]. 上海国资, 2011 (8).

[33] 贾康, 苏京春. 现阶段我国中央与地方事权划分改革研究 [J]. 财经问题研究, 2016 (10).

[34] 贾康, 刘薇. 注重民生、优化结构、创新制度、促进发展——中国公共财政的转型之路 [J]. 经济与管理研究, 2007 (10).

[35] 贾康, 梁季. 配套改革取向下的全面审视: 再议分税制 [R]. 财政部财政科学研究所研究报告, 2013 (160).

[36] 贾康, 梁季. 中央地方分配关系的体制逻辑与表象辨析 [J]. 财政研究, 2011 (1).

[37] 贾康. 治理政府债务问题需疏堵结合 [N]. 中国证券报, 2014-06-23.

[38] 贾康. 在全面改革中深化财政体制改革 [J]. 国家行政学院学报, 2013 (6).

[39] 贾康, 梁季. 新一轮价税财配套改革的基本思路 [N]. 中国经济时报, 2014-03-21.

[40] 贾康, 梁季. 我国个人所得税改革问题研究——兼论"起征点"问题合理解决的思路 [J]. 财政研究, 2010 (4).

[41] 贾康, 梁季. 市场化、城镇化联袂演绎的"土地财政"与土地制度变革 [J]. 改革, 2015 (5).

[42] 贾康. 加快金融改革创新, 推动实体经济转型升级 [J]. 全球化, 2017 (3).

[43] 贾康. 化解隐性债务风险要开前门关后门修围墙 [N]. 中国证券报, 2014-10-13.

[44] 贾康. 供给侧结构性改革: 创新中如何运用制度和技术实现经济转型 (下) [J]. 财政监督, 2017 (2).

[45] 贾康, 刘薇. "十三五"财税改革 [J]. 中国经济报告, 2015(10).

[46] 贾康，刘薇，苏京春. 供给侧改革视角下的制度创新 [J]. 中国经济报告，2016 (10).

[47] 贾康，程瑜，陈龙等. 国有平台、整合分类、权益求平、渐进归一：中国新型城镇化进程中土地制度改革的难题破解路径——基于深圳调研的报告 [J]. 经济研究参考，2015 (21).

[48] 贾康，梁季. 中国市场化、城镇化历史进程中的“土地财政”与土地制度变革（上）[J]. 中国发展观察，2015 (6).

[49] 贾康，梁季. 中国市场化、城镇化历史进程中的“土地财政”与土地制度变革（下）[J]. 中国发展观察，2015 (7).

[50] 贾康，刘薇. “土地财政”：分析及出路——在深化财税改革中构建合理、规范、可持续的地方“土地生财”机制 [J]. 财政研究，2012 (1).

[51] 贾康. 深化财政体制改革，建立现代财政制度 [N]. 深圳特区报，2013-12-03.

[52] 贾康，龙小燕. 财政全域国家治理：现代财政制度构建的基本理论框架 [J]. 地方财政研究，2015 (7).

[53] 贾康，等. “十三五”时期的供给侧改革 [J]. 国家行政学院学报，2015 (6).

[54] 贾康. 促进中国债券市场健康发展与直接金融的成长 [N]. 中国经贸导刊，2016 (2).

[55] 贾康. 更好发挥债券融资在经济发展中的作用 [J]. 中国党政干部论坛，2015 (9).

[56] 贾康. 改革中“守正出奇”是关键 [N]. 人民日报海外版，2016-04-09.

[57] 马骏，白重恩. 关于财税体制改革的思路，中国金融四十人论坛内部重大课题，2013 (06).

[58] 国务院发展研究中心课题组. 新一轮改革的基本思路和行动方案 [J]. 中国改革，2013 (10).

[59] 世界银行. 超越年度预算——中期支出框架的国际经验 [R]. 财政部综合司，译. 北京：中国财政经济出版社，2013.